W0215774

# QUI A TUÉ LE JUGE MICHEL ?

DES MÊMES AUTEURS

Chez le même éditeur

*Chronique d'une France occupée. Les rapports confidentiels de la gendarmerie, 1940-1945*, 2008.

*Affaire Merah. L'enquête*, 2012.

Éric Pelletier
&
Jean-Marie Pontaut

# QUI A TUÉ LE JUGE MICHEL ?

Michel LAFON

*Tous droits de traduction, d'adaptation et de reproduction réservés pour tous pays.*

© Éditions Michel Lafon, 2014
118, avenue Achille-Peretti – CS 70024
92521 Neuilly-sur-Seine Cedex

www.michel-lafon.com

« On meurt généralement parce qu'on est seul ou parce qu'on est entré dans un jeu plus grand que soi. On meurt souvent parce qu'on doit agir de façon artisanale et que, n'étant pas soutenu, on est destiné à ramasser les balles. »

GIOVANNI FALCONE
in *Cosa Nostra.*
*Le juge et les « hommes d'honneur »*
(Falcone/Padovani)

# Première partie

# Marseille, ville ouverte

# – 1 –

# L'assassinat
## (21 octobre 1981)

Une ombre est passée, en cet été 1981. Depuis sept trop longues années qu'il est en poste à Marseille, le premier juge d'instruction Pierre Michel a appris à vivre avec cette menace obscure, diffuse et impalpable. Il reçoit régulièrement à son cabinet des courriers anonymes ou de petits cercueils en balsa. Invariablement, il jette à la poubelle ces reliquats de haine, en un haussement d'épaules. Il vient d'ailleurs de refuser une protection policière. Aux Baumettes, la haine cuit à l'étouffée. Dans cette prison de tous les trafics, la chaleur attise la vindicte, non plus seulement contre la justice, mais contre celui qui l'incarne, le « juge flic » Pierre Michel.

Une ombre est passée, en cet été 1981. Et pour la première fois depuis son arrivée à Marseille, cette noirceur a pénétré en lui. Sous le poids des soucis personnels, des colères rentrées, des attaques des avocats, des piques de la hiérarchie, victime de son propre tempérament aussi, Michel, trente-huit ans, n'est plus le magistrat solaire dépeint par ses collègues. Voilà quelques mois encore, il avançait dans sa vie et dans sa carrière avec ce port de tête altier, presque aristocratique, toujours costumé et cravaté, avec l'assurance des bien nés. Désormais on le surprend les épaules légèrement voûtées, replié sur lui-même et sur ses ennuis. On le reconnaît de loin, avec son éternelle parka de moto. L'adversité l'a toujours motivé mais cette fois, elle provoque un sentiment d'oppression qui ne le laisse jamais tranquille, pas même la nuit.

Pierre Michel a porté des coups terribles aux trafiquants de drogue, ces marchands de mort qu'il méprise. Plus de soixante-dix truands envoyés à la prison des Baumettes et six laboratoires de transformation de morphine démantelés. Un beau tableau de chasse. Un record, même pour Marseille, ville de la « French Connection » dans la décennie précédente. Mais à quel prix !

Le magistrat le plus emblématique de Marseille, et le plus connu de France dans son domaine, ne déteste pas cette notoriété. Elle l'irradie, lui donne la force de continuer mais elle l'expose, aussi. Plus il approche des sommets, plus la guerre devient âpre et violente. Michel ne cache pas le dégoût que lui inspirent les dealers et surtout les gros bonnets, bien plus difficiles à coincer, prompts à brandir les droits de l'homme pour eux-mêmes alors qu'ils empoisonnent la jeunesse. Pierre Michel a vu trop d'overdoses. Il ne se gêne pas pour montrer son hostilité, lorsqu'il les a en face de lui, à ces trafiquants qui jouent les hommes d'affaires sans trop s'embarrasser de la neutralité imposée par la fonction et par le code de procédure pénale. Il les toise. Il les nargue. Il les provoque.

Ce juge ne lâchera donc jamais ? Lui sait que la ligne de front passe ici à Marseille, cette ville ouverte à toutes les influences, avec son port aux innombrables trafics, des piastres de jadis à la morphine base d'aujourd'hui. Il n'ira pas à Paris où sa réputation le précède, où un poste lui tend les bras ; il veut terminer son combat contre le renouveau de la « French ». Une « croisade », disent certains, contre l'héroïne, ses réseaux, et ceux qui en profitent. Une guerre perdue d'avance ?

Une blessure récente le ronge, née du sentiment d'être lâché par son propre camp, visé dans le dos. Les magistrats de la chambre d'accusation d'Aix-en-Provence ont remis en liberté la femme d'un trafiquant qu'il estimait compromise. Sa propre hiérarchie, dans son propre tribunal, lui cherche maintenant des noises pour des broutilles. On lui reproche d'avoir utilisé indûment des frais de justice pour acheter aux policiers des stups un petit magnétophone et leur permettre de travailler plus efficacement dans leurs écoutes. En agissant ainsi, Michel a commis un crime aux yeux de la justice : il a dérogé aux règles de bonne gestion, allant au plus vite pour endiguer la montée de la drogue. Il s'expose à des admonestations de comptable quand il a une guerre à gagner.

Ce Lorrain au tempérament inflexible ne supporte pas qu'on puisse douter de sa droiture. Pierre Michel sait, bien sûr, que cette mauvaise querelle repose, au moins en partie, sur un fond de jalousie. Beau garçon, mince et élégant, prisé des médias, il se voit confier les affaires les plus retentissantes de la ville. De surcroît volontiers sûr de lui, il manie un humour cinglant, parfois aux dépens de ses propres collègues… Ce qui lui vaut quelques solides inimitiés au sein du palais de justice traversé, plus qu'ailleurs, par des conflits d'ego et d'ambition. Sans doute parce qu'il est à bout, le juge est profondément secoué par cette affaire qui frise le ridicule. Ses nerfs sont à vif. Certains soirs, en rentrant chez lui retrouver son épouse, Jacqueline, et leurs deux petites filles de six et huit ans, Emmanuelle et Béatrice, il dort sur le canapé du salon pour ne pas déranger sa femme, tellement il est à cran.

Il se confie à ses amis, car il en compte aussi beaucoup au palais… L'un des plus fidèles, Étienne Ceccaldi, lui remonte le moral. Cet ancien juge d'instruction, devenu substitut du procureur, est l'autre vedette du tribunal de Marseille. Il fait partie de ces fameux « juges rouges » qui ont créé le Syndicat de la magistrature, le SM, auquel a adhéré Pierre Michel. Étienne Ceccaldi rassure le juge Michel : « Le Syndicat te soutiendra, cette affaire n'a pas de sens. » Mais, dans le même temps, il recommande à tous ses proches de « faire attention à Pierre ».

*
**

Lundi 19 octobre 1981 : un sinistre compte à rebours vient de se déclencher, mais personne ne le sait encore… En début d'après-midi, l'« auditeur de justice » de Pierre Michel vient travailler avec lui. Michel Debacq, un magistrat tout juste sorti de l'école, effectue depuis le mois d'avril un stage à son cabinet. Ce jeune homme à la silhouette juvénile et aux lunettes cerclées d'intellectuel connaît bien Marseille, une ville où son père occupe un poste important dans la marine marchande. Au fil des mois, de vrais liens de complicité se sont tissés entre le juge et lui, et Debacq ne cache pas son admiration pour cette personnalité atypique dans la magistrature. Soudain, en évoquant l'histoire du magnéto, Pierre Michel craque : il ne peut retenir des larmes de colère. Debacq, bouleversé, ne sait que dire. Mais il comprend que cet homme solide soit déstabilisé par ce qu'il considère comme un « coup bas ».

Le 20 octobre, le juge fait revenir Michel Debacq et lui demande un service : « Demain, je serai absent en début de matinée. Vous pouvez prendre la direction des auditions ? » Le jeune magistrat accepte et remarque avec plaisir que Pierre Michel a « repris du poil de la bête ».

Le lendemain, 21 octobre, des incidents violents ayant opposé, le samedi soir précédent, des policiers à des hooligans au stade Vélodrome, Michel Debacq doit organiser tôt le matin une confrontation entre les protagonistes dans le bureau du premier juge d'instruction. Juste après la fin des interrogatoires, le téléphone retentit. À peine le combiné décroché, une voix enfantine demande : « Je veux parler à mon papa ! » Michel Debacq reconnaît Béatrice, la fille aînée du juge. « Je le remplace, lui répond-il. Dès qu'il arrive, je le préviendrai que tu as appelé. C'est promis. »

Un peu plus tard, Michel déboule, l'air en forme, s'empare du PV de confrontation et le lit, à la lumière de son expérience. C'est le moment choisi par Étienne Ceccaldi pour passer la tête dans l'entrebâillement de la porte. « Je dois te parler d'une affaire cet après-midi », lance-t-il. « Qu'est-ce que tu as encore trouvé pour faire parler de toi ? » s'interroge à haute voix Michel, sarcastique, comme à son habitude. En attendant, Ceccaldi propose au juge et à Michel Debacq d'aller déguster un steak au Tam Tam, un petit restaurant proche du palais où les magistrats ont leurs habitudes. Le juge accepte mais, à ce moment-là, Debacq lui fait part du coup de fil : « Votre fille vous a appelé. » « Ah, c'est vrai, j'ai oublié ! C'est mercredi. J'ai promis aux enfants de rentrer déjeuner à la maison. Si je ne repasse pas de temps en temps chez moi, plaisante Pierre Michel, je vais finir par divorcer. »

Il est 12 h 30. Dans une cohue insouciante, magistrats, prévenus, greffiers et avocats sortent du palais. Pierre Michel enfourche sa petite moto Honda de 125 $cm^3$, qu'il attache au même endroit chaque matin, vers 7 h 30, aux grilles du tribunal. Un jour, il a failli se la faire voler : un prévenu sortant de correctionnelle avait donné plusieurs coups de kick sans réussir à la faire démarrer…

Au moment où Ceccaldi et Debacq s'éloignent en direction du Tam Tam, Alex Panzani, le journaliste du *Provençal* en charge des affaires judiciaires, passe justement dans le coin. Familier depuis des années du palais de justice, le reporter connaît tout le monde à chaque étage : du gardien à l'entrée au procureur Vilatte sous les toits. Il entretient cependant des rapports privilégiés avec Pierre Michel. Au fil des ans ils sont devenus amis, si bien que leurs discussions dépassent largement le cadre judiciaire.

Le journaliste est juché sur sa minimoto, une Honda CY bleu pétrole au bruit de moustique, presque un jouet d'enfant. Avec elle, Panzani se faufile partout à Marseille, couvrant chaque fait divers d'importance. Justement, Michel stoppe à sa hauteur et lui donne une bourrade dans le dos : « Ça va, escroc ? » lui lance-t-il avant de repartir, sans se retourner, vers la rue Breteuil. Panzani tente de rattraper son ami. D'un coup de poignet droit, il fait jouer l'accélérateur. Il voudrait dire un mot au magistrat, à l'abri des oreilles indiscrètes, dans leur café refuge du cours Julien où ils ont l'habitude de partager un simple sandwich et une bière. Mais la moto de Pierre Michel a pris trop d'avance. Elle a déjà disparu dans la circulation. L'info pourra bien attendre le lendemain. Panzani rebrousse chemin pour rentrer chez lui, rue Rocca, au bout du bout de l'interminable rue Paradis.

Le juge, lui, emprunte son parcours habituel pour rejoindre le pavillon où réside sa famille, 4, boulevard Marin, un nom bien présomptueux pour cette petite rue tranquille située à quelques centaines de mètres de la fameuse Cité Radieuse bâtie par Le Corbusier dans l'immédiate après-guerre. Un habitat collectif révolutionnaire pour l'époque, construit sur des pilotis tellement fins qu'on a du mal à les croire suffisamment résistants pour supporter une telle structure. « L'immeuble du fada », dit-on ici pour désigner ce bloc de béton brut aux couleurs chamarrées, vert, rouge, jaune et blanc. Par sécurité, le magistrat change de temps en temps d'itinéraire. Mais celui-ci est le plus court. En coupant à travers le parking Le Corbusier pour rejoindre son domicile, il gagne quelques précieuses minutes. Il lui faut un quart d'heure de trajet, depuis le centre-ville, en direction de l'est de l'agglomération. L'itinéraire défile et lui se faufile. Il est pressé. Il est en retard. Depuis sa moto, il ne prête pas attention aux affiches des cinémas, où l'on aperçoit la gueule menaçante d'un revolver 357 Magnum : le dernier Belmondo, *Le Professionnel*, l'histoire d'un agent secret chargé d'exécuter un contrat, sort ce mercredi 21 octobre 1981, à grand renfort de promotion dans les médias.

Rue Breteuil, rue Paradis, boulevard Périer, le Prado, et enfin, vers 12 h 45, le 280, boulevard Michelet et sa contre-allée, au pied de l'immeuble Le Corbusier. Le juge n'a pas remarqué la grosse moto rouge qui le suit à distance depuis son départ et vient de le rattraper.

En un éclair, le drame, le monde familier qui bascule, la douleur, le silence.

*
**

Valérie, quinze ans, vient de quitter à mobylette son lycée, rue Paradis, pour rentrer déjeuner chez ses parents, avenue Mozart. Elle emprunte comme d'habitude la contre-allée à l'aplomb de « l'immeuble du fada ». Un motard, venu du boulevard et s'apprêtant à tourner à droite, s'arrête pour la laisser passer. La jeune fille tourne machinalement la tête à gauche pour s'assurer que personne ne lui refusera la priorité. Elle remarque alors une grosse moto rouge avec deux hommes coiffés de casques intégraux, qui ralentit. Celle-ci dépasse le motard à l'arrêt, sur sa gauche, dans un filet de gaz. La lycéenne, médusée, voit alors le passager arrière sortir une arme de son blouson et faire feu sur le pilote du petit deux-roues, à moins de cinquante centimètres de lui. Le tueur agit calmement, sans se presser. Son bras tendu forme un angle droit par rapport au buste de la victime. Il tire une première fois, puis, quelques instants plus tard – Valérie estime ce silence de mort à « trois ou quatre secondes » –, deux autres coups, plus rapprochés.

La jeune fille, sous le choc, n'en croit pas ses yeux. Elle s'arrête, interdite, à une dizaine de mètres de la scène. Et, comme dans un film au ralenti, elle voit le conducteur de la petite moto glisser et heurter violemment le sol, au pied d'un platane. L'inconnu repose contre un coin de trottoir, encore assis sur sa moto. Immobile. « Les tueurs vont s'en prendre à moi », pense-t-elle tout à coup, horrifiée. Malgré les larmes qui coulent sur son visage, elle repart à toute vitesse, accélère, avec une seule idée en tête : « Ils vont me rejoindre, me doubler, me tirer dessus ! » Elle ose quand même se retourner une fois, mais les deux assassins ont disparu. Sans doute ont-ils emprunté l'une des petites rues longeant la cité ? La jeune fille fonce chez elle retrouver ses parents, qui appellent aussitôt la police.

Jean-Claude, le conducteur d'une Renault 18 verte, assiste également à la scène. Se trouvant juste derrière la grosse moto rouge, à sept mètres environ, sur l'avenue Michelet, il voit lui aussi l'homme casqué tirer et le conducteur de la petite moto chuter à terre.

Dans un réflexe, il fait vrombir sa voiture pour poursuivre les assassins jusque dans le parking de la résidence Le Corbusier, slalomant entre les autos en stationnement. Le passager de la moto s'est aperçu de sa présence. Il ne panique pas. Il tape simplement sur l'épaule du pilote pour lui signifier de ralentir. Le feu arrière s'allume. D'un mouvement maîtrisé, la Honda dérape sur le sol meuble et stoppe net, moteur tournant. Le passager exhibe son pistolet encore chaud. Il ne vise pas Jean-Claude, du moins pas directement, mais le geste est suffisamment explicite pour que l'automobiliste choisisse d'enclencher la marche arrière et fasse demi-tour. La moto repart « comme un boulet de canon », décrira ce témoin marqué par l'attitude du tueur « relativement décontracté, à l'aise » à l'arrière du deux-roues. Poursuite terminée. Les gamins qui jouent au foot à proximité ont cru revivre les cascades de *Rien que pour vos yeux*, le dernier opus de James Bond.

Roland, un chauffeur de taxi, est également témoin de la chute de la moto, mais il se trouve un peu plus loin que les autres. Il pense d'abord à un accident, et, n'hésitant pas une seconde, se gare et s'approche du motard à terre. Désemparé devant le corps immobile, il ne sait que faire, quand il avise une camionnette de la gendarmerie qui descend le boulevard Michelet en sens inverse. Il court vers les gendarmes pour les avertir. Ceux-ci transportent un détenu de la prison des Baumettes à la gare Saint-Charles, où il doit prendre le train pour être interrogé à Toulon. Comprenant l'urgence de la situation, deux militaires descendent du véhicule et fendent le flux de la circulation, laissant l'estafette poursuivre sa route. Ils découvrent le corps du motard tombé sur le côté droit, le bras droit légèrement replié sous le corps, le gauche pendant sur la poitrine, et la jambe droite prise sous sa moto.

Sous le casque intégral blanc GPA à bandes orange, à la visière toujours baissée, ils remarquent un léger filet de sang, tellement fin qu'il commence à sécher. La mort ne fait aucun doute. Les gendarmes ouvrent la parka noire du conducteur et fouillent dans la poche intérieure de son blazer bleu. Ils extraient de son portefeuille une photo de famille et une carte professionnelle de magistrat portant le numéro 8864 : « Mon Dieu, s'écrie le militaire, c'est le juge Michel ! » Pendant que son collègue donne l'alarme, l'autre gendarme recueille les premiers témoignages. Il note la présence d'une prostituée qui « travaille tous les jours à cet endroit », guettant le client à la pause déjeuner. Sur le coup, il trouve son comportement un peu suspect. Mais quand il veut la réinterroger, plus tard, la dame s'est volatilisée. Le gendarme note soigneusement son signalement : « Blonde, cheveux mi-longs coupés droit à la hauteur du menton, un mètre soixante-dix, la trentaine, talons hauts, vêtue d'une robe longue, genre "chaussette", en laine tricotée. » Les policiers la retrouveront deux jours plus tard sur son lieu de travail. Jacqueline n'apporte aucun élément nouveau : elle s'est enfuie parce qu'elle a cru à un règlement de comptes du Milieu et qu'elle ne voulait pas s'en mêler. Mais la jeune femme a noté le numéro de la moto des tueurs : 7484 JV 13.

*
**

Alex Panzani rentre à peine chez lui quand la lumière de son Eurosignal se met à clignoter. Cet antique et très rustique ancêtre du téléphone portable comporte quatre voyants lumineux. Chacun correspond à un numéro à rappeler d'urgence quand il clignote. L'un de ses informateurs de l'Évêché, comme on surnomme le commissariat central de Marseille, cherche à le joindre d'urgence : « On vient de tuer le juge Michel. » Le journaliste reste tétanisé : « Mais c'est impossible, s'écrie-t-il, je le quitte à l'instant ! »

Étienne Ceccaldi et Michel Debacq sont toujours attablés au Tam Tam quand ils apprennent à leur tour la nouvelle. Les deux magistrats, ahuris, courent vers la moto de Ceccaldi et foncent sur le lieu du meurtre.

Effondrés, ils ne parviennent pas à y croire lorsqu'ils débarquent en même temps que toutes les autorités de Marseille, magistrats, responsables de la police, hauts fonctionnaires, élus... sans compter les journalistes de la télévision. Les reporters filment la scène : le corps inerte du juge à terre à califourchon sur sa moto. Il faudra un moment avant que les sapeurs-pompiers le recouvrent d'un drap blanc et que les techniciens de l'Identité judiciaire commencent leur travail.

Les agents ratissent la scène de crime. Ils relèvent en particulier trois douilles de pistolet – trois étuis de métal jaune – retrouvées sur la chaussée. Deux d'entre elles portent les inscriptions FC 9 mm Luger et la troisième ISF 3.77.9.

Alex Panzani pense d'abord à l'épouse du juge. Jacqueline Michel a, elle aussi, entendu les sirènes. Comme pour se rassurer, elle a ouvert la porte du pavillon, poussant jusqu'au portail avec les filles, espérant apercevoir la moto de Pierre. Puis elle est rentrée. Elle s'est impatientée et a appelé le palais pour savoir si Pierre avait bien quitté le tribunal. À l'autre bout du fil, une voix familière lui a répondu. Françoise Albertini, premier substitut, connaît bien les Michel : elle est la marraine d'Emmanuelle. La magistrate se voulait rassurante. Il n'y avait aucune raison de s'inquiéter. Pierre venait de partir. Il ne devait plus tarder.

Le journaliste ne songe même pas à se rendre sur les lieux du crime, il emprunte l'avenue de Mazargues et, laissant l'immeuble Le Corbusier à sa gauche, débouche directement sur le boulevard Marin. Des voitures de police sont déjà stationnées devant le petit pavillon rustique. Panzani connaît les lieux pour y être plusieurs fois venu dîner. Prenant son courage à deux mains, il sonne. Jacqueline lui ouvre en personne : « Je vous accepte, mais je ne veux voir aucun autre journaliste ! »

La maison résonne du silence de la mort brutale et du claquement des pas sur le carrelage. Les collègues, les amis viennent présenter leurs condoléances. Françoise Albertini vient d'arriver pour aider la jeune femme à s'occuper de ses petites filles. Les deux gamines sentent bien qu'il se passe quelque chose de grave. Le téléphone sonne sans arrêt, Jacqueline Michel n'a d'autre choix que d'y répondre.

Panzani s'éclipse discrètement. Dehors, il croise des policiers tout aussi abasourdis que lui : « Bien sûr, on pensait que ça pouvait arriver, mais personne n'y croyait vraiment ! Tu te rends compte, Alex, si c'est un coup du Milieu, quel échec pour nous ! »

Mais déjà la machine judiciaire se met en marche, l'enquête commence. Elle est confiée au juge de permanence, Patrick Guérin, un collègue que Pierre Michel aimait bien mettre en boîte. L'autopsie a lieu au crématorium du cimetière Saint-Pierre, au cœur de la ville. Un lieu impressionnant de plus de soixante hectares où reposent notamment Edmond Rostand et Antonin Artaud. Le crématorium, niché au centre du cimetière, est un bâtiment hors du temps dont les fenêtres donnent directement sur les tombes. Le magistrat instructeur se retrouve devant le corps de son collègue, entouré, comme le veut la loi, d'un substitut du procureur de la République et d'un responsable de la police.

Le substitut, Louis Bartolomei, est un soutien de longue date de Michel. Ce membre du Syndicat de la magistrature, forte personnalité, très actif et très engagé, l'a défendu avec vigueur devant sa hiérarchie, en particulier lors de la douloureuse « affaire » du magnétophone.

Le commissaire Gérard Girel, lui, dirige le groupe de répression du banditisme (GRB) de la PJ de Marseille. Ce natif du cru à l'accent chantant, jovial, mais à la discrétion légendaire, sent peser une enclume sur ses épaules : c'est à lui et à ses hommes qu'incombe la tâche de retrouver les assassins du juge.

L'autopsie commence par une scène poignante : la greffière chargée de transcrire les actes des médecins légistes craque. Elle pique une crise de nerfs et refuse d'assister à l'incision du corps du juge. Dans l'urgence, le procureur fait une délégation à Gérard Girel, l'autorisant à décrire l'autopsie pour la procédure. Un acte rarissime.

Les constatations des légistes sont terribles. Si la première balle, qui est entrée dans l'épaule gauche, n'a pas été décisive, les deux autres ont entraîné une mort instantanée. La deuxième a « pénétré par le thorax, perforé le cœur et le poumon et est ressortie dans le dos ». La dernière, enfin, est « entrée à la base du cou, a fracturé la quatrième vertèbre cervicale et sectionné la moelle épinière ». Un geste de professionnel, estiment les policiers, effectué avec une arme qui ne l'est pas moins : « un calibre 9 mm de type Parabellum », sans doute un pistolet Herstal ou CZ. Le *modus operandi,* l'arme utilisée et le type de munitions (des pointes creuses, dites *hollow point*, destinées à aggraver les blessures) portent sans conteste la signature du grand banditisme, l'empreinte du Milieu.

Ceccaldi, Bartolomei et Debacq, pour leur part, se battent justement pour que la justice ne se perde pas en route sur d'autres pistes. Alors que l'émotion saisit la ville et la France entière, des rumeurs malveillantes commencent à courir jusqu'à l'enceinte du palais. La mort n'éteint pas la haine.

À la prison des Baumettes, où la nouvelle s'est répandue comme une traînée de poudre, une sorte de liesse macabre s'empare des détenus : ils manifestent bruyamment leur joie en tapant sur des casseroles à la fenêtre de leurs cellules. Le lendemain, dans son bureau, Bartolomei fait une promesse : « On fera rendre gorge à ceux qui ont sablé le champagne ! » Chacun choisit son camp.

Les proches du juge, scandalisés, veulent tout de suite défendre la mémoire de Pierre Michel et rétablir les faits. Un autre magistrat, Alain Blanc – l'un des responsables locaux du Syndicat de la magistrature, ami du juge –, et Michel Debacq rédigent en toute urgence un communiqué destiné à mettre les choses au point.

« *La section du Syndicat de la magistrature de Marseille s'indigne de l'odieux attentat perpétré contre le juge Pierre Michel.*

*Elle salue le courage et l'intégrité de ce magistrat que seule la mort pouvait arrêter dans l'accomplissement de son devoir.*

*Ses collègues du SM s'inclinent devant le deuil qui frappe son épouse et ses enfants.*

*Pour leur part, ils garderont le souvenir d'un ami et d'un camarade d'une grande humanité et d'une valeur exceptionnelle.* »

Étienne Ceccaldi remet ce texte à Alex Panzani, du *Provençal*, puis se rend avec Michel Debacq aux rédactions du *Méridional* et de *La Marseillaise*, les deux autres journaux régionaux. Le communiqué sera repris le lendemain à la une des trois quotidiens, dont la première page est presque entièrement consacrée à ce drame au retentissement national. Très rapidement, la version d'un assassinat commis par le grand banditisme s'impose.

Sonné, Alex Panzani tape à toute vitesse sur le clavier de la machine à écrire avant le bouclage du journal, retardé au maximum afin d'intégrer les derniers éléments de l'enquête. Le lendemain, *Le Provençal* titre :

« L'assassinat du juge qui en savait trop ». Suivent ces précisions : « Le magistrat qui avait instruit l'affaire du bar du Téléphone[1] enquêtait sur les relations entre la Mafia sicilienne et le Milieu marseillais à propos du trafic de drogue. »

Panzani ne révèle rien de sa rencontre, privée, avec la famille de son ami. Il écrit : « Un juge est tombé. Un autre va le remplacer (...) Des juges et des policiers pour qui les coups de feu de Marseille, après ceux de Lyon, ne retentirent pas davantage comme une intimidation. Ils vont traquer sans relâche les assassins avec l'arme suprême : la loi. Ils vont relever le défi du crime organisé. Depuis hier soir, s'il le fallait, ils ont une raison de plus, une raison suprême. Elle ne s'appelle pas vengeance mais justice. » Et il rend hommage à cet ami « tourmenté par son métier et la recherche de la vérité » : « Je ressens encore sur mon épaule le poids de sa tape amicale et familière. Celle qui distinguait, je veux le dire, l'ami du journaliste. »

Reste l'essentiel pour la justice : identifier les tueurs et comprendre leur mobile. Le juge Patrick Guérin sait par où il doit commencer. Ému, il pénètre dans le petit bureau de son collègue disparu, gardé par des policiers, où tout est resté en état, comme s'il allait revenir le lendemain : les armoires métalliques, les sièges en Skaï, le bureau fonctionnel et la pendule dont les aiguilles continuent à tourner. Et pour éclairer tout ça, une lumière de soupirail.

1. Dix personnes abattues par trois tireurs, en 1978.

Le magistrat effectue une perquisition, comme il est d'usage, pour figer les derniers jours de vie de la victime. Il est persuadé que la clé du crime se trouve là, dans ces quelque cent cinquante énormes dossiers qui s'entassent et débordent de toutes parts. Ces milliers de pages, ces rapports, ces interrogatoires que Guérin doit lire un à un recèlent, estime-t-il, les noms des assassins ou des commanditaires. Un travail colossal qui reprend à rebours le parcours accompli par Pierre Michel depuis son arrivée à Marseille. La mort de ce personnage hors du commun a transformé sa vie en destin.

# – 2 –

# Un juge à Marseille

Marseille aura été le premier poste du juge Michel. Et aussi son dernier. Il arrive de Metz, de cette extrême France rigide et policée, avec ses bonnes manières, ses idées arrêtées et son ambition. Mais s'il a débarqué à Marseille, c'est pour ainsi dire par accident.

Le 1er novembre 1973, il se plante devant la façade mussolinienne du nouveau palais de justice, rue Fortia, en plein cœur de la ville, au-dessus du Vieux-Port. Et observe. À l'angle sud du bâtiment, sous les fenêtres des juges d'instruction, les familles attendent d'entrapercevoir l'un des leurs aux grilles d'un fourgon cellulaire. Une femme éplorée, un ami en espadrilles, un enfant désorienté s'approchent jusqu'à gêner l'entrée de la « souricière », l'endroit où l'on conduit les détenus avant qu'ils soient présentés à un magistrat. Des photographes de presse font crépiter leurs flashs pour nourrir les journaux du lendemain puis, une fois le cliché réalisé, s'attardent, saluant dans de grandes effusions les policiers qu'ils tutoient. Un avocat passe, robe noire sous le bras, propose un café, et la discussion se poursuit autour d'un pastis, à la santé du secret de l'instruction, dilué dans de grands glaçons. On se serre, on s'embrasse avec une bonhomie toute méditerranéenne. Si la justice est un théâtre, à Marseille, elle s'apparente à une pièce de boulevard.

Avec ses jambes interminables, Pierre Michel grimpe quatre à quatre les marches conduisant aux étages où il a rendez-vous avec un substitut du parquet, Paul-Louis Auméras. Il sera « auditeur de justice », c'est-à-dire stagiaire en juridiction, à la 7e chambre. Les scènes entrevues au-dehors contrastent avec l'austérité des six peintures accrochées dans le vestibule digne d'un hall de gare. Depuis plus de quarante ans, elles accueillent le justiciable en un ballet de supplice de la roue, de décapitation, d'écartèlement et de combats pour la prise de la Bastille. Pas évident d'en saisir le sens au premier regard : ces scènes de sauvagerie célèbrent en réalité « l'abolition des peines corporelles sous la Révolution française ».

Dans un discours-hommage, prononcé trente ans jour pour jour après l'assassinat, Auméras raconte l'irruption de Pierre Michel, grande bringue sympathique. « Un jour pousse la porte de mon bureau un garçon dégingandé, élégant, les cheveux d'une longueur supérieure à celle de la norme judiciaire habituelle. Il est timide, emprunté. Il me fait connaître qu'on l'envoie en stage chez moi pour plusieurs semaines. Il est de Metz, j'arrive de Thionville où j'ai effectué mes deux premières années de vie professionnelle. (...) Nous avons presque le même âge, il a trente ans. Au hasard des conversations, il apparaît que nos personnalités quelque peu psychorigides se ressemblent. C'est un

Lorrain, il en a la rigueur et le sérieux. Je suis cévenol et breton. Nous partageons la même difficulté à nous accommoder du tempérament méditerranéen et singulièrement de celui de Marseille. J'ai un peu d'avance sur lui mais nous allons découvrir cette ville ensemble. »

Pierre Michel est pressé de se colleter avec la justice du quotidien. Il cultive un sentiment de revanche personnelle, lui qui ne sort pas du saint des saints, l'École de la magistrature. Étudiant brillant, il est cependant entré par la petite porte, celle que lui ouvre, par équivalence, son doctorat en droit, obtenu avec mention très bien l'année précédente. Sa thèse, « l'élément moral dans les infractions en matière de droit à l'information », est une somme de 316 pages dédiée « À ma femme Jacqueline. À tous les miens ». C'est pour Jacqueline, justement, qu'il a rejoint Marseille. Elle s'est rapprochée de ses terres : elle a été nommée prof d'histoire-géo à Marseille.

Pierre Michel effectue son stage au parquet de Marseille alors qu'un monde ancien se meurt. Dans ce même tribunal, à l'étage en dessous, le juge d'instruction René Saurel, épaulé par une nouvelle génération de policiers, est sur le point de faire tomber la French Connection, avec l'appui des unités antidrogue américaines. Les autorités françaises, d'abord stigmatisées pour leur passivité, crient maintenant victoire : les labos d'héroïne de la région marseillaise, ceux qui inondaient le marché nord-américain, ont été éradiqués. C'est du moins ce qu'on affirme diplomatiquement à Paris.

La 7$^{e}$ chambre traite pour ainsi dire de tout, hormis les vols : des affaires de troubles à l'ordre public, de fraude, de presse, de poids et mesures, et surtout de drogue. Car les premiers cas d'overdose surviennent en France. Et les autorités en tirent enfin les conséquences. La législation s'est durcie depuis la loi du 31 décembre 1970. Elle permet désormais de recourir à des gardes à vue de quatre jours. La peine encourue n'est plus de cinq ans… mais de vingt, et de quarante en cas de récidive légale.

« À cette époque, explique l'ancien magistrat Paul-Louis Auméras, qui a terminé sa carrière en tant que procureur général à Montpellier, la France montait en régime dans la lutte contre le trafic de stupéfiants. Auparavant, la drogue était en effet réservée à une clientèle spécifique, aux célébrités, aux milieux artistiques, aux anciens coloniaux. Ce n'était plus le cas. Nous avions l'héroïne la plus pure du monde à cause du savoir-faire des chimistes marseillais. Ils la confectionnaient dans des casseroles et pourtant ils arrivaient à un pourcentage de pureté de 97 %. Mieux que la chimie des facultés ! Ensuite, il fallait la couper, mais elle provoquait une grande accoutumance. » Les méthodes des services répressifs étaient en pleine mutation : « Auparavant, un flagrant délit avec un transport de la valise de drogue était indispensable. Pour notre part, nous voyions les choses autrement. Emporter l'intime conviction des trois magistrats composant le tribunal était notre obsession. La Cour de cassation admettait désormais l'infiltration, la provocation. C'est d'ailleurs à partir de cette époque que des moyens de preuves nouveaux ont été initiés avant qu'ils soient encadrés légalement : l'entraide internationale, les écoutes… Ces pratiques sont aujourd'hui celles de toutes les procédures de contentieux spécialisé, qu'il s'agisse de la lutte contre la criminalité organisée ou contre le terrorisme. Le Milieu a été surpris. Il n'était pas préparé à un tel bouleversement[1]. »

Un combat national s'engage à Marseille sur le thème éternel de l'équilibre entre libertés individuelles et sécurité collective. Les grands pénalistes du moment, M^es^ Émile Pollak, le régional de l'étape, et Jacques Isorni, défenseur de détenus communistes pendant la guerre et du maréchal Pétain ensuite, se battent pied à pied devant ce laboratoire du droit qu'est devenue la 7^e^. De jeunes conseils, comme le Marseillais Gilbert Collard ou Jean-Louis Pelletier, du barreau d'Aix-en-Provence, se font un nom et une clientèle, en combattant ces « juges de la répression ». « Chacun remplissait son office, nerveux et violent », rappelle Auméras.

Jusqu'ici, l'usage voulait que les jeunes magistrats usent leur robe sur les bancs de petits tribunaux avant de monter au feu. Mais l'urgence commande. Il faut renforcer au plus vite les équipes en place, à l'aune de ce qu'a initié le ministère de l'Intérieur avec ses brigades des stups.

Le 31 décembre 1974, Pierre Michel est nommé juge d'instruction. Il est bien décidé à profiter pleinement de l'indépendance attachée à sa fonction. L'année suivante, il remplace même le juge René Saurel, le tombeur de la French. Un signe de confiance. Dans les couloirs,

1. Voir à ce propos *Parcours de Proc*, par Paul-Louis Auméras, Dualpha Éditions, 2012.

on s'interroge : « Ce débutant a d'évidentes qualités. Mais sera-t-il à la hauteur du défi qui l'attend ? »

Pierre Michel se doute bien qu'il ne pourra y arriver seul. Il a besoin d'alliés. Il sait pouvoir compter au parquet sur l'appui d'Auméras, l'un des collègues avec lesquels il a le plus d'affinités. Du côté de la Grande Maison, réputée incontrôlable, ce n'est pas gagné d'avance. Sur qui s'appuyer ?

Le commissaire principal Lucien Aimé-Blanc a devancé Michel de quelques mois à Marseille : désormais en charge du service des stups, il est arrivé de Paris en septembre 1974. Contrairement au juge, celui qu'on surnomme Lulu connaît Marseille comme sa poche. Minot pur jus, fils d'un conducteur de bus déporté à cause de ses actions dans la Résistance, il a grandi, guitare en bandoulière, au son du jazz de l'après-guerre et des coups de poing dans les bars du Vieux-Port. À trente-neuf ans, il a déjà la bouteille d'un flic de terrain, rompu à toutes les manip' et en cheville avec un nombre incalculable d'informateurs. Aimé-Blanc comprend très vite l'intérêt de mettre le jeune juge de son côté : « Il fallait passer outre à la méfiance réciproque des magistrats et des policiers, lui expliquer nos méthodes de travail. Le ministère de l'Intérieur ne voulait pas que la justice sache qu'une dizaine de lignes administratives tournaient en permanence, hors du cadre judiciaire. Avec Michel c'était différent. On pouvait presque tout se dire. Si bien qu'on a très vite sympathisé. Il est devenu, pour ainsi dire, un membre à part entière de la brigade. On s'est rapidement tutoyés. Lui croyait à une mission sacrée.

De mon côté, j'étais plus prosaïque. J'avais une carrière à faire. »

« Michel était le seul magistrat auquel on pouvait parler d'écoutes sauvages, renchérit l'ex-inspecteur Jean-Louis Pietri, qui sera le premier policier en charge d'élucider l'assassinat. Il y avait le bien et le mal. La casuistique ne s'en était pas encore mêlée. »

Michel prend vite ses habitudes au 4, rue d'Oran, dans le Marseille populaire, pas très loin de la gare Saint-Charles. Deux étages d'un immeuble vétuste et anonyme, dent creuse dans la ligne des toits alentour, abritent la brigade des stups, composée désormais de près de 80 enquêteurs, répartis en groupes de terrain. Michel ne s'interdit pas d'assister aux briefings de l'unité, à cheval sur sa chaise, triant les infos remontées de la rue.

Avec Lulu, Michel a trouvé son Bernadotte. Tous deux, tels des généraux préparant une guerre éclair, réexaminent les pistes non explorées de la French, les voies parallèles, ciblent les seconds couteaux. Michel mesure aussi l'apport de quatre flics américains, bons vivants, amateurs de pizzas italiennes, de vin français et de bouffes Chez Fonfon, au vallon des Auffes. Ces derniers, membres de la Drug Enforcement Administration (DEA), disposent, en matière de lutte antidrogue, de fonds quasi illimités destinés à payer les indics. Des moyens qui font saliver les *Frenchies.* « Ils étaient déjà à l'ordinateur quand nous nous coltinions encore les procédures à la machine à écrire », plaisante Aimé-Blanc, alias Lulu.

Un flic : Aimé-Blanc. Un proc : Auméras. Un juge : Michel. Ces trois-là ont le sentiment que rien ne peut les déstabiliser. Que rien ne peut leur arriver dans la guerre à l'héroïne qu'ils s'apprêtent à livrer. Marseille, ville ouverte, est à eux.

Metz, le paisible berceau familial des Michel, paraît si loin. Pour Pierre, issu d'une famille conservatrice, le droit s'est imposé comme un héritage impossible à refuser. Enseignant ou juriste. Juriste ou enseignant. Chez les Michel, difficile d'échapper à la tradition familiale. Georges, le père, est une personnalité messine : son étude de notaire s'ouvre au 36, place Saint-Louis, en plein centre-ville. Un paternel exigeant, rigide, à la personnalité écrasante de patricien romain. À la maison, il ne laisse guère de place à la fantaisie. Les études et la religion écrasent tout. « Ensemble, nous formions une famille d'un grand classicisme, résume Bernard, l'aîné des Michel, devenu la figure tutélaire de la famille, en nous recevant dans la grande bâtisse de Jouy-aux-Arches. La gaieté n'était pas absente mais disons que les interdictions étaient nombreuses et exigeantes. » La maison des Michel en bordure de la Moselle, emplie de livres et de souvenirs, fut autrefois un lieu de vacances pour cette famille nombreuse.

La maisonnée résonne encore des faits d'armes du père qui a rejoint la Résistance avant de devenir juge d'instruction militaire dès 1944, puis notaire. Pierre Michel grandit dans ces terres de l'est de la France deux fois annexées par l'Allemagne, où la guerre paraît encore si proche. Il en est d'ailleurs le témoin puisqu'il est né le 2 juillet 1943, loin d'ici, dans le sud du Tarn, alors que les Michel fuyaient l'armée allemande. Les

Michel avaient trouvé refuge dans une grande maison couverte de lierre, au milieu d'un parc, à Saint-Amans-Soult, près de Mazamet.

Cette grande famille bourgeoise comprend six enfants : Bernard, François, André, Jacqueline puis Pierre et enfin Jean-François, le benjamin, né en 1947.

À l'adolescence, Pierre a la mèche rebelle. Concession à l'époque, il porte les cheveux longs, ce qui fait bouillir le paternel. Mais il dispose d'une alliée à la maison, sa mère Lucie, qu'il surnomme tendrement « Lucette », une femme lumineuse et gaie. De caractère, ces deux-là se ressemblent : sensibles et fantaisistes. À chaque Noël, jusqu'au dernier, elle se fait un plaisir de préparer à l'intention de son fils une choucroute maison dont elle a le secret.

« À quatorze ans, Pierre était un adolescent très digne, soucieux de son image, se remémore Astrid, psychologue à la retraite, épouse de Bernard. Il ne fallait pas que ses belles-sœurs se montrent familières avec lui, même si nous étions un peu plus âgées. Pas question de l'appeler affectueusement Pierrot ! En revanche, il se révélait le plus joyeux des frères Michel. Doué pour la vie. Tout simplement. »

Pourtant, un drame a déjà endeuillé la famille, qui aujourd'hui encore fait vaciller la voix de Bernard lorsqu'il l'évoque. C'était un jour de beau temps en 1946. Pierre et Lucette étaient partis faire des courses. Ils riaient, mimant une course-poursuite pour rentrer au plus vite à la maison, car ils étaient en retard. Dès leur arrivée, en apercevant le visage de son mari, la mère comprit qu'il s'était passé quelque chose. François, neuf ans, avait voulu traverser la Moselle à la nage avec des camarades. La rivière en avait décidé autrement. Elle l'avait gardé. La mort frappait à la porte, déjà.

À Metz, la vie a perdu de son insouciance mais l'éducation impose de faire bonne figure à la maison et au-dehors. Pierre se prend d'une passion qui ne l'a jamais quitté pour les trains miniatures, au point de s'abonner à la revue spécialisée *La Vie du rail.*

Le jeune homme n'a pas souhaité rejoindre le cabinet d'avocat de son frère Bernard, de huit ans son aîné, à qui il ressemble trait pour trait. Toujours ce besoin de tracer sa propre route, son propre sillon. Toujours cette incorrigible fierté. Alors, pour payer ses études, il prend le premier boulot qui se présente. À partir de 1965, il est prof de sciences naturelles dans un lycée, à Jarny, en Meurthe-et-Moselle, à une trentaine de kilomètres de Metz. Au lycée, il rencontre Jacqueline, professeur d'histoire-géo, brune, au caractère bien trempé, fille d'un viticulteur de l'Aude, qui va bientôt être mutée à Marseille. Le 5 octobre 1968, Jacqueline et Pierre se marient dans le sud de la France, au Plan-du-Castellet. Dans l'intimité. « Nous n'étions que trois, les mariés et moi », se souvient Jean-François, le benjamin des frères Michel. « En rompant avec les mariages traditionnels de la famille, Pierre soulignait son indépendance, de même qu'il marquera plus tard son territoire en s'éloignant de Metz », souligne quant à lui Bernard Michel, l'aîné.

Le couple va cependant être géographiquement séparé car Pierre Michel doit un an de service militaire à la France, ce qui ne le ravit pas. Ses classes, il doit en principe les effectuer à Maubeuge, près de la frontière belge. Grâce à l'intervention de Georges, son père, auprès de hauts gradés, il réussit à rejoindre Marseille, ce qui lui permet de retrouver son épouse Jacqueline. « On a fait de nombreuses démarches pour qu'il soit envoyé dans la cité phocéenne. Les démarches ont hélas abouti », rappelait le père dans un entretien accordé à *France-Soir*, dix ans après l'assassinat.

Pierre Michel termine donc son service sur les bords de la Méditerranée, à plus de sept cents kilomètres de ses parents mais au côté de sa femme avec laquelle il emménage dans un petit deux-pièces d'un quartier populaire. Son poste de secrétaire d'un médecin chef lui laisse beaucoup de temps libre pour suivre les cours à la fac de droit d'Aix et préparer son doctorat. À ses proches qui lui rendent visite dans le Sud, il fait découvrir Marseille, une ville chamarrée et cosmopolite qu'il aime tant à explorer. Un jour, il guide son frère André dans le quartier populaire du Panier et de la Vieille Charité. Le soir venu, au terme d'une journée exténuante, les deux Michel poussent en voiture jusqu'au Pharo pour profiter de la vue sur le Frioul, l'archipel qui fait face à la ville. C'est l'heure où tout s'apaise, où les bruits de la cité se mettent en sourdine. Les bateaux sont au mouillage, comme ce chalutier juste en dessous d'eux qui a jeté l'ancre et se balance maintenant au rythme des vagues. Pierre et André ont laissé la radio allumée, écoutant d'une oreille distraite les tubes du moment. Mais les ondes impudiques interceptent un message privé, transmis depuis la radio de bord du bateau de pêche. Le marin se languit de son épouse. Thème indémodable d'Ulysse et de sa Pénélope restée à quai. « Je m'ennuie de toi », dit le matelot, la voix brisée. Le soleil couchant apporte une touche de romantisme supplémentaire à cette scène, vieille comme les mythes méditerranéens. La conversation se termine dans des sanglots partagés. Les interlocuteurs raccrochent. Un ange passe. Puis, une minute plus tard, la même voix, celle du marin, maintenant plus virile et autrement plus assurée, en appelle une autre : « Allô, ma chérie ? J'arrive. » L'homme de mer pose pied à terre et part rejoindre sa maîtresse qui l'attend quelque part dans l'immense cité grouillante. Marseille l'ambivalente, Marseille la traîtresse. Paul-Louis Auméras, le premier tuteur de stage de Pierre Michel, l'avait prévenu : « Voilà une ville magnifique. Mais vénéneuse. »

## – 3 –

# Quand Zampa se forge un destin de Parrain

Un homme à lui seul incarne la face sombre de Marseille : Gaëtan Zampa. « Tany », comme on le surnomme, ne veut pas être l'un de ces anonymes saute-ruisseaux : macs, braqueurs, trafiquants. Lui rêve de bâtir quelque chose de plus grand, à sa mesure. Il veut être *le* Parrain.

Jusqu'à ce qu'on l'enterre dans un grand trou avec son costume de la plus belle étoffe et ses chaussures lustrées, Tany Zampa a donc voulu faire de la succession des jours et de l'addition des nuits une légende. Une vie ne lui suffisait pas. Pour Pierre Michel, il symbolise la confusion des genres entre la puissance publique et la force mafieuse. Cet adversaire, le juge le pressent, se trouvera un jour sur son chemin. En remontant la hiérarchie des trafiquants, Pierre Michel aboutira fatalement au caïd.

Au summum de sa puissance, à la fin des années 1970, quand Tany, grande tige nerveuse aux cheveux bouclés, se tient assis dans un bar, les clients lui rendent hommage selon un protocole très rigoureux. Il y a ceux – très rares – qui l'embrassent et le tutoient, ceux qui lui serrent chaleureusement la main. Les autres lui disent bonjour respectueusement ou inclinent poliment la tête. Et puis il y a les malheureux qui, en le voyant, rebroussent chemin à toute vitesse. Ceux-là, selon la rumeur du Vieux-Port, n'ont pas longtemps à vivre. « Un cérémonial digne de la cour d'Angleterre », s'amuse un policier. « Le Grand », comme on le surnomme, veille sur ces féodalités agissantes, ne sachant jamais d'où viendra le prochain coup. « C'est comme si j'avais fait dix Vietnam, dira-t-il à un enquêteur dans l'une de ses rares confidences. Je ne sais jamais qui sont mes amis, où sont mes ennemis. Je ne sais pas qui va essayer de me tuer. »

Les Parrains, c'est une spécialité de la ville, au même titre que la bouillabaisse ou la pétanque. À l'époque où Pierre Michel exerce à Marseille, les voyous vivent encore à ciel ouvert et à visage découvert. Ici, le chef du Milieu local est reconnu, voire célébré. On connaît ses goûts et ses dégoûts. On vante ses exploits. On fréquente ses établissements puisqu'il en a. Pas à son nom bien sûr : il se prémunit des ennuis judiciaires en confiant ses affaires, bars montants ou discothèques, à des gérants de paille, à des épouses ou à des maîtresses. Il attire les vedettes du show-biz. De surcroît, le caïd évolue souvent dans l'ombre des hommes politiques. Mieux vaut, lors d'une campagne électorale, s'assurer ses bonnes grâces ou en tout cas sa neutralité, en le rencontrant discrètement à la mairie.

Chaque époque a généré ses voyous célèbres. À Carbone et à Spirito, l'avant-guerre joyeuse et la sinistre

Occupation. À Antoine et à « Mémé » Guérini, la Libération et les années florissantes du boom économique. Et du temps de Michel donc, Zampa.

La légende de celui qui règne sur la ville et ses bas-fonds repose évidemment sur sa vie et sa personnalité. Et au moins autant sur les récits de ses exploits, réels ou imaginaires, amplifiés par la rumeur populaire, par les médias et même par la police car elle aime se donner des adversaires à sa hauteur. Tany, à lui seul, génère une sacrée littérature.

Pour ses thuriféraires, son existence constitue une véritable aubaine. Tout y est. À commencer par sa famille et sa jeunesse. Le petit Zampa, né dans le quartier populaire de Saint-Lazare, proche de la gare Saint-Charles de Marseille, est déclaré à la mairie le 1^er^ avril 1933, d'un père d'origine napolitaine et d'une mère native des Pouilles, l'un des endroits les plus pauvres d'Italie. Il porte le prénom de son grand-père, Gaetano, francisé en Gaëtan, auquel sa mère, Lucie, a insisté pour ajouter deux prénoms bien français, Louis et Albert. L'enfant serait né en réalité le 18 mars, mais son père, Mathieu, très superstitieux, aurait refusé de le déclarer à cette date car, selon une vieille légende, le mois de mars est celui des fous. Cette histoire fera dire que Tany a déjà passé les treize premiers jours de sa vie dans la clandestinité !

Son paternel n'a pas non plus une trajectoire rectiligne. D'abord, ce bel homme visiblement chaud lapin et qui plaît aux dames fait un enfant, hors mariage, à une certaine Jeanne Toci, qui accouchera d'un petit garçon quatre mois après la naissance de celui de son épouse officielle. Gaëtan et son demi-frère Jean resteront amis pour la vie et Jean deviendra l'un des plus fidèles lieutenants du Parrain.

Très vite, Mathieu Zampa, le père, va mettre ses qualités au profit de son travail et « recruter » des jeunes femmes pour les mettre sur le trottoir. Il accumule aussi les petites condamnations. Or, à l'époque, pour deux peines de prison successives sur une période de dix ans, on embarquait pour le bagne de Cayenne, de l'autre côté de l'Atlantique, que les voyous appelaient ironiquement le « chapeau de paille ». Le Napolitain part donc pour la Guyane, laissant le jeune Zampa faire chauffer la marmite de toute la famille.

Mathieu continue néanmoins son étonnante destinée. Quand il est libéré de Cayenne, ne pouvant revenir en métropole où il est interdit de séjour, il s'installe au Sénégal. Toujours grâce à ses talents de logisticien, le père de Tany ouvre bientôt des bordels qui font la joie des colons d'Afrique de l'Ouest, et il organise un réseau réputé de traite des Blanches. Mais les anciennes colonies sont souvent bien ingrates et Mathieu rentre au pays pour mourir dans le dénuement à Marseille. Fin de l'épopée paternelle. Début de celle du fiston.

Le petit Tany, qui préfère ce surnom à Gaëtan, Louis, Albert… commence à faire son chemin. Ce teigneux sec et nerveux s'emporte facilement. Il déteste qu'on le traite de « babi », surnom des immigrés italiens, ou qu'on se moque de son léger bégaiement. À tel point qu'il acquiert très vite la réputation d'un

« vrai méchant ». Son biographe, le journaliste marseillais José D'Arrigo[1], raconte qu'un soir, dans une boîte de nuit du Vieux-Port, il s'en prend à deux clients qui le provoquent. Au premier, il enfonce un tesson de bouteille de champagne dans le crâne ; au deuxième, il fracasse d'un coup de tête le nez et la bouche. Un restaurateur italien a eu la peur de sa vie en voyant la mine du caïd à qui il avait servi des pâtes jugées trop al dente ! « Quand Tany s'emporte, confie un proche, il devient livide, se met à trembler et plus rien ne peut l'arrêter. » Le futur patron des stups marseillais, Lucien Aimé-Blanc, peut en témoigner, lui qui, encore jeune homme, croisa la route du truand dans une boîte de jazz, le Saint-James. « Ma première rencontre avec Zampa fut plutôt agitée, raconte-t-il. Un Hollandais avait levé l'une de ses copines. La situation a bientôt dégénéré en bagarre générale. Le patron avait même enlevé sa jambe de bois pour calmer les esprits. Il m'a dit : "Lucien, appelle la police !" À peine avais-je décroché le téléphone que j'ai pris un plat de spaghettis sur la tronche. C'était Zampa qui hurlait : "Tu fais quoi ?"»

Pour parfaire son éducation, comme on dit chez les bourgeois, Gaëtan monte à Paris. Histoire aussi de se faire un peu oublier à Marseille. « Le Grand » fréquente un café-école du banditisme parisien, le bar des Trois Canards, 48, rue de La Rochefoucauld, sur les bas flancs de la colline de Pigalle. Il y côtoie Jo Attia, l'une des stars de la pègre de l'époque.

1. *Zampa*, de José D'Arrigo et Roger Grobert, La Manufacture de livres, 2010.

Le petit Zampa est alors remarqué par l'un des bras droits d'Antoine Guérini, le Parrain qui, avec son frère Barthélemy (dit « Mémé »), règne sans partage sur la cité phocéenne. Le grand caïd voit d'un œil intéressé ce jeune homme plein d'avenir à condition que son tempérament ne le perde pas. Peut-être a-t-il encore la tête un peu près du bonnet et le sang trop chaud ? Mais il a de l'étoffe et surtout une belle « mentalité ». Il sait tenir sa parole, « fermer son plomb », garder un secret devant les flics et les ennemis. Voire devant les amis des patrons !

De retour à Marseille, Tany fait ses preuves en réussissant un coup d'éclat. Le soir du 2 janvier 1961, au lendemain de la Saint-Sylvestre, alors que les surveillances policières sont un peu émoussées, un audacieux voyou s'introduit au sein de la Caisse des allocations familiales de Marseille. L'établissement n'est pas particulièrement surveillé. Il se trouve dans la rue bien nommée des Convalescents, à deux pas de Saint-Charles. Dès l'ouverture des bureaux, le malfaiteur neutralise en solitaire les employés au fur et à mesure de leur arrivée et cueille en douceur, le flingue à la main, les transporteurs de fonds qui apportent l'argent des remboursements. La somme est énorme : près de 160 millions d'anciens francs. Pas un cri, pas un blessé. Les Marseillais applaudissent l'exploit. Dans tous les bistrots de la ville, le nom de Zampa circule rapidement. Aujourd'hui, même ses enfants confirment qu'il est l'auteur de ce coup fumant…

En honnête citoyen qui craint d'être injustement inquiété, « Le Grand » se présente à la PJ afin d'expliquer qu'il a passé toutes les fêtes de fin d'année à Paris. De très nombreuses personnes peuvent en témoigner. Il brandit une liste. Faute de preuve, les enquêteurs sont bien obligés de le laisser partir. Mais comme ils n'aiment pas qu'on les prenne pour des imbéciles, ils vont le surveiller sérieusement. Ce qui n'est pas toujours facile car Tany acquiert une Jaguar type E décapotable bleu nuit. Le bolide accroche les 240 kilomètres heure avec son long moteur fuselé qui lui fait un capot interminable et une ligne racée. Il distance souvent ses poursuivants, pour s'amuser, sur la nouvelle autoroute Estérel-Côte d'Azur à destination de Nice. Plus fort encore, il achète une AC Cobra 427 rouge, l'une des voitures de sport les plus rares et les plus chères au monde. Une bombe roulante anglo-américaine qui monte cette fois à 250 kilomètres heure en une poignée de secondes dans un rugissement d'enfer. Les policiers ricanent : « Autrefois on reconnaissait les gangsters à Marseille car ils possédaient tous de grosses voitures américaines. Monsieur Zampa préfère les anglaises sportives, c'est plus chic mais tout aussi voyant. »

La justice, rancunière, n'a pas oublié l'affront du casse de la Caisse des allocations familiales et les surveillances finissent par payer. En 1964, Tany et deux de ses proches se font arrêter comme des bleus devant le Méditerranée, l'établissement des Guérini sur le Vieux-Port. Dans le coffre de leur voiture, on trouve de quoi monter une armurerie. À quoi devaient servir ces armes ? On ne le saura jamais. Personne, évidemment, ne parle. Du coup, le président du tribunal, excédé par ce silence, a la main lourde et condamne Gaëtan Zampa à six ans de prison ferme.

À part quelques mois d'emprisonnement pour des broutilles de jeunesse, c'est la première fois que Tany tâte du cachot pour une longue peine. Il vit très mal cette détention, cet enfermement qui lui brise les nerfs et l'étouffe. Le fauve en cage réagit très vite. D'abord, pour une fois qu'il a du temps et qu'il n'est pas obligé de « feinter » les flics, il officialise sa liaison avec sa compagne. Il épouse Christiane en juin 1966, à la prison des Baumettes. C'est son deuxième mariage et il est tombé fou amoureux de cette jeune femme de bonne famille. Elle ne vient pas du même milieu, mais, bien que connaissant ses activités, elle lui restera fidèle jusqu'au bout. Ils auront deux enfants et Tany, retrouvant ses racines napolitaines, ne supportera jamais qu'on touche à sa famille. Elle est sacrée. Il sera, selon ses proches, un papa gâteau à la maison... Cet attachement à son épouse sera, on va le voir plus loin, l'une des raisons de sa perte[1].

Pour l'instant, Tany se retrouve bien loin de son soleil méditerranéen et de l'air doux et parfumé des nuits marseillaises. Il effectue sa peine à la centrale d'Haguenau, en Alsace, et s'abîme dans la lecture de deux ouvrages, apparemment assez différents : *Par-delà le bien et le mal* de Nietzsche et le *Larousse médical*...

Le philosophe allemand fascine tout de suite le truand qui adhère à la théorie du surhomme. Les lettres

1. Voir quatrième partie, chapitre 2.

qu'il écrit à sa femme, à ses avocats, à ses amis, sont truffées de citations tirées de *Par-delà le bien et le mal* ou d'*Ainsi parlait Zarathoustra*.

L'étude du *Larousse médical* correspond à une autre démarche... La maladie passionne depuis longtemps Tany. D'abord, cyniquement, c'est un moyen d'échapper à la prison. D'ailleurs, il effectue un petit passage par l'hôpital psychiatrique de Stephansfeld, près de Strasbourg, puis un court séjour à l'hôpital des prisons de Fresnes. Mais, comme une opportunité se présente d'obtenir une libération conditionnelle par des moyens « normaux », il recouvre très vite ses esprits. Cela dit, à la fin de sa vie, Zampa souffrait de réels troubles psychologiques. Ce qui expliquerait l'aspect caractériel de ses crises de colère, ses maux de tête et ses accès de violence. « Il avait une froideur et une cruauté terribles dans les yeux », dira l'un de ses avocats, Me Sophie Bottai, lors d'un portrait consacré au caïd pour la télévision.

De surcroît, Tany souffre de véritables maux d'estomac et d'aigreurs. Il sera d'ailleurs opéré deux fois. Et la vie qu'il mène n'arrange pas les ulcères !

Quoi qu'il en soit, la lecture exhaustive du *Larousse médical* l'aurait, selon ses proches, rendu totalement hypocondriaque... Il s'imaginait atteint de toutes les maladies existantes.

*
* *

En 1970, à sa sortie de prison, le décor a changé et une terrible guerre de succession s'engage à Marseille. L' « hyper-Parrain » de la ville, Antoine Guérini, a été abattu le 23 juin 1967 devant sa Mercedes, alors qu'il faisait le plein d'essence à une station-service. Les deux tueurs viennent d'inaugurer en France le système du meurtre à moto et disparaissent dans la nature. Ils ne seront jamais identifiés. La mort du « patron » provoque un appel d'air dans le Milieu et, comme disait le général de Gaulle à propos de son départ, ce n'est pas le vide qui est à craindre mais le trop-plein… Commence une série de guerres des gangs qui va donner l'occasion aux chroniqueurs spécialisés de détailler chaque épisode de cette saga sanglante.

Tany démarre avant tous les autres. Ces guerres claniques, surnommées ironiquement les « guerres puniques » – en référence à celles qui opposèrent un siècle durant Rome à Carthage –, font des dizaines et des dizaines de morts. Les beaux mocassins vernis de Zampa baignent dans une mare de sang.

Le premier conflit oppose Tany à un autre fauve du Milieu, Francis Vanverberghe, dit « Le Belge ». Comme son nom ne l'indique pas, ce jeune voyou ambitieux à la gueule d'ange, né en 1946, est natif du quartier de la Belle de Mai. Son père vient du Nord et sa mère est une pied-noire d'origine espagnole. Ce fougueux réclame tout de suite le trône du Milieu, surtout pour le trafic des stups.

« L'arrivée massive de la came a considérablement changé la nature des gangs à Marseille, commente Pauline Cherki, ancienne correspondante de l'AFP et de *Libération* à Marseille ; les groupes capables d'organiser des réseaux de drogue avaient une force de frappe financière considérable. L'enjeu devenait colossal. »

Pour calmer les ardeurs du jeune loup, le gang de Zampa abat l'un de ses lieutenants qui aurait oublié de régler une livraison de drogue. Erreur d'appréciation de Tany : « Le Belge » peut se montrer lui aussi très méchant. En guise de représailles, ses hommes foudroient trois amis du « Grand » – dont Jo Lomini, dit « Le Toréador », exécuté en mars 1973 dans un bar du Vieux-Port, le Tanagra. Les tueurs n'ont pas fait dans le détail : ils ont tiré au fusil à pompe avec de petits plombs reliés par des fils de nylon, ce qui a pour effet de trancher et de dévaster sur un large compas. Résultat : la tenancière du bar est tuée sur le coup. Grogne du Milieu qui considère que « cela ne se fait pas » mais qui comprend que le temps des « nuances » est terminé.

La guerre avec « Le Belge » va bientôt s'arrêter faute de combattants, ou plutôt pour cause d'absence du chef. Francis Vanverberghe est condamné en 1977 à douze ans de prison pour trafic de drogue. Selon le commissaire Lucien Aimé-Blanc, « Zampa était beaucoup plus malin que "Le Belge". Lui n'a jamais été condamné dans une affaire d'héroïne. Tany se contentait de financer les livraisons. Il ne participait jamais lui-même aux opérations. Alors que Vanverberghe voulait être à la fois commanditaire et acteur. Ce qui va le perdre. »

Mais les guerres, comme les diamants (et les ambitions), sont éternelles. À peine Zampa est-il débarrassé du « Belge » qu'un autre personnage se dresse devant lui. Un homme qu'il connaît pourtant depuis fort longtemps. Jacques Imbert, surnommé « Jacky le Mat » (le fou), a débuté sa carrière à la même époque

que lui et les deux voyous se sont souvent épaulés, bien que « Le Mat » débarque d'un autre monde. Cet ancien jockey de trot, devenu un entraîneur réputé, a perdu sa licence à la suite de l'organisation de tiercés truqués, en liaison avec le Milieu. Il restera proche de certaines vedettes du show-biz dont il « drivait » les chevaux. Installé sur la Côte d'Azur, Jacky devient l'une des figures incontournables du grand banditisme local.

Le conflit avec Tany proviendrait d'une sombre histoire de racket. Un voyou français, Roger Chiotti, éclairera plus tard la lanterne de la justice lors d'un interrogatoire à Rome. Selon lui, Zampa extorquait de l'argent à un affairiste franco-israélien, Samuel Flatto-Sharon, qui avait fait fortune dans la ferraille et l'immobilier. Jacky le Mat aurait profité d'une absence de Tany pour lui soutirer 8 millions de francs et il aurait refusé de lui rembourser cette somme. Un crime de lèse-majesté : on ne butine pas sur le territoire de l'autre sans sa permission. C'est le début des hostilités. « Il faut comprendre, ajoutait philosophiquement Chiotti, que les raisonnements de ces personnes finissent toujours par la même conclusion : tuer quelqu'un. »

La mise en œuvre de ce principe n'a pas tardé. Le 1er février 1977, Jacky rentre chez lui, à Cassis, vers 20 heures. Il est abattu sur le pas de sa porte par le tir croisé d'un fusil de chasse et de deux gros calibres. Atteint de sept balles, il s'écroule et, tandis qu'il agonise, les tueurs relèvent leurs cagoules pour lui montrer leurs visages. 100 % pure haine ! Seulement voilà, « Le Mat », comme les chats, semble avoir neuf vies. Il en réchappe miraculeusement… Abîmé, certes, un œil perdu, le corps un peu déformé, mais vivant, et même rapidement sur pied. A-t-il croisé le regard halluciné de Tany à l'instant fatal ? Nul ne peut le dire. En tout cas Jacky, quelque peu rancunier, se venge très vite et les corps tombent comme des grêlons un soir d'orage.

Le coup le plus terrible frappe Gaby Regazzi. Ce très proche de Tany est pulvérisé, le 3 mars, devant l'entrée du cimetière Saint-Pierre, alors qu'il allait se recueillir sur la tombe de son fils de huit ans, décédé peu auparavant. Un vrai drame pour Zampa. Gaby est un ami d'enfance, leurs pères s'étaient côtoyés au bagne de Cayenne et Regazzi était le cerveau du groupe. Pourtant sa mort n'arrête pas la frénésie de meurtres et la balance semble pencher du côté de Tany.

L'aura de Zampa ne cesse de grandir. Le pouvoir de donner la mort et de risquer sa vie dans une danse macabre et endiablée ne cesse de fasciner. « Le Grand » lance même des modes. Ce rigoureux, qui souffre de l'estomac, ne boit que de l'eau. Sa boisson préférée, « un petit Vittel », fait fureur dans le quartier de l'Opéra et l'on voit de gros durs commander suavement, comme leur idole, « un petit Vittel » ! Sa façon de s'habiller est copiée également, y compris en dehors du Milieu. Il porte de somptueux manteaux de fourrure pour hommes, dont un modèle extrêmement cher de Jacques Esterel, orné d'astrakan, qui lui donne l'apparence d'un vrai loup. Le vêtement fera fureur dans la haute société marseillaise.

L'heure de gloire de Tany sonne le 1er octobre 1980. Ce soir-là, Zampa inaugure l'œuvre de sa vie, le joyau de son empire, la plus gigantesque boîte de nuit du Midi, le Krypton. Un temple dédié aux rythmes et aux danses modernes qui peut accueillir 1 500 personnes et toute la fureur de vivre des jeunes et des moins jeunes de la région. Le champagne coule à flots ; les célébrités se bousculent. Il y a du beau monde : Alain Delon et Mireille Darc, Robert Charlebois, Michel Legrand, Patrick Sébastien, et surtout Yves Mourousi qui, en fêtard invétéré, amoureux de la nuit, se dépense sans compter. Mais les projecteurs vont bientôt s'éteindre.

# – 4 –

# La French

## La première guerre de l'héroïne (1969-1972)

Au début de la décennie 1970, alors qu'en France Pierre Michel termine son doctorat de droit, les États-Unis affrontent une vague « blanche ». La déferlante de l'héroïne devient, dans les grandes villes américaines, le problème de santé publique numéro un. Sur les trottoirs de New York, de Harlem à Downtown, les junkies, qui se l'injectent en intraveineuse, meurent par dizaines d'overdose.

La consommation de la blanche touche jusqu'aux plus emblématiques groupes de rock du moment. À commencer par les Rolling Stones.

Sur sa Fender Telecaster, Keith Richards enchaîne les riffs à s'en faire saigner les doigts. En décembre 1969, dans un studio étriqué, au fond de l'Alabama, aux États-Unis, les Stones enregistrent les premières chansons de leur futur album, *Sticky Fingers*.

Mick Jagger a écrit pour l'occasion un titre bientôt mythique, *Brown Sugar*, littéralement « sucre brun ». Qui signifie aussi héroïne, en argot américain… Sur l'album figure en outre *Sister Morphine*, « sœur morphine », rengaine hypnotique et morbide :

*Well it just goes to show*
*Things are not what they seem*
*Please, sister Morphine, turn my nightmares into dreams*
*Oh can't you see I'm fading fast ?*
*And that this shot will be my last*[1] *?*

L'empreinte de la drogue n'a jamais été aussi présente chez les Stones. Et les paroles de leurs chansons sont le reflet d'une époque.

« Et soudain, l'héro est là, écrira le guitariste dans son autobiographie *Life*[2]. Ça ne s'appelle pas l'héroïne pour rien. C'est une séductrice. […] C'est très subtil. Ça t'attrape lentement. C'est après la troisième ou la quatrième fois que tu reçois le message. […] Et si je suis encore là aujourd'hui, c'est sans nul doute parce qu'on ne prenait que la meilleure qualité disponible, et non pas de la "sous-merde de trottoir". »

Les autorités le savent : la dope vient d'une ville française, d'une tête d'épingle fichée dans la côte méridionale, au pays de Pagnol et du pastis : Marseille. Un nom qu'ils n'arrivent toujours pas à prononcer ni

1. *Eh bien cela va bientôt se voir / Les choses ne sont pas ce qu'on pourrait croire / Je t'en prie, sœur morphine, change mes cauchemars en rêves / Oh, ne vois-tu pas que je m'éteins rapidement / Et que cette piqûre sera la dernière…*

2. *Life*, par Keith Richards, Robert Laffont, 2010.

à orthographier correctement mais qu'ils n'ont aucun mal à situer sur une carte. Marseille est l'épicentre du séisme.

C'est la raison pour laquelle, en août 1970, le sénateur démocrate de Floride, Claude Pepper, déclare la guerre à la France ! Ou presque. Il s'estime en légitime défense et tire le premier, lâchant cette salve à la presse américaine : « Si, dans le sud de la France, un groupe d'individus avait envoyé cette année des missiles sur New York et tué 340 habitants, nous serions intervenus. Il est donc temps, martèle-t-il, de dire aux Français : "Si vous êtes incapables d'arrêter ces meurtres, laissez-nous faire." »

Le sénateur s'en prend, bien sûr, au trafic de drogue et à la fameuse French Connection qui inonde le marché américain en héroïne. Plus : il dénonce l'incroyable inertie de la police française devant cette invasion meurtrière. L'honorable parlementaire connaît les rapports impitoyables du Narcotic Bureau : selon eux, 80 % du marché US sont alimentés depuis une dizaine d'années par les laboratoires clandestins marseillais. Le sud de la France est devenu la plaque tournante du trafic de drogue en destination des États-Unis. La morphine base, en provenance de Turquie ou du Liban, est transformée dans les chaudrons marseillais en une héroïne exceptionnellement pure. La « blanche » est ensuite acheminée aux USA par tous les moyens possibles, voitures, bateaux, petits porteurs, etc.

Il s'agit sans doute du commerce le plus rentable du monde : le bénéfice entre l'achat de la morphine base et la revente au détail s'élève à plus de 1 000 %. Chaque transport rapporte plusieurs centaines de millions de francs à son organisateur. Et les hommes des stups estiment qu'il en circule près de 10 tonnes par an !

Les Américains enragent : ils affirment connaître les noms des trafiquants. Ils les ont d'ailleurs plusieurs fois dénoncés à la France qui fait toujours la sourde oreille. Quelques mois après la sortie du sénateur de Floride, ne voyant rien venir du côté français, deux autres parlementaires, Morgan F. Murphy et Robert H. Steele, représentants de l'Illinois et du Connecticut, enfoncent le clou en livrant cette fois des noms. Ils rendent public leur rapport sur le trafic de l'héroïne. Ils écrivent carrément : « Dans chaque affaire de drogue à Marseille, on retrouve la trace de l'une ou plusieurs de ces familles corses : les frères Venturi (Jean et Dominique), Marcel Francisci, Antoine Guérini et Jean Orsoni. »

Pourtant l'information n'est pas vraiment neuve. Elle date même un peu. Dès 1964, une première enquête sénatoriale pointait les noms de ces gangsters français. Ceux-ci faisaient déjà l'objet, aux États-Unis, de fiches nourries au Bureau des narcotiques et drogues dangereuses (le BNDD). Elles détaillaient le passé de ces supposés trafiquants, notabilités de Marseille et de Paris.

Mais les autorités américaines ont beau bombarder les Français de télégrammes confidentiels ou cryptés, rien n'y fait. Le ministère de l'Intérieur ne bouge pas d'un pouce. Les rapports s'entassent dans l'armoire du directeur de la police judiciaire. En ce début d'année 1970, la France n'est pas encore touchée par la lèpre de la drogue, même si la première overdose a eu lieu en 1969 au casino de Bandol. Les limiers de l'anti-gang préfèrent faire tomber les grands braqueurs que les trafiquants de drogue qui tuent eux aussi, mais à bas bruit.

En réalité, le mal est plus profond et d'autres raisons historico-politiques expliquent cette inertie. D'abord, le trafic des stupéfiants est, si l'on ose dire, une vieille tradition marseillaise. Ce grand port de la Méditerranée est, comme tous les centres commerciaux stratégiques, ouvert depuis toujours à tous les négoces illégaux. À l'époque de l'Indochine française, il existait déjà un petit marché de l'opium, mais réservé à une clientèle d'habitués. Le Milieu local s'est ensuite longtemps spécialisé dans la contrebande d'alcool ou de cigarettes, alors extrêmement lucrative. Le partage de la cargaison d'un bateau, le *Combinatie*, a même été à l'origine d'une légendaire guerre des gangs qui s'est soldée par des dizaines de morts dans les rangs des voyous. Tout naturellement, la pègre s'est ensuite tournée vers le trafic d'héroïne. Les voyages à destination du Proche-Orient, et l'aide de membres de minorités installées à Marseille, ont facilité le trafic et l'entrée de la morphine base. Des truands arméniens se sont ainsi imposés dans le négoce, en facilitant le contact avec les trafiquants orientaux, grâce à leur connaissance de la langue turque.

Le Milieu corse, qui bénéficie de puissantes connexions à l'étranger, s'est chargé de l'achat, puis du transport de la drogue. Et, pour rentabiliser l'industrie locale, des « spécialistes » se sont mis à la transformation de la morphine base. On dit même que ces « professionnels » sont, à l'origine, passés de la fabrication du pastis clandestin à celle de l'héroïne… Les recettes de fabrication se transmettent de génération en génération comme des secrets de famille ou se vendent au prix fort. Certains chimistes sont devenus de véritables maîtres en la matière. Cette compétence s'est développée en coopération avec la Mafia italo-américaine qui devait répondre à une demande de plus en plus forte du « marché intérieur » aux États-Unis. Là encore, le Milieu corse est sollicité, les mafieux américains d'origine sicilienne se trouvant proches de ces insulaires qu'ils avaient croisés dans le monde entier. Seulement ce petit négoce s'est transformé en une véritable industrie mortifère.

Les autorités américaines ont alors tiré la sonnette d'alarme et alerté la France. Et si le signal n'a pas été entendu à Paris, c'est pour d'autres raisons, politiques celles-là. D'abord, en ces années de gaullisme triomphant, les Américains n'ont pas bonne presse dans les milieux du pouvoir où l'on écoute d'une oreille distraite les gémissements d'outre-Atlantique : « Qu'ils se débrouillent, après tout, c'est leur affaire ! »

Une autre explication, plus pernicieuse, justifie ce mutisme. Les responsables policiers les mieux informés savent que les Français qui « bricolent » dans la drogue sont souvent des personnalités connues qui ont rendu – et rendent encore – d'inestimables services, servant d'ailleurs aussi bien les partis politiques de droite que de gauche. La plupart du temps, ces affinités électives remontent à la guerre. Par exemple Dominique Venturi, cité par les Américains, s'est engagé très tôt dans la Résistance et a « libéré » le journal *Le Petit Provençal* au côté du futur maire de la ville, Gaston Defferre, qui allait en devenir le propriétaire ! Depuis, « Nick » évolue dans le sillage de l'homme fort de Marseille à qui il sert à l'occasion de garde du corps. Les jeunes loups du Milieu ont diversifié leurs engagements. Marcel Francisci, autre cible des parlementaires américains, lui aussi médaillé de la Résistance, patron de cercles de jeu à Paris, s'est fait élire en Corse sous l'étiquette du parti gaulliste au pouvoir. Bref, ces personnages intouchables inspirent la prudence aux hautes autorités policières.

Mais trop, c'est trop ! En juillet 1971, le responsable du Narcotic Bureau pour l'Europe, John Cusack, se lâche. Il sonne la charge en plein territoire « ennemi ». Il déclare au journal *Le Méridional* : « Les gros bonnets de la drogue sont à Marseille [...] Ils sont forts, protégés par des relations politiques et même policières et se sentent à l'abri. Nous savons qu'ils traitent d'égal à égal avec la Mafia américaine. Peut-être même en position de force car c'est à Marseille que l'on trouve les laboratoires et les meilleurs chimistes. » En effet, pour dire : « la marchandise est de bonne qualité », on dit : « c'est de la marseillaise ». Et il conclut : « Nous les aurons de toute façon. »

Cette intervention choc provoque un incident diplomatique entre les deux pays et l'expression « gros bonnet » va faire un malheur. L'effet Cusack est immédiat. Le ton monte au plus haut niveau. Lors du sommet des Açores, le président Nixon tance vertement Georges Pompidou, vexé, qui assure naturellement l'Amérique de « son soutien total ». En rentrant, le chef de l'État passe un savon à son ministre de l'Intérieur, Raymond Marcellin, qui vient d'avoir la même explication avec l'attorney général des États-Unis, John Mitchell. Du coup, le responsable de la police décide de frapper fort. Il va installer un « sous-marin » dans le Vieux-Port, un homme neuf qui aurait les pleins pouvoirs et le moins de liens possible avec les policiers locaux, assoupis... ou fermant volontairement les yeux. Il choisit un pur produit de la préfecture de police parisienne, le commissaire Marcel Morin. Cet homme de quarante ans, au physique avantageux et à la réputation de fonceur, apprend de la bouche même de Marcellin qu'il doit créer à Marseille une superbrigade des stupéfiants : « Vous avez carte blanche : matériel, argent et hommes. Je serai votre interlocuteur direct et vous pouvez m'appeler quand vous voulez sur ma ligne personnelle », conclut le ministre.

La situation que Marcel Morin trouve sur place est calamiteuse. Seuls neuf inspecteurs sont affectés à la lutte contre le trafic des stupéfiants... Morin arrive avec ses hommes à lui, piochés dans le gratin de la PJ parisienne, et il les installe loin des oreilles indiscrètes, dans des appartements loués en ville. Pour lutter contre le trafic de rue qui, contrairement à ce que disent les rapports officiels, infecte déjà Marseille, Morin crée un groupe dit de « voie publique ». Il va interpeller, en dix-huit mois, 1 300 toxicomanes et petits dealers. Mais ce n'est pas le gibier que recherche le commissaire parisien. Pour la pêche au gros, il faut de gros moyens. Il multiplie les écoutes téléphoniques et épluche des dossiers de la police locale, très fournis mais peu consultés… Ainsi, en suivant jour et nuit un surdoué de la fabrication d'héroïne, Joseph Cesari, il découvre son premier laboratoire de transformation de morphine à Aubagne, à proximité de Marseille ! Cesari, multirécidiviste, se pendra dans sa cellule le 22 mars 1972. De fil en aiguille, les hommes de Morin vont mettre la main sur quatre autres labos en activité. Ces fameux laboratoires dont on prétendait qu'ils n'existaient que dans l'imagination des Américains…

En 1971, la France a fini par céder aux injonctions de Washington. Et comme preuve de bonne volonté, deux policiers français de l'Office central des stupéfiants, Claude Chaminadas et Claude Dumarteray, ont été nommés par Marcellin à New York, cette « ville debout » qu'ils découvrent un jour d'hiver glacial. « J'ai débarqué le 6 janvier 1971, se souvient Chaminadas. Il faisait un froid de canard et, vue de l'avion, New York était enveloppée d'un épais brouillard jaune. Les collègues américains sont venus me chercher à l'aéroport et m'ont déposé devant le consulat général de France. Une résidence située sur la 5e Avenue, juste en face de Central Park, magnifique… Le bureau où j'étais installé l'était beaucoup moins… Il était minuscule et nous étions à l'étroit avec un jeune commissaire qui venait d'être nommé. Avec les Américains, j'étais en pays de connaissance. Le chef de la division internationale de lutte contre les stupéfiants, Anthony Pohl, avait été détaché à Marseille et nous avions réussi beaucoup d'affaires ensemble. C'est d'ailleurs lui qui avait demandé que je vienne à New York. »

La coopération s'organise. « Tous les jours, nous passions en revue les affaires de drogue où des Français étaient signalés. Et la collaboration a vraiment accéléré les procédures. Avant mon arrivée, les commissions rogatoires internationales pouvaient traîner pendant des mois. Après, je participais aux interrogatoires avec les collègues américains et, quarante-huit heures plus tard, le juge Roussel à Paris ou le juge Saurel à Marseille recevaient les PV d'audition par la valise diplomatique. Nous avons fait tomber des réseaux qui passaient plus d'une tonne d'héroïne par an ! »

Ces équipes communes tentent de débusquer les patrons, les fameux « gros bonnets » dénoncés par Cusack. Bien à l'abri, ceux-là ne mettent jamais la main dans la poudre. Ils se contentent de commanditer les opérations, de fournir les hommes et d'empocher les bénéfices. Pour les attraper, Morin s'appuie sur les Américains et sur leurs tuyaux. La méthode des « repentis », qui offre une impunité et une nouvelle vie aux voyous qui parlent, donne d'excellents résultats.

Cette coopération s'avère extrêmement fructueuse et aboutit au démantèlement de plusieurs équipes de trafiquants. De fait, en l'espace de trois ans seulement, le marché marseillais de la drogue paraît tari. L'héroïne ne parvient plus aux États-Unis. Les principaux responsables du trafic sont tombés et les « historiques » sont hors de portée, grâce à leur ancienneté. C'est le seul regret de Morin, qu'il a confessé lors de son départ à l'un des auteurs de ce livre : « Je n'avais pas de preuves contre certaines personnes citées par les Américains car, à l'époque, la prescription en matière de stupéfiants était de trois ans. Au-delà de cette période aucun élément n'était utilisable. Bien sûr, j'ai vu les photos de ces hommes avec des trafiquants connus, notamment au Liban. J'ai lu des rapports où leurs noms étaient mentionnés, mais je n'avais rien de précis. Et, croyez-moi, ce n'est pas leur protection politique qui les a sauvés. S'il avait fallu arrêter Comiti (le député de droite de Marseille) ou Defferre, je l'aurais fait sans hésitation. Je l'ai d'ailleurs dit un jour au maire de Marseille devenu ministre de l'Intérieur : "Si j'avais eu des preuves, je n'aurais pas hésité à aller vous chercher"… Gaston Defferre a rigolé ! »

*
**

Un jeune homme suit ces affaires avec passion depuis le tribunal de grande instance de Marseille : Pierre Michel. Pour démanteler les trafics d'héroïne, il s'inspire des méthodes initiées lors de la French Connection.

Il admire l'impressionnant travail de René Saurel, personnage atypique dans la magistrature. Cet ancien avocat d'origine pied-noire travaille en symbiose avec la police, tout en gardant le contrôle des dossiers. Il les nourrit d'éléments factuels : rapports de filatures, photos de planques, expertises financières, témoignages d'informateurs. Éruptif – ses coups de gueule résonnent dans les galeries de l'instruction –, il sait aussi se montrer intraitable… et innovant. Par exemple, lorsque l'un de ses détenus obtient de la chambre d'accusation une mise en liberté assortie d'une importante caution, Saurel réclame au parquet une enquête préliminaire pour déterminer l'origine de l'argent de cette caution. Les investigations ayant établi qu'il provenait d'une source frauduleuse, le truand retourne en prison.

Pierre Michel a trouvé sa voie. Tout au long de sa brève carrière, il vantera les mérites de René Saurel. Il va suivre son chemin, avec la même détermination, le même engagement, mais avec son tempérament et des méthodes personnelles. Les autorités françaises ont beau affirmer que la French Connection est démantelée (en 1974, lors d'un procès exceptionnel, des trafiquants sont condamnés à plus d'un siècle de prison), Michel sait que les labos tournent toujours aux portes de Marseille et, il en est persuadé, en Corse. Il se donne à fond à son travail car il pressent, dès son arrivée, que le trafic de l'héroïne vient de renaître de ses cendres, avec de nouveaux circuits et de nouveaux hommes. Comme le dit un proverbe : « Si la vie est inventive, le mal est répétitif. »

# – 5 –

# *Entretien avec Jean-Pierre Sanguy Patron de la PJ de Marseille de fin 1979 au début 1984*

*Cagnes-sur-Mer, le 17 février 2014*

La lumière à couper au couteau de ce midi a envahi les ombres, fait claquer les bleus, l'azur et le marin, transformant ce paysage de Côte d'Azur en un tableau de Staël. En retrait de la plage, au lieu dit et à l'heure indiquée, un homme nous attend. Tirant sur sa pipe, il serre dans sa main un exemplaire d'*Au cœur des ténèbres*, l'œuvre la plus noire de Conrad, dans sa version de La Pléiade.

Jean-Pierre Sanguy, lecteur invétéré depuis une enfance rendue difficile par une santé chancelante, reste une légende de la police. Un flic avenant mais pas causant, à la réputation d'intégrité absolue. À la mort du juge Michel c'est lui qui, en tant que patron de la PJ de Marseille, à l'heure du journal télévisé d'Yves Mourousi, a pris en main les premières investigations, inventorié les premières pistes, tempéré les ardeurs parisiennes. Essayé d'envisager l'inenvisageable.

Sanguy fut en poste à Marseille de la fin de l'année 1979 au début de 1984. Et le retraité ne cache pas la part de répulsion qu'engendrait chez lui la grande cité phocéenne. La came, les armes, et jusqu'au port qui rappelle Naples. « Ce qui définissait le mieux Marseille à l'époque de l'assassinat du juge Michel ? Le chaos. Un incroyable chaos », dit-il d'emblée. Ç'avait été, on l'a vu, un choc pour le juge Michel, venu de Lorraine. C'en fut un également pour ce fils de médecin qui à son retour de la guerre d'Algérie, où il avait effectué un long service militaire, choisit de rejoindre la Grande Maison. À vingt-cinq ans, tout jeune commissaire, il intègre la PJ qu'il ne quittera plus.

À Marseille, on risquait de perdre son âme et sa raison, comme le héros de Conrad remontant le fleuve au cœur de l'enfer végétal. L'ancien policier, élève du quartier populaire de Mazargues quand il était enfant, s'improvise guide d'une ville fragmentée, découpée en mosaïques, en un patchwork de clans. Petite géographie de faits divers : « La Capelette était spécialisée dans le maquillage de motos volées. Le Panier et la Belle de Mai restaient l'apanage des braqueurs et des trafiquants de stups. Endoume et son vallon des Auffes abritaient les bars de mauvais garçons, d'où l'expression marseillaise : "Va chier à Endoume !" L'Estaque hébergeait l'empire gitan, haut lieu du trafic de métal et de fausse monnaie italienne. Quant au Roucas-Blanc, il hébergeait quelques voyous qui avaient réussi. Sans oublier Aix, au nord, le prolongement universitaire de

Marseille avec ses somptueuses boîtes de nuit, comme le Krypton de Zampa.

» À la fin des années 1970 et au début des années 1980, Marseille surprenait déjà par son mélange des genres. Les voyous et les bonnes gens se rencontraient dans les mêmes restaurants. Ils étaient parfois allés à l'école ensemble. Les truands étaient intégrés à la vie sociale.

» À Marseille, la prison valait rarement excommunication. Être incarcéré n'avait rien d'infamant. À l'école, on pouvait dire “mon père est aux Baumettes”, cela ne portait pas préjudice. À l'extérieur, les femmes de voyous touchaient une mensualité du Milieu, comme dans la Mafia. »

Les notables aussi côtoyaient les truands. Ce qui conduisait à certaines complaisances. « Tous les voyous incarcérés pour stups devenaient cardiaques dès leur incarcération, ironise Jean-Pierre Sanguy. On leur accordait une grâce médicale et nous les retrouvions le lendemain, en pleine forme, jouant aux boules à Cassis. »

Quand tous les milieux se côtoient, l'information, même la plus confidentielle, circule vite. À l'époque, les journalistes sont chez eux à l'Évêché. Les truands y ont aussi leurs entrées. Alors, à partir de l'affaire Michel, le commissariat tente de se barricader. Jean-Pierre Sanguy donne des consignes pour éviter ces visites intempestives et fait même installer à la porte un rideau de fer, bientôt baptisé, sur le ton de la galéjade, « Rideau Defferre ».

« Le trafic d'héroïne a pu prospérer sur ce terreau, le rendant ultra-mafieux, du fait de l'argent qu'il générait et de ses dimensions internationales. Et les drogués faisaient du prosélytisme ; ils étaient comme les ivrognes, qui ne veulent pas boire seuls. [...] Chez les voyous, l'argent sert d'étalon à la vie humaine. L'individu n'a strictement aucune importance », s'indigne l'ancien policier qui en a trop vu pour ne pas mépriser ce milieu.

Les morts, déjà à son époque, s'accumulaient dans des guerres de gangs interminables et sans pitié. Avec de sinistres records. La tuerie du bar du Téléphone, par exemple. Trois tireurs y avaient abattu, en 1978, dix personnes, surpassant même Al Capone qui, lors de la fameuse nuit de la Saint-Valentin, en 1929, à Chicago, avait fait fusiller sept de ses ennemis. « Je n'étais pas encore nommé à Marseille, commente Sanguy. J'ai appris en arrivant qu'ils auraient pu en tuer davantage : ils se sont en fait arrêtés de tirer parce qu'ils n'avaient plus de munitions... »

Ceux qui arrivent de l'extérieur ne saisissent pas forcément, de prime abord, la dangerosité de cette ville. Elle cache sa violence sous le masque débonnaire de l'accent chantant et de la partie de belote de César. Mais cette cité lumineuse et séduisante peut aussi, comme faisait le dieu Jupiter, rendre fous ceux qu'elle veut perdre. Elle n'a certes pas rendu fou Pierre Michel, mais il a certainement sous-estimé la détermination meurtrière de la pègre locale. « Vous savez, commente Sanguy, policier philosophe, Marseille a l'habitude des excès. Il ne faut pas oublier qu'en 1939 la ville a été mise sous tutelle et son maire destitué, une situation qui a quand même duré jusqu'à la Libération ! »

En regardant l'ancien responsable de la PJ s'éloigner le long de la mer, enveloppé dans son épais manteau de laine et tirant sur sa pipe, l'image du commissaire Maigret vient immédiatement à l'esprit. À l'occasion d'un hommage à Simenon, d'ailleurs, Jean-Pierre Sanguy avait ainsi défini le fameux commissaire : « Ce qui compte, c'est la valeur d'exemple de Maigret, la profondeur du personnage, son équilibre personnel et sa force de travail. Il se montre sans haine, sans pitié, mais aussi sans illusions. Il est l'image de l'être humain dans la police. »

# DEUXIÈME PARTIE

# LA CROISADE CONTRE LE CRIME

## – 1 –

## « Rien ne l'arrête, rien ne lui commande »

Les pieds sur son bureau, son siège presque à la renverse comme un défi aux lois de la gravité, Pierre Michel se concentre. Il semble absorbé dans ses pensées, tournant et retournant les faces colorées de son Rubik's Cube, le casse-tête du moment qui envahit les bureaux et les cours d'école. Il tente d'aligner entre eux les petits carrés de couleur répartis sur six faces. « Clic, clic… » : en pivotant sur leur axe central, ils émettent un petit frottement de plastique horripilant qui fait concurrence au tic-tac de la pendule. De temps en temps, le magistrat daigne lever les yeux sur son suspect et lui poser une question ou lui demander de préciser sa réponse.

« Il avait un souverain mépris pour les voyous », relève Sixte Ugolini, figure du barreau marseillais, où il exerça de 1965 à 2002, et qui a souvent partagé le café du matin avec le juge. En affichant son dédain, Pierre Michel donne l'impression au suspect que son dossier est joué d'avance. Qu'aucun argument ne portera. Un peu plus tôt, il est allé lui parler en bas dans les geôles, ce cul-de-basse-fosse de la justice situé sous la galerie de l'instruction. En tête à tête, au sortir de la garde à vue, sans lui laisser le temps de respirer, quand le prévenu aurait aimé rester seul, histoire de reprendre son souffle. Un interrogatoire avec Michel relève de la guerre psychologique. Un détenu lui a d'ailleurs lancé : « Entrer dans votre bureau, c'est déjà être condamné ! »

Un autre jour, après avoir tapoté avec son stylo plume sur son bureau afin de bien marquer son impatience, le premier juge d'instruction explose pendant l'audition, pris d'une noire fureur face aux mensonges répétés, tutoyant son interlocuteur : « Mais qu'est-ce que tu veux, toi, sombre con ! »

« Il était brutal – jamais physiquement, mais dans son attitude générale –, souligne un avocat avec lequel il entretenait malgré tout de bons rapports. Je lui disais d'être plus souple. Il n'écoutait pas. » Après l'assassinat, le 3 juillet 1975 à Lyon, du juge Renaud – premier magistrat à mourir par le feu du revolver depuis la Libération –, on entend son collègue Michel, à peine intronisé dans ses fonctions à Marseille, louer son courage : « Il faut des hommes comme lui. Chez nous, il y en a tellement qui meurent dans leur lit. »

Il faut savoir qu'à l'époque le juge d'instruction est, pour une poignée d'années encore, « l'homme le plus puissant de France », selon la formule de Balzac : « Rien ne l'arrête, rien ne lui commande. C'est un souverain soumis uniquement à sa conscience et à la loi… » Il mène son enquête à « charge et à décharge », notion assez subjective dans la pratique, et peut décider de lancer « tout acte utile à la manifestation de la vérité ». Contrairement aux membres du parquet, il n'est pas soumis à la chancellerie. Il décide seul des suites de l'inculpation qu'il vient de prononcer, contrôle judiciaire ou détention provisoire[1].

Michel entend appliquer cette liberté et cette indépendance dans toute leur plénitude. Les avocats de la défense ont, eux, appris à ne pas trop s'inquiéter de son attitude lors des interrogatoires. Ils savent que cela fait partie de sa stratégie. Ses décisions seront donc difficiles à faire invalider devant la chambre d'accusation – la formation d'appel pour tous les litiges nés de l'instruction[2]. Mais, paradoxalement, une telle attitude déstabilise les trafiquants de drogue les plus endurcis. Un juge est un juge. Il se doit d'être poli avec le pire des criminels. Si les juges ne respectent pas les usages, alors qui les respectera ?

Cette manière d'instruire constitue une rupture. Michel descend dans l'arène. Il a pris ainsi l'habitude de suivre ses dossiers jusqu'à l'audience. On le voit pousser la porte grinçante de la 7e chambre correctionnelle ou des assises, et s'asseoir tout au fond, sur les bancs du public, pour s'assurer que le ministère public remplit son office, pour entendre la plaidoirie

1. Depuis la loi du 15 juin 2000, le juge d'instruction doit demander au juge des libertés et de la détention (JLD) le placement sous mandat de dépôt d'un suspect.

2. La chambre d'accusation a été remplacée par la chambre de l'instruction depuis la loi du 15 juin 2000.

d'un avocat dénonçant ses méthodes. Et pour toiser l'accusé qu'il a envoyé dans le box.

S'il y a une chose qu'il ne supporte pas, c'est bien le pseudo-« code de l'honneur » porté comme une médaille au revers de leur veste par les membres du grand banditisme. Cette attitude a imprégné jusqu'aux institutions judiciaires. Dans une vision chevaleresque, il est alors d'usage de ne pas demander de comptes aux épouses, compagnes et maîtresses des truands. Les femmes doivent être épargnées par la joute judiciaire. Michel sait pourtant qu'elles forment un maillon essentiel de l'écheveau financier et prémafieux sur la Côte d'Azur. Elles servent souvent d'intermédiaires pour blanchir de l'argent ou monter des opérations commerciales. De sorte que les trafiquants qu'il pourchasse sont pauvres comme Job, sans rien d'autre à leur nom que leur numéro de sécu. Ils n'ont aucune activité mais roulent en Porsche ou en Jaguar type E.

Lui n'hésite pas à expédier les épouses derrière les barreaux. La femme d'un gros trafiquant d'héroïne, Robert Kechichian, enceinte de huit mois, est envoyée aux Baumettes où elle accouchera[1].

– Vous ne pouvez pas faire ça ! proteste Kechichian. Vous n'avez pas le droit !

– Notez, madame la greffière. Je n'ai pas le droit, se contente de répondre le juge.

Kechichian écrira même au ministre de la Justice pour se plaindre du fait que le juge Michel l'avait traité de « salaud ». L'intéressé démentira dans un

1. Voir deuxième partie, chapitre 4.

courrier adressé à la chancellerie et l'affaire n'aura pas de suite.

Un autre prévenu, arrêté à la suite de la découverte d'un laboratoire d'héroïne, vient se plaindre de la vétusté de sa cellule aux Baumettes et « exige » qu'on le change de cellule. Réponse de Pierre Michel :

– Voyez ça avec le patron de votre hôtel ! Je ne suis pas responsable des chambres.

– Vous vous moquez de moi.

À sa greffière :

– Notez, mademoiselle.

– Mais vous êtes fou !

– Notez, mademoiselle : Mais vous êtes fou (*sic*)[1].

Michel ironise aussi sur la promptitude des assassins en col blanc à se réfugier derrière les textes de loi dès lors que leur liberté est en jeu : « Tu crois qu'ils m'en veulent car je ne respecte pas le code de procédure pénale ? » glisse-t-il, dans un sourire sardonique, à un proche.

Dans ce contexte, les Baumettes jouent le rôle de caisse de résonance. La misère s'y entasse, à raison de trois hommes par cellule, sur des paillasses pourries. L'hiver on gèle. Les rats sont chez eux. L'été on brûle. Les cafards prolifèrent. Les détenus les traquent au briquet jusque dans les plafonniers. Quand la chaleur est le plus intense, en juillet et en août, les prison-

1. Les scènes sont rapportées dans le livre d'Alain Laville *Le Juge Michel. Pourquoi est mort celui qui allait révéler les secrets de Marseille*, Presses de la Cité, 1982.

niers collent des serviettes humides contre la porte et inondent le sol en béton pour se rafraîchir, de l'eau jusqu'aux chevilles.

On y parle beaucoup pour tuer le temps : « Qui as-tu comme juge dans ton affaire ? Michel ? Alors tu vas faire les présidentielles ici », ironise-t-on. La présidentielle, soit sept ans derrière les barreaux, dans le jargon du Milieu.

Étienne Ceccaldi, substitut du procureur, prévient son ami Michel : « Fais attention, Pierre. Aux Baumettes, il y a des bruits contre toi. » Mais Pierre Michel ne veut pas entendre ces mises en garde. Il en plaisante jusque dans les couloirs du palais de justice. Les deux hommes miment une fusillade, comme le feraient des gamins dans la rue, l'index et le majeur tendus en guise de revolver : « Pan t'es mort ! » Michel tourne les talons et rigole. Même pas mal.

Une avocate, elle aussi amie de Michel, en sortant d'une audition d'un de ses clients, le prévient à son tour :

– Fais attention, Pierre. Tu ne te rends pas compte de la manière dont tu lui as parlé. Tu vas finir par avoir des ennuis.

« Il s'est mis debout devant son bureau et m'a dit : "C'est la seule façon de leur parler." Il se croyait intouchable », conclut l'avocate.

« À l'époque, Marseille c'était Palerme. Pierre Michel avançait en terrain miné, reconnaît Lucien Aimé-Blanc, l'ex-patron de la brigade des stups. Il n'a jamais senti le pouls de cette ville. Il pensait que la justice finirait par passer partout. »

« Marseille, avec ses combines et ses accommodements, c'était pour lui le mal personnifié », ajoute son ami Alex Panzani. Combien de fois a-t-il pesté contre ces « tangentes corses », cette solidarité insulaire qui s'oppose à la justice, qui fait passer l'amitié avant la vérité ? « *Chi t'hà solda e amicizia, torci u nasu à a ghjustizia* » (Celui qui a de l'argent et des amis tord le nez à la justice), affirme le dicton.

Pierre Michel ne règle pas seulement des comptes avec les truands. Sans doute solde-t-il un héritage bourgeois, où la bonne éducation est faite de mesure et de respect des principes et des usages. Quoi qu'il en soit, son comportement professionnel, clinique et offensif, marque durablement une génération de jeunes juristes qui se destine à l'instruction ou à la police judiciaire. Pierre Michel s'est fait un nom. Et même une renommée.

Au sein du tribunal de grande instance de Marseille, on le sait capable de tenir tête aux injonctions du parquet et de la hiérarchie. « Lors de ma première permanence, se rappelle Bernadette Augé, ex-juge d'instruction à Marseille, j'ai entendu une infirmière qui avait récupéré un fond de morphine base pour son usage personnel. Le parquet avait demandé un mandat de dépôt mais j'ai décidé de la laisser en liberté. Le procureur de permanence, furieux, m'a appelée pour se plaindre de cette décision. Le lundi matin, le premier vice-président exigeait à son tour des explications. J'ai foncé chez Pierre Michel. »

« C'est pas vrai. Ils ont recommencé ! » s'indigna le premier juge d'instruction, furieux des pressions à répétition sur les juges pourtant supposés indépendants. « L'instruction était un monde à part à Marseille. Dès qu'un incident survenait, l'ensemble des magistrats se solidarisait », se félicite Bernadette Augé. Les plus proches se retrouvent occasionnellement chez les Michel, villa des Buis, pour un barbecue. Un endroit modeste, presque spartiate, dans le Marseille populaire de Mazargues, lové dans le coude d'une rue minuscule, et qui présente l'avantage d'être situé au calme, dans un quartier pavillonnaire. Sur le toit, une caisse en inox sert à récupérer les eaux de pluie pour alimenter la maison. Il n'y a pas de chauffage central mais seulement un poêle à charbon capricieux qu'il faut relancer à l'aube pour garantir une température acceptable l'hiver ou les jours de mistral. Les Michel partagent la maison, ne louant que le rez-de-chaussée. Mais ils apprécient ce jardinet discret, en retrait de la rue, où s'improvisent des dîners sans chichi. Pour ses collègues, Pierre Michel fait figure de frère aîné.

*
**

À plus de trente ans de distance, il faut se méfier des caricatures que le temps, oublieux des nuances, accentue. Pierre Michel n'est pas un shérif. Loin de là.

Ce répressif a été l'un des premiers à saisir l'intérêt de la prévention, faisant sienne la maxime de Victor Hugo : « Ouvrez des écoles, vous fermerez des prisons. » Il comprend que le juge doive s'entourer de personnel extérieur. Que s'il décide seul, il doit le faire sur la base d'avis autorisés.

Au début de sa carrière, alors qu'il est affecté aux mineurs, il accepte la présence à son côté d'un éducateur spécialisé appartenant à la protection judiciaire de la jeunesse, Rémy Warnery. « Il a accepté ce point de vue extérieur. D'autres magistrats craignaient l'intrusion du non-judiciaire dans leur sphère d'influence : ce n'était pas son cas, nous dit aujourd'hui ce compagnon de route du juge. Il se montrait très dur en interrogatoire mais, dans le même temps, savait être très humain avec les toxicos de base. »

« Il est arrivé plusieurs fois qu'il m'appelle pour me demander de ne pas mentionner le nom d'un second rôle dans un article pour ne pas lui porter préjudice », confirme le journaliste Alex Panzani.

Le juge passe régulièrement dans le bureau de Warnery, d'anciennes toilettes réaménagées, emplies de paperasse et de gens de passage, situées à l'entresol.

– C'est toujours autant le bordel chez Warnery ! s'amuse-t-il en venant aux nouvelles après un délibéré pour s'assurer qu'une mesure éducative a bien été prise ou qu'un toxico a pu être orienté vers une structure spécialisée, comme Le Patriarche.

– Et celui-ci, demande-t-il, vous avez des nouvelles ? Le couple tient-il bon ?

Michel, qui chambre régulièrement ses collègues, sait aussi rire de lui-même, comme le rapporte l'éducateur.

« Un jour, un travesti est convoqué dans son bureau. En arrivant, je vois ce grand cheval, en jupe plissée et justaucorps, qui se lève et me serre la main. »

L'audition achevée, Michel convoque Rémy Warnery pour le sermonner et lui reprocher cette poignée de main, interprétée comme un signe de connivence.

– J'ai des reproches à vous adresser. Vous avez vu le gars avec sa jupe, ce travesti… Et vous, dans mon bureau, comme ça, vous lui serrez la main ?

– Je vous l'ai bien serrée ce matin. Et puis d'autres corps de métier portent des robes : le boucher avec son tablier, l'infirmière avec sa blouse. Tenez : même les magistrats portent une robe.

Michel, mimant la colère :

– Warnery ! Vous avez quinze secondes pour quitter ce bureau !

Michel a cependant appris à reconnaître ses erreurs, ce qui n'est pas dans son caractère. Un jour, il s'est montré tellement dur avec l'un des inculpés envoyés en prison que celui-ci, à bout, lâche à l'éducateur Warnery : « Le seul moyen de lui montrer que j'ai encore un peu de dignité serait de me suicider. » Ce qu'il fait ou, du moins, essaie de faire puisque la tentative de mettre fin à ses jours échoue. Le détenu a laissé une lettre à l'adresse du juge. L'enveloppe mentionne : « À n'ouvrir qu'en présence de M. Warnery. » Le juge et l'éducateur lisent donc ensemble le courrier dans lequel le jeune homme explique ses raisons d'en finir avec la vie. Le magistrat est visiblement déstabilisé… Au point d'aller visiter le toxico aux Baumettes.

« Michel était stressé. Il ne savait pas quelle attitude adopter. Ils se sont parlé en toute franchise et en toute liberté, témoigne aujourd'hui Rémy Warnery.

En partant, il lui a dit : “C’est le juge Michel qui est venu vous voir. Et c’est Pierre Michel qui vous tend la main.” Sur le chemin du retour, Pierre était marqué par la rencontre. “Il m’a appris des choses”, a-t-il reconnu. »

Le jour de la mort du juge Michel, Rémy Warnery, qui habite le même quartier que lui, accompagne son fils au conservatoire. « En passant devant l’immeuble Le Corbusier, je vois un attroupement. Je m’arrête et demande à un planton ce qui se passe. “Un accident”, me répond-il. Et puis j’aperçois un magistrat qui m’appelle : “Warnery ! Ils l’ont eu. Ils l’ont tué. Ils ont tué Pierre Michel”… »

Quelques jours plus tard, devant les attaques post mortem, il écrit un long texte qu’il adresse aux journaux.

« Je me reconnais le droit de dire qui fut, pour moi, le juge Pierre Michel. D’autres ont exercé ce même droit et quelques-uns ont montré que, pour l’avoir approché, ils n’avaient pas su le connaître. Plus, ils ont écrit des calomnies, ce qui est triste, minable et vil !

» J’ai travaillé auprès de monsieur Michel depuis sa nomination à Marseille il y a sept ans comme juge d’instruction chargé des affaires de mineurs […] De cette collaboration est née une amitié rude, aux angles nets et je veux en porter témoignage. Une amitié faite de respect total et réciproque, bien sûr. Jamais Pierre Michel n’a cherché à me flatter, m’utiliser, me manipuler. […]

» On dit de lui qu’il était intraitable avec les gros trafiquants. Le corollaire est qu’il se reconnaissait profondément interpellé par les usages de drogue et interpellé jusqu'à en être bouleversé. Y a-t-il là incohérence ?

» Pierre Michel avait une sollicitude secrète pour les jeunes. Il voulait que de sa place, c'est-à-dire par l'exercice scrupuleux et zélé de son ministère, il incite ou permette à des garçons et filles de s'en sortir. C'était une attitude intuitive et affective, donc parfois maladroite ou mal explicitée mais profondément chaleureuse et inquiète à la fois.

» Qui, au palais, a su qu'il recevait tard tel ancien toxicomane qui désirait le rencontrer, d'homme à homme, une fois justice passée ? [...]

» J'en veux aujourd'hui à ceux qui oublient qu'un homme est un tout, avec des aspects multiples, avec aussi les défauts de ses qualités. Ceux-là se contentent d'une caricature. Il y a parmi eux, dit-on, des avocats. Je préfère qu'ils restent lâchement anonymes. Je puis ainsi garder l'estime que j'ai pour les autres. Mais je les plains pour leur bassesse et leur manque de sens moral. [...]

» J'en veux aussi, si je puis me le permettre, à sa hiérarchie qui, elle aussi, n'a pris en compte que son zèle, son efficacité, son rendement, son style pour l'écraser sous le poids des affaires et n'a pas su le pondérer assez pour lui laisser plus de temps à lui et de disponibilité à sa famille. Sur ce point, nous avons une dette envers les siens, moi le premier qui l'ai si souvent harcelé. »

*
* *

« C'est vrai que Pierre Michel était dur, ajoute Jean-Louis Pietri, un policier de Marseille qui l'a bien connu. Il a été assassiné parce qu'il portait des coups terribles aux trafiquants. Mais, après sa mort, certains ont voulu écrire l'histoire à l'inverse. Ils ont osé affirmer qu'il l'avait bien cherché. Dire une telle chose, c'est une bassesse. »

# – 2 –

# Le « Pouf » de Calvi
# Un cas de conscience pour le juge

En cette fin d'année 1976, Pierre Michel ronge son frein. À trente-trois ans, il est déjà sur la piste de plusieurs gros bonnets de la drogue à Marseille et vient de faire tomber un trafiquant d'envergure. Le jeune magistrat aimerait consacrer toute son énergie à la lutte contre les stups, mais il faut aussi faire aboutir les affaires courantes. C'est la règle chez les hommes de loi : les plus jeunes instruisent toutes les affaires. Et, parmi elles, les dossiers de proxénétisme, considérés comme assez mineurs. Avant l'été, Pierre Michel a inculpé les responsables de trois agences matrimoniales surnommées le « Club des solitaires », couverture d'un réseau de prostitution. Mais le proxénète à la tête de ces établissements a pris la fuite. Grand classique marseillais.

En janvier 1977, le juge est chargé d'un dossier plus important. Un ancien du gang des Lyonnais, un dénommé Jean Marchetti, a été au mois de novembre précédent arrêté à L'Isle-sur-la-Sorgue, dans le Vaucluse. À la suite de l'interpellation de ce « beau voyou » hâbleur et sûr de lui, les hommes de la PJ ont mis à l'ombre plusieurs patrons d'hôtel soupçonnés de faire « tourner » des filles dans leurs établissements le long de la nationale 7, la route des vacances, des routiers et du sexe, de la vallée du Rhône et de la Saône. Le réseau s'étendrait jusqu'à Marseille et à Nice et remonterait vers la Belgique.

Fait exceptionnel, l'une des prostituées serait prête à parler. Pierre Michel est pressé de l'entendre. Il n'imagine pas que l'audition de cette jeune femme va bouleverser sa conception de la justice, du moins de l'institution judiciaire. Et qu'elle va l'entraîner dans le tréfonds de sa conscience professionnelle…

*
**

Noëlle C., petite brune aux cheveux courts, laminée par la vie, paraît dix ans de plus que les vingt-deux ans de son état civil, qu'elle décline péniblement devant le juge et sa greffière. Elle semble à la fois terrorisée et animée d'un désir farouche de tout dire, de se libérer, quoi qu'il puisse lui en coûter. Très vite l'audition prend la tournure d'une confession dure à entendre.

D'une voix cassée, elle explique qu'elle croyait avoir trouvé le grand amour dans un bar de Chalon-sur-Saône, en Saône-et-Loire, Le Dinastic, où elle était serveuse. Elle y rencontre, comme dans les romans populaires, le beau Jean Marchetti, grand brun viril, un homme enjôleur qui sait parler aux femmes. Noëlle déchante rapidement. Son amant et le propriétaire du Dinastic l'enferment dans un hôtel de Chalon, la battent pour « lui apprendre le métier » et la forcent à se prostituer dans une boîte surnommée La Siesta, près de Dijon, à soixante-dix kilomètres de là. Mais comme le « rendement » n'est pas suffisant et qu'elle se montre plutôt rebelle, les maquereaux la « placent » encore plus loin, en Belgique. À Mons, elle est exposée dans une vitrine où les clients peuvent la détailler et la choisir.

Noëlle a le malheur de tomber malade en octobre 1974, et doit subir une ablation des ovaires. Jean Marchetti la fait alors revenir à Marseille et la passe à tabac pour « le manque à gagner ». Alors que les médecins de la clinique Saint-Joseph préconisent une convalescence paisible, son mac la renvoie sans attendre « au turbin », dans un autre établissement des Bouches-du-Rhône. Un établissement tenu par une personnalité connue de la région – et de la police. Mais Noëlle, écœurée de cette vie enchaînée, se montre à nouveau rétive.

La jeune femme marque alors un temps, les mains tremblantes, et explique au juge Michel que cette fois, ses souteneurs ont voulu la « punir vraiment » et qu'ils l'ont envoyée dans un « endroit pire ».

La greffière s'arrête de taper…

– Quel pire endroit ?

– Le « Pouf » de Calvi.

Le juge et sa collaboratrice croient avoir mal entendu.

– Pardon ?

– Le Pouf de Calvi, monsieur le juge, c'est le nom donné au bordel de la Légion étrangère installé dans la caserne de Calvi, en Corse.

Le magistrat, incrédule, regarde la jeune femme.

– Un bordel au sein du camp de la Légion étrangère à Calvi ?

– Bien sûr, monsieur le juge, je peux vous donner tous les détails, murmure la jeune femme qui, soutenue par le regard compatissant de la greffière, reprend courage.

– Je vous écoute attentivement…

Ce qu'elle raconte alors paraît ahurissant. À son arrivée à l'aéroport de Bastia, dans le nord de la Corse, Madame Janine, la « maîtresse » qui commande les filles, est venue la chercher et l'a emmenée à Calvi, dans l'enceinte du camp Raffalli où se trouve stationné le 2e régiment étranger de parachutistes (REP) de la Légion étrangère. La jeune femme a été présentée à un sous-officier qui a contrôlé soigneusement son identité, puis au médecin militaire qui lui a fait subir des examens pour vérifier son état de santé – un examen renouvelé chaque semaine. Puis elle s'est installée dans un petit bâtiment, un peu à l'écart, muni d'un bar et de plusieurs chambres aux fenêtres ornées de vieux rideaux de velours fané. Un endroit baptisé… « Foyer culturel de la Légion » ! Dans ce temple de la culture, Noëlle devait « recevoir » les militaires de 14 heures à minuit.

– De soixante à quatre-vingts par jour, lâche la jeune femme dont les mains se remettent à trembler. Tous les jours, sauf le lundi où nous pouvions, moi et les cinq autres filles, aller chez le coiffeur ou faire des courses en ville.

Mais toujours escortées par des chaperons : Madame Janine et ses deux « assistantes », Madame Suzanne et Madame Ursule. Dans la semaine, impossible de partir : elles étaient consignées.

– J'ai essayé plusieurs fois de m'enfuir mais les sentinelles m'ont interdit de quitter le camp…

– Mais vous aviez des moyens ? Vous touchiez de l'argent ?

Noëlle explique que les légionnaires ne paient pas avec de l'argent. Ils utilisent des jetons vendus au bar. Des jetons en carton d'une valeur de 7 francs : ils en donnent cinq pour une passe rapide, plus pour une demi-heure ou une heure. Pour une nuit entière, ils doivent débourser 150 francs. Un infirmier militaire tient un registre très complet, avec le nom du légionnaire, de la fille, et la durée de la prestation.

Sur ces 7 francs, Madame Janine en garde 2 pour son salaire, ses frais et l'entretien des filles. La Légion fait payer au prix fort leurs repas et récupère l'argent des consommations au bar… Pas de petit profit pour l'entretien des armées ! Tous les mois, le fameux jour de relâche, les maquerelles expédient à leurs protecteurs, au nom des filles et par mandat postal, l'argent gagné. Règne ici une discipline de fer : il ne faut pas, par exemple, faire trop de bruit à table. Sinon, elles doivent s'acquitter d'une amende et travailler encore plus… Plus tard, les perquisitions au domicile des « macs » conforteront ces affirmations. Elles permettront de saisir des livres de comptes : « Noëlle : 45 000 F, Viviane : 15 000 F ». Les enquêteurs de la PJ estiment qu'en deux années les prostituées ont rapporté plus de 200 000 francs. Un pactole dont elles n'ont évidemment jamais vu la couleur…

Le juge Michel n'en revient pas. Il avait entendu parler des « BMC », les fameux bordels militaires de campagne, à la remorque des armées sur tous les théâtres d'opérations. Ils ont même été immortalisés dans une chanson de Jacques Brel : *Au suivant...*

> *Tout nu dans ma serviette qui me servait de pagne*
> *J'avais le rouge au front et le savon à la main.*
> *Au suivant, au suivant !...*
> *J'avais juste vingt ans et nous étions cent vingt*
> *À être le suivant de celui qu'on suivait.*
> *Au suivant, au suivant !...*
> *J'avais juste vingt ans et je me déniaisais*
> *Au bordel ambulant d'une armée en campagne*
> *Au suivant, au suivant !...*

Bien sûr, Pierre Michel, né à Metz, dans une ville de garnison, sait qu'il existe des bordels pour militaires. Mais il pensait que ce vestige peu glorieux de notre armée appartenait depuis longtemps au folklore du passé colonial. Il n'ignore pas que la loi Marthe Richard, qui a interdit les maisons closes en 1946, n'a pas toujours été suivie à la lettre. Il a entendu parler de quelques patrons de police de grandes villes qui, en accord avec le Milieu local, « dispatchent » les filles dans les bars. Il n'est pas tombé non plus de la dernière pluie et sait aussi que la police ferme les yeux sur l'existence de certains établissements « en échange d'informations », qu'il s'agisse de quelques claques malfamés de Marseille ou des réseaux de luxe de Madame Claude à Paris. Mais qu'une maison de passe officielle, agréée par l'armée, alimentée par des proxénètes, puisse encore fonctionner au sein d'une caserne en France, ça, il ne l'imaginait pas ! Et cela l'indigne.

Le « Foyer culturel de la Légion », pourquoi pas « les maisons closes de la culture » ? ironise François Caviglioli, grande plume du *Nouvel Observateur*. Madame Janine, la proxénète choyée des militaires, avait, à la Légion, le titre officiel de « conseillère culturelle ».

*
**

Le juge, bientôt, fait asseoir en face de lui la tenancière du Pouf, un terme emprunté à l'allemand *Puff* (« bordel ») utilisé par les nombreux engagés d'outre-Rhin. Pierre Michel dévisage cette femme sans âge, aux traits durs.

Madame Janine, de son vrai nom Pauline Delbar, cinquante-six ans, ne comprend pas ce qu'on peut bien lui reprocher. Cette veuve d'un truand corse connu sert sans regimber la Légion depuis dix-sept ans. Elle et ses filles ont d'ailleurs été de toutes les campagnes, de tous les conflits : l'Indo, l'Algérie, le Tchad. Après la fin des colonies, elles ont finalement rejoint la Corse où le 2e REP a ses quartiers depuis 1967. Toujours serviables, jamais un mot plus haut que l'autre, le doigt sur la couture de la robe, sans revendications sociales. Aux ordres comme les troufions : « *Legio patria nostra* » (La légion est notre patrie). Madame Janine ne comprend pas pourquoi l'armée la lâche. En tout cas, elle assure que les filles étaient « propres », même si toutes n'étaient pas des premiers prix de beauté, et bien traitées.

Madame Janine demeure beaucoup plus floue sur les mandats, dont la poste de Calvi a gardé la trace, qu'elle expédiait à ces messieurs sur le continent. À peine si elle regrette à mi-voix les « locales », recrutées sur place, qui auraient bien meilleure mentalité que celles de Marseille.

Le délit de proxénétisme, pour la patronne, ses adjointes et les maquereaux, ne fait aucun doute. Reste le cas, plus délicat, de la responsabilité de l'armée. Depuis le début de la Légion, en 1831, le problème ne s'est jamais posé. Mais les temps ont changé, estime le juge, et les militaires sont clairement complices. En premier lieu, le responsable du régiment, le « chef de corps » (titre particulièrement adéquat en l'espèce) : le lieutenant-colonel Philippe Erulin, en poste depuis juillet 1976. Pierre Michel lui adresse une convocation et envisage de l'inculper au titre de l'article 334 du code pénal : « Sera considéré comme proxénète et puni d'un emprisonnement de six mois à trois ans et d'une amende de 50 000 à 500 000 francs celui ou celle qui, d'une manière quelconque, aide, assiste ou protège sciemment la prostitution d'autrui ou le racolage en vue de la prostitution ».

C'est à partir de là que tout s'emballe. Le sol se dérobe sous les pieds du jeune juge. Pierre Michel comprend qu'en envisageant d'appliquer le droit, et rien que le droit, il indispose la hiérarchie. Il a entrouvert une porte là où, entre gens de bonne compagnie, il est convenable de détourner le regard. Juges et militaires ne sont-ils pas finalement garants du bon fonctionnement de l'État ?

Michel est appelé par le vice-président du tribunal. On commence par lui expliquer que lorsqu'on convoque une personnalité, il est d'usage de la prévenir par une lettre manuscrite ou un coup de téléphone de « politesse ». Michel prend la remarque à la légère.

La suite l'inquiète davantage :

– Il n'est pas question d'inculper un colonel de la Légion étrangère pour une affaire qui ne concerne en rien l'armée française.

– Mais le bordel était installé dans le camp, sous le contrôle de l'armée ! s'étrangle le juge.

– Oui, mais les proxénètes ont été arrêtés à l'extérieur et le colonel Erulin n'a rien à voir dans tout ce pataquès. Un officier supérieur sur le banc du tribunal correctionnel, assis à côté d'une mère maquerelle... Et la presse pour rendre compte de cela ! Imaginez le tableau, mon petit Michel. D'ailleurs, le parquet ne délivrera pas de supplétif pour l'inculpation et il est très probable que la chancellerie refusera les poursuites.

En aparté, le vice-président du tribunal le prend par le bras. Comme on rappellerait à la raison un ami sous le coup d'un emballement amoureux, il le félicite pour son énergie mais lui demande de regarder vers l'avenir. Lui, promis à une si belle carrière, lui à qui l'on confie déjà les plus belles affaires ! Pourquoi persister à poursuivre le chef du régiment, alors que la procédure ne tient pas et qu'elle s'effondrera devant le tribunal ? N'est-ce pas prendre un risque inconsidéré pour la juridiction et pour lui-même ?

La menace est à peine voilée : il est des décisions qui peuvent tuer une carrière. S'il touche à l'honneur de l'armée française, Pierre Michel va se retrouver un bon moment à traiter du contentieux des chèques sans provision…

Michel, ébranlé et tourmenté, se tourne vers son syndicat. Comme la majorité de ses collègues, il a adhéré à l'Union syndicale des magistrats (USM). Mais là, même son de cloche : « Tu n'y penses pas. Tu ne peux pas faire ça ! Le syndicat ne pourra pas te défendre. Ton affaire est pourrie et tu vas ruiner ta carrière pour rien ! »

Un seul homme l'exhorte à continuer, son ami Étienne Ceccaldi. Ce rebelle de la magistrature sait de quoi il parle. Depuis la mise en examen d'un policier et l'implication d'un député dans l'affaire – déjà – d'un bordel, à Lyon (Les Écuries du Roy), le jeune Ceccaldi, juge d'instruction à Bourg-en-Bresse, dans l'Ain, a été muté à Marseille. En réaction, il a participé à la création d'une nouvelle organisation professionnelle, le Syndicat de la magistrature (SM), surnommée très vite le groupe des « juges rouges ». À Marseille, Ceccaldi a récidivé en mettant en examen des patrons du bâtiment dans une affaire d'entente des marchés. Cette fois, la chancellerie a voulu le muter à Hazebrouck, dans le Nord. Son refus a provoqué une affaire nationale. Le pouvoir a calé mais, depuis, Étienne Ceccaldi traite les affaires de la circulation au tribunal de Marseille. Il sait ce que « placardisé » veut dire. Ce militant engagé espère un changement politique aux élections législatives de 1978. Pourquoi pas un président socialiste en 1981 ? Il engueule Pierre Michel et l'encourage à persévérer.

– Ton arme, la seule, c'est le code pénal. Tu as l'article 334, il te permet d'inculper Erulin. Vas-y, fonce, ils ne pourront rien contre ça !

Contre le code, non, mais contre Pierre Michel, oui ! Or le magistrat veut pouvoir continuer à se battre contre les trafiquants de drogue. Alors, tant pis : la rage au ventre, il répond à son ami Étienne qu'il ne mettra pas le colonel en examen. Il l'entendra, avec un statut de simple témoin.

Le 18 février 1977, le lieutenant-colonel Erulin et le médecin commandant Ferret, engoncés dans leurs costumes civils, franchissent très discrètement la porte du tribunal de Marseille. Comme convenu, les deux hommes se réfugient derrière un article du code pénal qui stipule que, quand des charges graves peuvent être retenues contre un justiciable, celui-ci ne peut pas être entendu comme témoin. Les deux officiers réclament donc d'être inculpés… sachant probablement qu'ils ne risquent rien.

Philippe Erulin se contente d'une courte déclaration.

– Le phénomène en question a toujours existé au sein de nos armées dès lors qu'il s'agissait d'une unité de recrutement non métropolitaine. Les pouvoirs publics trouvaient leur compte à l'existence du système. Quant à la population locale, elle approuve cette situation qui garantit à la fois sa tranquillité et la paix de la cité…

Rien à ajouter. Rompez les rangs !

La partie est déjà jouée. Le 16 mars 1978, un an après la courte visite du lieutenant-colonel Erulin à Pierre Michel, le procès d'une dizaine de proxénètes, de Pauline Delbar et de ses deux « assistantes », s'ouvre à la 7e chambre correctionnelle du tribunal de Marseille. Deux absences notables : l'armée et les prostituées. Philippe Erulin n'est évidemment pas présent. Les sous-officiers qui géraient le Pouf n'ont pas pu se déplacer car « le régiment est en position d'alerte ». Et le médecin commandant est « malade ». Une déclaration qui met en fureur deux avocats des parties civiles, Mes Collard et Fraticelli, qui demandent au président de les convoquer. Refus du tribunal. Autre absence de marque, celle des prostituées, et surtout de Noëlle C., qui a dénoncé son souteneur. Le procureur explique qu'elles n'assisteront pas aux débats pour des raisons de sécurité. Il est déjà arrivé, rappelle-t-il, qu'un témoin soit abattu la veille d'un procès. Une parole encourageante… surtout pour cette jeune femme qui a effectivement pris un vrai risque en brisant la loi du silence !

Mais, très vite, l'audience tourne à la farce. Le président Ducos mène les débats d'un ton goguenard, plutôt amusé.

– Vous ne donnez pas l'impression d'être un proxénète, lance le magistrat à un petit mac. Autrefois c'était Alibert qui jouait ce rôle au cinéma. Il avait des chaussures noires et blanches et un grand chapeau mou. Vous ne lui ressemblez pas et pourtant vous avez touché de l'argent d'une prostituée ?

Et le proxénète de répondre, rigolard :

– Je ne voulais pas qu'elle m'envoie de l'argent mais elle insistait. Je n'allais pas la battre pour qu'elle arrête !

Du sous-Pagnol.

S'adressant à Pauline Delbar, le président s'étonne, sur un air faussement admiratif :

– Vous avez de remarquables états de service. Vous êtes pour ainsi dire la mascotte du régiment. Ou plutôt la cantinière ?

Puis il s'enquiert ingénument de la façon dont elle choisissait les filles.

– Vous ne leur demandiez pas de diplôme ? s'étonne-t-il.

Jean Marchetti, le proxénète et tortionnaire de Noëlle, qui n'a eu de cesse d'insulter la jeune femme durant toute l'instruction, explique que l'argent envoyé par Madame Pauline Delbar, alias Madame Janine, correspondait au remboursement d'une vieille dette.

En défense, M^e^ Jean-Louis Pelletier se fait un plaisir de lire la déclaration-plaidoirie du maire de Calvi : « L'existence à l'intérieur du casernement du 2^e^ REP à Calvi d'un bordel militaire de campagne est utile et contribue au maintien des bonnes mœurs dans la ville. » Tant mieux pour les bonnes mœurs et tant pis pour les filles. Le jugement tombe, clément, sans surprise : quatre ans de prison pour Jean Marchetti. Les autres peines vont de un an à trois ans de prison. Pauline Delbar est condamnée à six mois de prison avec sursis, accompagnés d'une amende de 30 000 francs. Il faut bien que l'État rentre dans ses frais ! Six autres prévenus sont relaxés, dont les deux « assistantes » de Madame Janine.

Pour la petite (ou la grande) histoire, le colonel Philippe Erulin (il a été promu au grade supérieur au cours de l'instruction) deviendra un héros national après avoir sauté avec ses hommes sur Kolwezi, au Zaïre, le 19 mai 1978, afin de libérer des otages occidentaux prisonniers des « rebelles katangais ». Il décédera l'année suivante, à quarante-sept ans, d'une rupture d'anévrisme.

*
* *

Au début de l'année 1978, peu avant le procès du Pouf, l'un des auteurs de ce livre rencontrait Pierre Michel pour évoquer cette affaire. Il relate ici ses impressions…

« Pas question de se voir au palais de justice de Marseille, ou dans les cafés environnants. Trop voyant. Nous nous sommes donc retrouvés dans le hall de l'hôtel Sofitel, à l'entrée du Vieux-Port, près de la citadelle qui offre une vue magnifique sur la ville. Alors que nous voulions nous rendre au bar, au dernier étage, nous nous sommes trompés d'étage, errant un moment dans les couloirs donnant sur des chambres. Pierre Michel riait à gorge déployée en imaginant la tête d'un collègue, s'il venait à en rencontrer un par hasard : on l'imaginerait à coup sûr sorti d'une chambre avec un journaliste !

» Il est toujours surprenant, quand on a l'image publique d'un magistrat austère, rigoureux, de découvrir un homme tout à l'opposé : chaleureux, sympathique. Toujours en mouvement, Pierre Michel disposait d'une sorte d'élégance naturelle, il avait un air de ressemblance avec Gregory Peck. Il maniait un humour mordant, mêlé à une réflexion et à une conviction profondes.

» Durant toute la conversation, naturellement “off”, le juge ne trahissait pas de secrets professionnels. Mais jamais il ne se réfugiait derrière la langue de bois, répondant précisément aux questions. Un exercice périlleux, pratiqué par ceux qui savent s’adresser aux journalistes et qui ont bien conscience, aussi, du parti à tirer de la presse… Pierre Michel avait déjà compris, avant beaucoup de ses collègues, que les médias pouvaient l’aider dans ses combats, en particulier contre la hiérarchie et contre le pouvoir. Tous les pouvoirs, quelle que soit leur appartenance politique. Son discours n’était pas politisé mais il prônait une défense acharnée de l’indépendance de la justice. Quand il évoquait l’affaire du Pouf de Calvi, sa colère était encore intacte. La blessure n’était pas refermée. Le juge s’en voulait sans doute d’avoir cédé sur l’inculpation d’Erulin. Mais il en voulait surtout à une hiérarchie conservatrice et apeurée.

» Afin de poursuivre son combat, il a donc changé de camp. Lui qu’on imaginait plutôt à droite a quitté son syndicat, l’USM, et adhéré au Syndicat de la magistrature. Il s’est tourné vers ceux qui, à l’époque, représentaient les révolutionnaires de l’institution. Avec leur courage et leurs outrances. L’un d’eux, substitut du procureur à Marseille, Oswald Baudot, avait écrit, en 1974, année de l’élection de Valéry Giscard d’Estaing à la présidence de la République, une “harangue” à l’intention des magistrats débutants, dans laquelle il préconisait d’être “partial” pour maintenir l’équilibre de la justice entre “le fort et le faible, le riche et le pauvre". Le magistrat concluait qu'il fallait "avoir un préjugé favorable pour la femme contre le mari, pour l'enfant contre les parents (…) l'ouvrier contre le patron, le voleur contre la police, le plaideur contre la justice". »

Pierre Michel est loin de tels excès. Il n'est pas un juge rouge. Mais en 1981, il voit dans la candidature de François Mitterrand, et dans ses promesses de respect de l'indépendance de la justice, l'occasion de faire bouger les choses.

# – 3 –

# 10 mai 1981 : le juge vote à gauche

Le juge plaque son index sur son menton, à la verticale du nez. « Chut ! » Ce souffle presque enfantin qui s'échappe de ses lèvres scelle une complicité silencieuse, un pacte secret, comme pour dire : « Je ne suis pas là. » Pierre Michel sourit, pas mécontent de son petit effet. Dans la foule qui se presse en grappes joyeuses dans le parc Chanot, au milieu des fumées odorantes des stands de merguez, il vient de croiser le regard de son stagiaire, Michel Debacq. Le jeune magistrat milite depuis son adolescence au PS, avec fougue, ne cachant guère son engagement à gauche. Pierre Michel n'est donc pas surpris de le trouver ici lors de l'avant-dernier meeting de campagne du candidat François Mitterrand pour l'élection présidentielle. Mais de là à tomber sur lui…

Le 23 avril 1981, la foule est si dense qu'elle forme des cohortes compactes depuis le stade Vélodrome. Près de 15 000 personnes, selon l'estimation de la presse, ont convergé dès la fin d'après-midi vers le parc des expositions pour entendre les groupes folkloriques basques, grecs et bretons. François Mitterrand fait étape à Marseille, dans cette agglomération tentaculaire acquise à la gauche socialiste depuis la Libération. Ce soir, le PS joue à domicile. En cas de victoire, le maire, Gaston Defferre, est même pressenti pour devenir ministre de l'Intérieur et de la Décentralisation.

En apercevant le juge, Michel Debacq sourit lui aussi, sans pouvoir réprimer un mouvement de surprise. Voilà maintenant trois semaines qu'ils se côtoient. Au fur et à mesure que l'élection se rapprochait, alors que le palais ne parlait que de cela, Debacq a bien tenté de lire dans les pensées et dans les décisions de « son » juge d'instruction. Bien des fois, il a guetté une confidence, voire une connivence. En vain. Cette fois, plus de doute, le magistrat s'apprête à voter à gauche.

Pour le juge Pierre Michel, ce meeting de campagne représente un endroit insolite et pour tout dire un peu sulfureux. D'ailleurs, il se tient encore à l'écart, à l'entrée de la salle. Ni tout à fait dedans, ni tout à fait dehors. En observateur. Il a délaissé son costume de magistrat tiré à quatre épingles, lui préférant sa parka noire de moto. Dans une main, il tient négligemment son casque blanc et, dans l'autre, une petite sacoche. La politique ne le laisse pas indifférent mais il l'aborde avec méfiance. Pierre Michel est bien placé pour savoir à quel point le Milieu cherche à peser sur les décisions dans ce domaine. En retour, ses gros bras collent les affiches ou encadrent le service d'ordre. Et Gaston Defferre joue à la perfection de ce système clientéliste, d'autant qu'il est le propriétaire des deux quotidiens de la ville, *Le Provençal*, acquis à sa cause, mais aussi

*Le Méridional*, le journal d'opposition ! Combien de fois Michel a-t-il lâché à son ami Alex Panzani, le journaliste du *Provençal*, cette boutade : « Ton patron, je vais l'envoyer en prison ! » Bien peu s'offusquent de ces liaisons dangereuses, balayant les critiques dans une indifférence forcée : « Vous comprenez, c'est le Sud. Ici tout le monde se connaît. »

Mais cette fois, l'enjeu de l'élection présidentielle, dont le second tour aura lieu le 10 mai, dépasse le cadre des relations incestueuses entre une ville et son Milieu. Une force monte dans le pays, qui déborde largement de la classe ouvrière : un réel besoin de changement titille les classes moyennes. Sur le plan économique, le choc pétrolier de 1973 et l'élévation du taux de chômage à un niveau record (déjà 1 700 000 sans-emploi) ont rendu audibles les critiques sur l'économie de marché libérale et crédible un éventuel recours aux nationalisations. Si bien que, pour la première fois depuis vingt-trois ans, la gauche peut espérer gouverner. Comme toujours, l'élection se jouera au centre mais cette fois, ses voix ne se sont plus systématiquement promises à la droite.

Pierre Michel est à l'image de cette France légitimiste mais critique. Lui ne supporte plus les entraves à ses instructions : le poids des médailles et des déjeuners en ville, cette notabilité qui plombe les enquêtes, les pressions qui l'ont empêché d'inculper le colonel Erulin de la Légion étrangère[1]. Récemment, il a confié à M^e^ Sixte Ugolini, l'un des rares avocats avec lesquels il entretienne des relations courtoises, figure de gauche

1. Voir chapitre précédent.

au palais : « Vous savez, pour la première fois, je voterai comme vous… »

François Mitterrand a souhaité une campagne ramassée, menée à la hussarde, pour ne pas s'épuiser en chemin. Son équipe a planifié une trentaine de déplacements. Il n'en reste que deux : Marseille, ce 23 avril, et Toulouse, demain. Au parc Chanot, Georges Moustaki entonne, guitare à la main, *Ma liberté*, exhortant la foule à tout faire pour la victoire socialiste. Jean-Pierre Chevènement, incarnation de la capacité du candidat à rassembler les principaux courants du PS, chauffe la salle. Enfin, dans une atmosphère de liesse, Gaston Defferre introduit sur scène l'homme qui porte sur ses épaules tant d'espoirs.

Malgré l'usure d'un tour de France débuté il y a près de cent jours, Mitterrand pose sa voix, conforme à son slogan de campagne : « La force tranquille ». Son discours porte sur l'économie, notamment l'emploi, et la politique étrangère de la France, dans le contexte de guerre froide et de tensions accrues au Proche-Orient, ainsi que sur le continent africain. « La France n'est pas l'arbitre du monde ! », dit Mitterrand, pointant l'interventionnisme français en Centrafrique. Mais c'est finalement sur les questions de société qu'il est le plus attendu par Pierre Michel : « La démocratie entre en léthargie ! prévient-il. Je garantis que les structures nouvelles que nous établirons garantiront l'indépendance d'esprit de tous les journalistes. Nous ne sommes pas des gens de revanche. Nous respectons les autres. » Cet orateur hors pair joue sur une vieille ficelle : le risque que représenterait pour la démocratie un deuxième mandat de Valéry Giscard d'Estaing. D'un air grave, derrière trois micros luisants, Mitterrand assène : « Trop de pouvoir et pendant trop longtemps dans les mains d'un seul homme, c'est déjà une menace pour les libertés de demain, pour peu que ce ne soit pas déjà un risque pour les libertés d'aujourd'hui. Sept ans, ça suffit (...) Au-delà, on bascule vers l'inconnu. » Et devant une foule électrisée, il conclut : « Ici, je sais où je suis (...) Non je ne suis pas seul. Nous sommes des millions. Nous avons rassemblé les socialistes. Nous rassemblerons la gauche. Nous rassemblerons aussi les Français ! »

Le lendemain, *Le Provençal*, « journal des patriotes et socialistes et républicains », s'enthousiasme, vantant la « pureté de son verbe et la hauteur de sa pensée »...

Mitterrand n'a pas seulement convaincu des journalistes acquis à sa cause. Pierre Michel n'a plus de doutes. Lorsqu'il retrouve, le lendemain, son stagiaire Michel Debacq dans son bureau du palais de justice, aucun des deux hommes ne fait allusion à l'épisode de la veille. Mais à côté du code pénal, Pierre Michel a posé un livre emblématique de la contestation de l'époque : *Justice sous influence*, rédigé quelques mois plus tôt par le Syndicat de la magistrature... Comme un clin d'œil.

*
* *

Le 10 mai 1981, François Mitterrand est élu avec 51,76 % des voix. Parmi les 15 708 262 bulletins anonymes déposés dans l'urne en faveur du candidat socialiste, celui de Pierre Michel. Seuls ses intimes peuvent mesurer son cheminement idéologique. Le magistrat évoque rarement ce secret de jeunesse dont il souffre encore. À l'adolescence, ses convictions ont épousé celles de son milieu et d'une partie de sa famille. En 1961, le débat sur l'indépendance de l'Algérie divise encore la société française. La famille a été directement touchée par les « événements » : l'oncle de Pierre Michel, propriétaire d'une pharmacie à Alger, a été assassiné. Les soupçons se portent sur les barbouzes au service du pouvoir gaulliste. En fait, on l'apprendra bien plus tard, c'est l'OAS qui l'a tué alors qu'il voulait protéger son préparateur arabe. En Lorraine, où réside à l'époque Pierre Michel, l'OAS jouit d'une audience certaine, notamment auprès des nombreux régiments militaires. Pierre Michel n'est pas insensible à la détresse des rapatriés, à commencer par celle de sa tante, de ses cousins et de sa cousine. À dix-sept ans, le jeune homme, qui prépare le bac, milite en faveur de l'Algérie française, envoie des tracts menaçants, tague des slogans sur les murs. Longtemps, les passants ont pu voir un graffiti à la gloire de l'OAS sur les murs de la cathédrale de Metz. Sans savoir qu'il était de la main de Pierre Michel...

Son manège ne passe pas inaperçu. Si bien qu'il finit par être arrêté par la police. Il passe même plusieurs semaines à la prison de Remiremont, dans les Vosges, avant d'être condamné, en 1962, avec sursis, par la Cour de sûreté de l'État. L'amnistie de 1968, qui lui garantit un casier judiciaire vierge, permettra au brillant étudiant en droit d'envisager une carrière dans la magistrature. Il n'a bénéficié d'aucun traitement particulier. Les événements d'Algérie ont donné lieu à plusieurs amnisties ; la dernière, accordée par François

Mitterrand, en 1982, aux officiers généraux pour qu'ils puissent bénéficier de leur retraite, suscitera d'ailleurs une certaine émotion au sein de la gauche.

Si cette expérience ne semble pas avoir marqué Pierre Michel sur le plan politique, elle a certainement eu une influence sur son comportement de juge. Autant il pouvait être impitoyable avec les gros trafiquants de drogue, n'hésitant pas à les expédier aux Baumettes, autant il se montrait extrêmement attentif au sort des petits toxicomanes incarcérés. Des interventions discrètes mais très fréquentes. Contrairement à ce qu'on imaginait autour de lui à l'époque, le juge connaissait, pour les avoir vécues, les conséquences de la sévérité des magistrats. Et quand il envoyait des hommes ou des femmes en prison aux Baumettes, il ne pouvait s'empêcher de repenser à sa cellule de l'est de la France...

*
**

Les roses déposées au Panthéon ne sont pas encore sèches que le président Mitterrand peut mettre en œuvre son programme, décliné en 110 propositions. L'une d'elles est prioritaire à ses yeux et à ceux de son garde des Sceaux, Robert Badinter : l'abolition de la peine de mort, promise de longue date et qui divise encore l'opinion. « Dans ma conscience profonde, je suis contre la peine de mort », a déclaré Mitterrand sur Antenne 2. Il sait le prix d'une vie. Comme Pierre Michel, le nouveau chef de l'État a évolué sur la question. Il était ministre de l'Intérieur lorsqu'en 1954 éclata la Toussaint rouge, l'insurrection en Algérie. Garde des Sceaux du gouvernement Guy Mollet, deux ans plus tard, il s'est opposé aux recours en grâce de 45 nationalistes algériens. Les condamnés à mort ont été exécutés…

Au palais de justice de Marseille, le débat qui s'engage à l'Assemblée nationale résonne singulièrement. C'est aux Baumettes en effet qu'a eu lieu, le 10 septembre 1977, la dernière exécution capitale, celle d'Hamida Djandoubi : ce souteneur tunisien avait enlevé, torturé puis étranglé sa maîtresse qu'il voulait envoyer sur le trottoir. Le président de la République Valéry Giscard d'Estaing avait refusé la grâce.

« Dans ma conscience profonde… » La phrase de Mitterrand fait écho à un souvenir douloureux pour Pierre Michel, un souvenir vieux de cinq années mais impossible à dissiper. Rien que d'y repenser, le magistrat en a encore des nausées. Ce juge ultra-répressif abhorre en effet la peine de mort. Le 28 juillet 1976, la nuit hésite encore entre le crépuscule et l'aube, comme si elle n'avait pas choisi son camp[1]. Avocats, magistrats, matons, médecin et bourreaux se retrouvent aux Baumettes, après avoir forcé le cordon des journalistes. La grâce de Christian Ranucci vient d'être rejetée par le président de la République, après que, par une terrible méprise, les médias ont annoncé le contraire. La justice l'a condamné à mort pour le meurtre de la petite Marie-Dolorès Rambla, assassinée à coups de couteau, en juin 1974. Le jeune homme, après avoir

1. Les scènes suivantes nous ont été décrites par Me André Fraticelli lors d'un entretien, le 9 mars 2014. Elles sont complétées par le livre *Le Pull-over rouge,* de Gilles Perrault, Fayard, 1978.

reconnu les faits, s'était rétracté. Il protestait depuis de son innocence.

Chacun a pris soin de se munir de sa carte professionnelle, comme pour se protéger derrière les exigences du métier. Les avocats ont choisi d'arriver groupés pour se donner du courage. M[es] André Fraticelli et Paul Lombard se sont donné rendez-vous un peu plus tôt, chez Me Jean-François Le Forsonney, dans un immeuble du sud de la ville.

– Quel étage ? lui a demandé André Fraticelli.

– Impossible de se tromper. Ce sera le seul appartement où la lumière sera encore allumée, a répondu Le Forsonney.

Il disait vrai. Une seule lumière éclairait encore la tour.

Pierre Michel, lui, est venu seul en voiture. À peine a-t-il traversé le sas, derrière la lourde porte gris-vert, qu'il s'est appuyé, chancelant, contre un mur, le visage aussi gris que le crépi, près du président de la cour d'assises. Les « invités » échangent maintenant des phrases qui ne veulent rien dire, des propos qui ne servent à rien, sinon à tuer le temps, c'est-à-dire à retarder l'échéance. Et le procureur fait son travail de procureur. D'une voix mal assurée, il donne le signal : « Bon, il faut y aller. »

La petite troupe chemine à pas de loup dans le ventre de la prison, traversant d'un bond l'allée centrale, s'engageant maintenant au sous-sol. Il faut progresser lentement, en retenant ses pas, pour ne pas donner l'alerte aux autres détenus. La mort a un bruit et une odeur. Et une prison ne dort jamais. Les prisonniers ont forcément entendu les coups de marteau lorsqu'on a monté la faucheuse dans une petite cour aveugle. Une cour si étroite qu'on ne voit pas le ciel. C'est bien simple, on jurerait une cave. Un caveau plutôt.

Dans le groupe, on réprime des jurons en se prenant les pieds dans les couvertures brunes déposées au sol pour atténuer les bruits de pas. Mais impossible de dire si cela vient du procureur, d'un gardien ou d'un avocat. En tête de colonne, quelqu'un intime l'ordre de faire moins de bruit. Ailleurs qu'ici, la scène aurait quelque chose de risible. Il n'y a plus le décorum de la cour d'assises pour distribuer les rôles. Ni robe, ni hermine : plus de théâtre judiciaire. Les voici ravalés à leur condition d'hommes face à la mort désormais inéluctable. Et ces hommes craignent les matins à venir, lorsqu'il leur faudra passer une lame sur leur visage et se raser devant la glace. « Bon, il faut y aller », a dit le procureur. La justice avait un travail à faire. Mais, cette nuit-là, aucun de ses auxiliaires n'était très pressé de l'accomplir.

Dans sa cellule des Baumettes, au deuxième étage, Christian Ranucci ne les a pas entendus venir. Il est encore couché sur le flanc, en chien de fusil sur sa paillasse, à gauche de l'entrée, réfugié dans un mauvais sommeil. La porte s'entrouvre, faisant grincer sinistrement l'huisserie. Un combat vif, aussi bref qu'inégal, s'engage : quatre ou cinq gardiens se sont jetés sur le condamné. Ranucci a dû se débattre un peu : un mince filet de sang coule de son nez. Il est à peine conscient. « Je préviendrai mes avocats ! Je préviendrai mes avocats ! » lâche-t-il d'une voix faible qui se voudrait décidée. Ses avocats sont là, justement.

Me Lombard qui lui susurre, comme pour chercher à chasser un cauchemar : « Nous sommes là, mon petit… » D'instinct, les mains de Me Fraticelli et du président de la cour d'assises se trouvent et se joignent.

On porte le condamné jusqu'au couloir. Ranucci est à moitié nu car il a refusé de s'habiller. Il n'a pas de menottes mais des chaînes aux pieds. « Je suis innocent, vous le savez bien ! » Ce ne sont que des mots. La promesse de l'aube n'en est plus une. Car à l'aube, il aura disparu.

La dernière station du condamné à mort est une table au milieu du couloir. Deux hommes au visage rougeaud, les bourreaux, sortent de Dieu sait où un petit tabouret sur lequel Ranucci est assis de force. Il refuse un verre de cognac, tire deux taffes d'une dernière cigarette. On le ficelle prestement puis on le tourne à 180 degrés. La porte de la cour s'ouvre, laissant entrevoir le bois noir de la guillotine. Ranucci bascule sur une planche et, comme par réflexe, Me Fraticelli lui passe la main sur le cou. La planche avance et les bourreaux attachent solidement le condamné au harnais. La lame glisse. « Il était quatre heures treize. La tête coupée rebondit deux fois », précise Gilles Perrault, en épilogue de son livre *Le Pull-over rouge.*

L'un des deux bourreaux saisit maintenant par les cheveux la tête encore collante de sciure et de sang. Le médecin constate officiellement le décès. Justice est passée.

Les trois avocats quittent les Baumettes. Ils avalent un café sur le Vieux-Port qui commence à s'animer comme si rien ne s'était passé. Puis ils entreprennent une marche erratique, longeant le quai jusqu'à l'église

Saint-Victor, à la recherche d'un souffle d'air marin. Pierre Michel, aussi livide qu'eux, est rentré comme il était arrivé. En voiture et seul jusque chez lui, villa des Buis, à l'autre bout de la ville. Là il a vomi. L'été suivant, il confiera à sa belle-sœur Astrid : « C'était épouvantable. » Et à une autre de ses belles-sœurs, Marie-Françoise : « Quand bien même il serait arrivé la même chose à ma fille, je serais opposé à la peine de mort. »

– 4 –

# Les grâces médicales : le cas de monsieur K

Les détenus l'ont baptisée d'un joli nom : la « chaîne du bonheur ». La combine ne date pas de l'arrivée de Pierre Michel à Marseille mais elle a atteint un niveau quasi industriel au milieu des années 1970.

La libération de prisonniers pour raison médicale a toujours été l'objet de suspicions de la part des magistrats, qui y voient une tactique destinée à échapper à la justice. Les cas les plus courants concernent les simulateurs. Trompant (ou achetant ?) la vigilance des médecins, ils obtiennent ainsi des conditions de détention plus favorables. D'autres se servent du relâchement de la surveillance pour s'évader. Un grand classique de la condition carcérale.

Le juge Michel va s'attaquer à un système de grâces bénéficiant de complicités au plus haut niveau de la médecine pénitentiaire locale, et remontant jusqu'à Paris. Il est décidé à mettre au jour une arnaque de grande ampleur. Une vaste organisation d'« évasions sur ordonnance », comme la surnomment ironiquement les policiers.

Depuis longtemps, Pierre Michel est persuadé qu'il s'agit bien de cela. En 1974, alors qu'il effectuait son stage d'auditeur de justice auprès du substitut du procureur Paul-Louis Auméras, il a pu apprécier la « sortie » de ce magistrat lors du procès du dernier réseau de la French Connection. Le procureur n'avait pas mâché ses mots : « Sept des trente inculpés manquent à l'appel. Je considère comme très suspecte, pour quatre d'entre eux, la délivrance de certificats médicaux qui ont provoqué leur placement dans une clinique privée. » Cette dénonciation publique était audacieuse car, à l'époque, le sujet restait tabou. L'institution carcérale préférait laver son linge sale en famille et, dans ce petit cercle, les affaires se déroulaient sous le manteau.

Michel est persuadé que depuis le renforcement, en décembre 1970, des peines en matière de drogue, la complaisance médicale, nourrie à l'argent des stups, est devenue une industrie parallèle florissante.

Le juge a quelques cas en tête : Ange Mosca, par exemple, organisateur d'une filière de transport de drogue, est arrivé en 1974 en civière à son procès, dans un état délirant. Il a bénéficié un peu plus tard d'une mise en liberté anticipée. Plusieurs autres truands, et non des moindres, ont profité d'un séjour à l'hôpital pour disparaître dans la nature. Ainsi, une très grosse pointure du Milieu, Jean-Baptiste Colonna, dit « Jean-Jé », soupçonné d'avoir exporté 400 kilos de « blanche » aux États-Unis, s'est évadé six mois après son arrestation, au début de l'année 1975. Hospitalisé à l'Hôtel-Dieu, en face du Vieux-Port, il avait quitté sans grande difficulté l'établissement par une porte dérobée.

Pierre Michel a été directement confronté au problème. À plusieurs reprises, il a pu constater l'efficacité de la « chaîne du bonheur ». Ainsi, en février 1978, lorsqu'il découvre un laboratoire d'héroïne à proximité de La Ciotat, un certain Louis-Georges Calmet, vieille connaissance des stups, figure parmi les interpellés. Cet excellent « chimiste » avait été condamné en 1970 à sept ans de prison, mais gracié deux ans plus tard pour « sénilité précoce » ! La vieillesse n'est pas toujours un naufrage définitif. Quand la police l'interpelle, il a retrouvé toute sa jeunesse et surtout toute sa tête : il tourne avec vigueur la morphine base dans une petite villa de Cereyste, baptisée « La Galéjade ». Ce qui ne fait pas rire les policiers.

Dans la même affaire, le financier présumé de l'opération, Louis Giralt, ne se sent pas bien après son arrestation. Ce gros poisson possède un bar sur le Vieux-Port, le O'Central, et les enquêteurs le suspectent de financer depuis plusieurs années le trafic sous diverses couvertures commerciales. Conduit à la prison-hôpital des Baumettes (PHB), Giralt fait, par l'intermédiaire de son conseil, M^e^ André Fraticelli, une demande de mise en liberté. L'avocat produit un certificat alarmant d'un cardiologue de l'hôpital local : l'état de santé du prisonnier, prévient le médecin, est incompatible avec la détention. Pierre Michel, très sceptique, fait alors transférer Giralt à l'hôpital central des prisons de Fresnes, dans la banlieue parisienne.

Les spécialistes qui examinent le détenu ne partagent pas le diagnostic pessimiste de leur collègue marseillais. Selon eux, le malade souffre effectivement de diabète et d'artériopathie, mais ces affections peuvent parfaitement être traitées dans le cadre d'un hôpital pénitentiaire… Pas besoin d'un retour à l'air libre. Du coup, Giralt retourne à la case PHB de Marseille, avec la perspective désagréable de retrouver rapidement sa cellule des Baumettes.

Le juge est alors sûr d'avoir fait échouer une « évasion sur ordonnance ». Mais il sous-estime l'ennemi, car la guerre des grâces médicales est loin d'être gagnée. Le magistrat va même y perdre une grosse bataille.

*
**

Au début de l'année 1980, Michel, qui vole de succès en succès, découvre un autre labo. Cette fois, les trafiquants ont décidé de s'éloigner de Marseille et de sa région. Ils ont installé leur cuisine diabolique dans un coin perdu du Massif central et acheté une ferme isolée, La Crosette, à La Suchère, un hameau du Velay, près du Chambon-sur-Lignon.

À l'origine de ce projet, un ancien combattant de la French, Fernand Chaffard, condamné en 1974 à douze ans de prison et évadé de la centrale de Melun trois ans plus tard. Ce cheval de retour s'est allié avec un duo de choc. Et d'abord avec un revenant. Les hommes des stups ont l'impression d'être propulsés vingt ans en arrière. Dans leur collimateur, Jean Jehan, dit « Pépé la Schnouf ». Ce vétéran à la crinière blanche, âgé de quatre-vingt-deux ans, a vécu trente ans aux États-Unis dans l'entourage des grands gangsters américains. En 1962, il a regagné prudemment son pays natal et a bénéficié de quatre non-lieux, avant de prendre une retraite – pas du tout méritée – dans une résidence de luxe de Cagnes-sur-Mer. Le patriarche de la « blanche » reprend du service et débauche son voisin, un certain Robert Kechichian. Les fichiers de l'Évêché tournent à plein régime. Ce solide gaillard, grand brun costaud, un peu ventripotent, se dit joueur professionnel et contrôle en sous-main un club de bridge à Antibes. Sa jeune épouse, Kathy, gère une société de publicité dont l'activité réelle reste assez floue.

Les enquêteurs, les pieds dans la neige, planqués derrière des sapins, grelottent en surveillant la ferme du Chambon-sur-Lignon. Finalement, le 7 mars 1980, ils rentrent se réchauffer dans la villa La Crosette et surprennent Fernand Chaffard, avec deux aides, en train de remballer le matériel. Visiblement, le trio n'est pas doué pour la chimie. Les trois hommes arrêtés ont lamentablement échoué leur transformation, ne parvenant à obtenir que quelques centaines de grammes d'héroïne frelatée.

Curieusement, le coup de filet n'effraie pas le duo Jehan-Kechichian. Au contraire, les deux hommes n'ont plus qu'une idée en tête : trouver de nouveaux chimistes, plus doués, pour monter un autre coup. Ils estiment toutefois prudent, le Massif central n'étant plus sûr, d'exporter leur talent en Italie. Pierre Michel prend contact avec ses homologues italiens et les filatures, menées en commun par les stups de Marseille et les hommes de la Guardia di Finanza de Milan, aboutissent à un petit castel médiéval, à Cereseto, situé près d'Alexandrie, dans le Piémont. Une meute de dobermans et de chiens-loups défend ce château rococo, installé dans un parc de trois hectares. Une fois les animaux enfermés dans leur chenil, les policiers italiens découvrent deux laboratoires en train de tourner, l'un dans la tour principale, l'autre dans une dépendance…

Une partie de l'équipe franco-italienne est interpellée sur place. Quant à Robert Kechichian, il est cueilli à Marseille. Mais « L'Arménien » rue dans les brancards : il nie farouchement sa culpabilité. Et tombe très vite gravement malade.

Dès son incarcération au début du mois de juin, en effet, le trafiquant entreprend une grève de la faim pour dénoncer les « conditions arbitraires de son arrestation » et se fait admettre à la prison-hôpital des Baumettes, dirigée par le docteur Alain Colombani. Très rapidement, L'Arménien prend comme avocat André Fraticelli. Et tout aussi rapidement, il s'avère que le malheureux Kechichian souffre d'une rechute d'un cancer… Un cancer de la peau particulièrement pernicieux. Une maladie, évidemment, totalement incompatible avec la détention puisqu'elle nécessite une intervention chirurgicale à l'extérieur de la prison.

Pierre Michel est sidéré. Il a l'impression de revivre un mauvais remake de l'affaire Giralt. Le juge y retrouve d'ailleurs les mêmes protagonistes, ce qui confirme ses soupçons : il existe bel et bien à Marseille une « Baumettes Connection », une mafia des grâces médicales, garantissant aux détenus fortunés une porte dorée vers la sortie. À sa tête, deux personnages incontournables, les fermoirs de la chaîne du bonheur, selon lui : l'avocat André Fraticelli et son grand ami, le docteur Alain Colombani, responsable de l'hôpital de la prison. Le jeune médecin, né en 1946 à Poggio-di-Nazza dans l'île de Beauté, est, selon Pierre Michel, le pivot de l'organisation.

Après ses études à Aix-en-Provence, ce grand brun à la silhouette élancée, visage poupin encadré de longs cheveux toujours en désordre, a choisi la médecine carcérale. D'abord adjoint du chef de service, il est devenu rapidement patron de la prison-hôpital des Baumettes, ou PHB. Très vite le bruit a couru que des détenus privilégiés obtenaient facilement l'accès à l'hôpital de la prison, et plus, si rémunération…

L'un des agents recruteurs du PHB, qui fournirait l'établissement en truands aisés, ne serait autre que l'avocat Fraticelli. Ce lutin souriant et malin, l'œil bleu perçant, est venu sur le tard au barreau. Pour défendre, dit-il complaisamment, « le Corse, L'Arménien et le paria ». En fait, très vite, son cabinet ne désemplit pas d'une clientèle composée des grands voyous ou des personnages importants de la place, quelles que soient leurs origines. On cite le cas d'un banquier qui, à la suite d'une incarcération pour fraude fiscale, aurait miraculeusement bénéficié d'une grâce médicale lui permettant de couler des jours heureux en Suisse.

L'avocat, volontiers hâbleur, laisse entendre qu'il a « le bras long » et surtout qu'il détient « la clé des Baumettes ». « Frati », comme tout le monde l'appelle, est en tout cas au mieux avec son ami Colombani, insulaire lui aussi, et depuis longtemps. Le docteur avait fait engager sa première femme comme ophtalmologiste au PHB.

L'avocat avait défendu Louis Giralt, le financier du labo du Chambon-sur-Lignon. Et le stratagème de Pierre Michel – la décision d'expédier à Fresnes le truand afin d'obtenir une expertise contredisant celle de Colombani – lui est resté en travers de la gorge. « Frati » a promis de se venger du magistrat, autrefois son ami[1]. Depuis, Pierre Michel, considérant l'avocat comme corrompu et passé du côté obscur de la force, s'est régulièrement dressé contre lui. Ce qui donne lieu à des bagarres épiques, les deux hommes en venant presque aux mains. Le cas Kechichian va donner à Fraticelli l'occasion de prendre sa revanche.

Peu après l'admission de L'Arménien à la prison-hôpital des Baumettes, ses avocats présentent une demande de mise en liberté de leur client, assortie d'une lettre d'un chirurgien de la place. Celui-ci certifie « avoir opéré Kechichian, Robert, en juin et août 1965, d'une lésion de la plus haute gravité et qu'une récidive peut, à tout moment, réapparaître ». Michel, qui n'en croit pas un traître mot, rejette la demande avec un scepticisme méprisant et renvoie le voyou dans sa cellule des Baumettes. L'affaire n'arrange pas les relations entre le prévenu et son juge.

Le premier interrogatoire avec Kechichian, le 2 juillet 1980, se passe particulièrement mal. Le trafiquant nie tout, excepté le fait qu'il n'a pas d'activité et qu'il demeure inconnu du fisc. « Je suis sans travail officiel, concède-t-il. De 1971 à 1973, j'ai été tailleur dans un

1. Voir chapitre suivant.

local de l'auberge de mes parents à Orange, mais ça n'a pas marché, et à la fin de 1973, j'ai cessé de travailler et de payer mes impôts. Depuis, je gagne ma vie en jouant aux cartes. » Il reconnaît s'occuper d'un club de bridge qui le rémunère « officieusement », ce qui lui permet de vivre. Pour le reste, il ignore tout, ne connaît personne. Comment a-t-il rencontré l'un des membres de l'équipe qui tournait dans le laboratoire de Milan ? « Sur une place de San Remo, il vendait des montres et j'ai sympathisé avec lui », assure-t-il. Il n'a pas connaissance des activités de sa femme et de sa société de publicité. En tout cas, Kechichian n'a pas mis un sou dans l'affaire : « L'argent vient de ses parents. » Quid de la pompe à vide, de marque Sevylor, nécessaire à la transformation de morphine que son épouse a gardée à la maison avant que les Italiens viennent la chercher ? Pour Kechichian, « c'est juste un truc avec un tuyau » que Kathy a pris pour « un appareil à nettoyer les piscines ». Exaspéré par l'arrogance et la mauvaise foi du truand, le juge lui annonce qu'il incarcère sa femme à la prison des Baumettes.

– Elle est enceinte de huit mois, monsieur le juge !

On ne sait pas ce que Pierre Michel a répondu hors procès-verbal. Deux versions ont couru, l'une du juge, selon laquelle le truand lui aurait dit : « Vous êtes un salaud ! », l'autre du trafiquant, pour qui le magistrat aurait lâché : « Je n'ai pas de pitié pour les salauds ! » Quoi qu'il en soit, la jeune femme accouchera en prison et ne sera libérée que le 2 février 1981.

À partir de ce moment, la guerre est déclarée. Et le vieux cancer de Kechichian va se réveiller et se développer… En décembre 1980, L'Arménien est réintégré en urgence au PHB où on l'estime atteint, au niveau du nombril, d'une forme rare de cancer de la peau, le sarcome de Darier-Ferrand, dont il a déjà été opéré à deux reprises en 1965. Cette maladie, à évolution très lente, récidivante, sans métastases, ne peut être traitée qu'en enlevant les tissus malades et en les remplaçant par des greffons prélevés sur le corps. Elle n'est mortelle qu'en cas de récidive non traitée. Le docteur Colombani envoie son patient se faire examiner au centre anticancéreux de Marseille. Sentant le mauvais coup venir, Pierre Michel se déplace lui-même pour constater l'état du malade. Les avocats en profitent pour réclamer une nouvelle mise en liberté.

Le magistrat, qui fulmine, examine à la loupe tous les rapports de filature et les écoutes téléphoniques concernant Robert Kechichian. Du 23 janvier au 4 juin 1980, durant toute la période où le truand était sous surveillance, il n'a jamais appelé ou consulté un médecin. De plus, au moment de son arrestation, sa femme n'a jamais fait état de la moindre rechute de sa maladie depuis leur mariage en 1975. Pierre Michel, furieux, rejette de nouveau la demande avec mépris.

Mais, pour plus de sûreté, il saisit deux médecins experts du tribunal de Marseille pour examiner le trafiquant. Quelques jours plus tard, les deux spécialistes rendent leurs conclusions. Elles sont formelles : le patient présente bien une récidive de son fameux sarcome de Darier-Ferrand et « cette thérapie très spécialisée ne peut être mise en œuvre au PHB et, de ce fait, son état n'est pas compatible avec la détention ». Un coup de massue pour le juge.

Après la mort de Pierre Michel, l'un des médecins interrogé dans le cadre d'une instruction judiciaire, reconnaîtra qu'il avait examiné le malade « sommairement ». Mais surtout, il n'avait pas signalé, dans son rapport, les quatre biopsies négatives réalisées au centre anticancéreux ! Cet « oubli » vaudra à « l'expert » d'aller dormir un temps à la prison de Toulon. Son collègue Mazaud, lui, avouera qu'il n'a jamais vu le malade, se contentant de cosigner l'expertise et de partager les honoraires…

En attendant, Pierre Michel, qui ignore ces manipulations, se trouve quasi obligé de libérer Kechichian. Certain, pourtant, qu'on essaie de le rouler, il décide d'utiliser les grands moyens. Sa botte secrète. Il va refaire le coup de Giralt et expédier Kechichian loin d'ici, à l'hôpital des prisons de Fresnes. On verra bien si ses experts confirment le cancer du trafiquant. Marie Viangalli, la substitut qui suit les affaires de drogue à Marseille et qui se montre d'une fidélité absolue à Pierre Michel, avise le ministère de la Justice afin d'organiser le transport. Ils rient tous deux du bon tour qu'ils vont jouer à la « mafia des Baumettes ».

Leur joie est de courte durée. Le mardi 7 juillet 1981, le juge Michel reçoit deux lettres tout aussi ahurissantes l'une que l'autre. La première est un courrier officiel à en-tête du ministère de la Justice. Celui-ci émane du médecin inspecteur général de l'Administration pénitentiaire, le chef de toute la médecine carcérale en France, responsable de l'hôpital de Fresnes. Le docteur Solange Troisier explique qu'il n'existe pas, à Fresnes, « les structures nécessaires pour soigner monsieur Kechichian Robert, âgé de trente-cinq ans. Celui-ci, en effet, est atteint d'une affection si grave que ses jours sont en danger [...] Je m'oppose donc à ce transfert entre les Baumettes et l'hôpital central de Fresnes ».

Michel n'en croit pas ses yeux. Solange Troisier représente une sommité du monde médical, mais aussi politique. Cette arrière-petite-fille du bailli de Suffren – le plus grand amiral français du XVIII^e^ siècle –, ancienne résistante, médecin chef dans l'armée du général de Lattre, puis députée gaulliste de la ville de Sarcelles (Val-d'Oise), règne sur la médecine carcérale d'une main de fer. Comment une telle professionnelle peut-elle refuser que le trafiquant soit examiné dans « son » hôpital ? En ouvrant son deuxième courrier, le magistrat comprend d'où vient le coup. Il s'agit d'une nouvelle demande de liberté de M^e^ Fraticelli pour Kechichian. Cette fois le ton est comminatoire. L'avocat parle du « mal irréversible dont est atteint son client ». Et pour bien enfoncer le clou, il ajoute malicieusement : « Je viens d'apprendre directement de la chancellerie que l'hôpital central de Fresnes ne dispose pas d'équipement permettant une cobaltothérapie. » L'avocat termine par une phrase énigmatique : « Je vous rappelle le drame d'une famille face à la mort d'un des siens et en l'état du silence ou des refus que vous opposez contre l'unanimité du corps médical. »

L'avocat porte un dernier coup bas car l'allusion est évidente. L'année précédente, le juge avait fait incarcérer un docker de cinquante-deux ans, habitant dans les quartiers nord de Marseille et mêlé à un petit trafic de haschisch. Ce père de famille de six enfants, véritablement malade, avait été hospitalisé dans un établissement civil puis transféré au PHB. Alors que son avocat, Me Sixte Ugolini, s'apprêtait à effectuer une demande de liberté auprès du juge, Martinez Idelfonso meurt au cours du week-end d'une crise cardiaque. Pierre Michel ne s'estimait pas responsable de ce drame car personne ne l'avait prévenu de l'état réel du suspect. Mais, à cette occasion, des tracts anonymes avaient été déposés sur les voitures en stationnement à proximité du palais : « Monsieur le juge Michel, donnez-nous des explications sur la mort suspecte à l'infirmerie de la prison de monsieur Martinez Idelfonso, grand malade, invalide, ancien combattant, père de famille nombreuse. Assassinat légal. Répondez. » Une affaire et des méthodes qui l'avaient bouleversé.

Mais, par-delà ce coup de pied de l'âne, ces lettres sidèrent le magistrat. Comment Colombani et Fraticelli ont-ils pu actionner si facilement le patron de la médecine pénitentiaire, au point de faire revenir la chancellerie sur sa décision ? Il ne tardera pas à avoir quelques éléments de réponse. Le docteur Colombani est un ancien élève de Solange Troisier. Il la connaît bien et, comme par hasard, on saura plus tard qu'il l'a appelée à deux reprises, le 30 juin et le 1er juillet. Quant à Fraticelli, on ne sait comment mais il est également très proche du médecin inspecteur des prisons. Son carnet d'adresses comporte son numéro de téléphone personnel et ses deux lignes directes à l'hôpital de Fresnes. L'avocat s'est rendu dans la capitale le 24 juin et le 4 juillet. Coïncidence ? En attendant, le tour est joué. La rage au cœur, le juge Michel doit s'incliner. Il ne peut pas prendre le risque que Kechichian décède en prison.

Mais il vit cette décision comme le deuxième grand échec de sa carrière. Comme dans l'affaire du bordel de Calvi, installé avec l'accord de la hiérarchie au cœur du camp occupé par le 2e REP[1], il a dû s'incliner sous la pression d'autorités supérieures.

Quelques jours avant son départ en vacances, Pierre Michel signe la mise en liberté de Robert Kechichian, l'accompagnant toutefois d'une interdiction de sortie du territoire et d'un pointage obligatoire chaque semaine au commissariat de sa ville de résidence. À son retour, le magistrat semble curieusement se désintéresser de ce dossier. Il ne réclame pas d'autres expertises médicales et renouvelle, le 2 octobre 1981, la mise en liberté de Kechichian, se contentant de faire vérifier qu'il se présente régulièrement au poste de police. Est-il excédé par cette affaire, écœuré d'avoir été roulé ou a-t-il des priorités plus urgentes ? On ne le saura jamais. Dix-neuf jours plus tard, le juge est assassiné.

*
* *

Le 28 octobre, le trafiquant prend la fuite. « Il craignait, expliquera Me Fraticelli, qu'on lui mette cette affaire sur le dos, et il a préféré disparaître. De toute façon, il souhaite aller mourir quelque part en paix », s'attriste l'avocat. Le même avocat qui aurait dit, le

1. Voir deuxième partie, chapitre 2.

jour de l'assassinat de Pierre Michel : « Pour une fois, il n'y a pas eu d'erreur judiciaire ! »

Au début de l'année suivante, le 5 janvier 1982, Robert Kechichian est condamné à dix-huit ans de prison par le tribunal correctionnel de Marseille. Là encore, il préfère être absent. Sans doute épuisé par sa maladie à ellipses !

Mais le feuilleton ne s'arrête pas là. Le nouveau procureur de Marseille, Pierre Truche, décide de briser la « chaîne du bonheur ». Il profite du fait que plusieurs détenus des Baumettes, et même un gardien de prison, dénoncent les agissements du duo Colombani-Fraticelli. Un premier juge d'instruction est nommé, qui demande, en septembre 1982, à deux experts de Grenoble d'examiner les dossiers médicaux de vingt-trois détenus du PHB. Une guerre de tranchées s'engage alors entre la justice, d'une part, et le médecin et l'avocat, d'autre part. Finalement, ce premier assaut s'enlise dans la procédure. Le duo se croit sauvé. Mais, dans la plus grande discrétion, le procureur Truche ouvre, le 12 janvier 1983, une deuxième information judiciaire, confiée au juge Christian Raysseguier. Elle ne porte que sur le cas Kechichian et repose sur l'avis formel des deux experts grenoblois. Selon eux, rien, dans les documents médicaux qu'ils ont examinés, ne justifiait la libération de Kechichian. La justice dispose enfin d'une preuve pour confondre Colombani. Elle ne va pas s'en priver.

Le 10 février, le juge Raysseguier fait arrêter le docteur Colombani et l'expédie en prison à Avignon, loin de ses vrais ou faux malades… Peu après, il incarcère à Toulon « l'expert » qui avait confirmé les analyses du patron du PHB. Dans la foulée, le magistrat met en examen le docteur Solange Troisier. Quant à André Fraticelli, entendu par le juge le 16 mai et craignant une incarcération, il demande ce jour-là au magistrat l'autorisation de se rendre aux toilettes. Il en profite pour jouer la fille de l'air. Une moto l'attend en bas du palais de justice et il bénéficie du circuit d'évasion des grands truands, comme il nous le détaillera lors de notre rencontre. Cela n'empêche pas le magistrat de mener son instruction au pas de charge, soutenu à fond par le procureur Pierre Truche, qui annonce sa venue à l'audience pour requérir en personne. Le Tout-Marseille se bat déjà pour assister à ce procès à grand spectacle, programmé le 17 septembre. Les chroniqueurs judiciaires affûtent leur stylo.

Mais une habile avocate va doucher l'ambiance. Me Sophie Bottai, qui défend le docteur Colombani, dépose une requête : elle demande que le procès ne se déroule pas à Marseille. Trop de partialité, trop de personnes liées au tribunal, trop de passion, selon elle. À la surprise générale, elle obtient gain de cause et l'audience est renvoyée devant le tribunal de Versailles, dans la quiétude de cette ville bourgeoise. De fait, loin de l'ambiance survoltée de la cité phocéenne, loin des lieux où Pierre Michel a péri, le procès tend à se dégonfler. Il s'ouvre sur une jolie surprise : le 24 octobre, l'ex-avocat André Fraticelli – il a entre-temps été radié du barreau – se constitue prisonnier auprès de la gendarmerie pour être jugé. Après avoir disserté sur la valeur des expertises médicales, les risques du sarcome de Darier-Ferrand, examiné la plus au moins bonne foi des prévenus, constaté qu'on n'a trouvé aucune trace d'argent de nature à établir la corruption, entendu, entre autres, Me Bottai dénoncer joliment les rumeurs – « Ce grand air de la calomnie joué à Marseille sur les grandes orgues du mistral » –, le tribunal se montre clément : un an de prison dont huit mois avec sursis pour Alain Colombani et André Fraticelli, six mois avec sursis pour Solange Troisier. Tout ça pour ça ! Cerise sur le soufflé judiciaire, en appel, tous les prévenus sont relaxés. Le chroniqueur du *Monde*, Michel Bôle-Richard, commente ainsi cette décision, le 23 février 1984 : « La cour d'appel de Versailles aurait pu remettre les pendules à l'heure en dénonçant certaines compromissions qui ont contrecarré le bon fonctionnement de la justice. Elle en a décidé autrement en ajoutant encore au scandale. La vérité, même imparfaite, vaut toujours mieux que le silence. »

Pierre Michel, lui, n'était plus là pour commenter ces jugements.

# – 5 –

## *Entretien avec André Fraticelli*
## *Ancien avocat, « ennemi intime » du juge Michel*

*Créteil (Val-de-Marne), 9 mars 2014*

Un ami du juge Michel avait tenu à nous mettre en garde : « Vous avez rendez-vous avec le diable. » En cette matinée de printemps, sur les bords de Marne, nous arrivons donc armés d'une longue cuillère, comme le conseille le proverbe, et d'un stylo pour prendre un café en sa compagnie. « Faust » nous accueille au-dehors, fait quelques pas et fort civilement nous invite à nous asseoir à l'intérieur où il prend place à son tour. Nous avons face à nous un petit homme rond, aux belles manières, au langage onctueux, mais doté d'une rare intensité dans le regard.

« Vous pouvez écrire ce que vous voulez sur moi, prévient d'emblée l'ex-avocat André Fraticelli d'un air (faussement ?) détaché. Je considère d'ailleurs que les journalistes sont un mal nécessaire. Je ne vous demande qu'une chose. Une seule : faites-le dans l'honneur. Je suis le diable pour certains, le bon Dieu pour d'autres.

Convenez qu'il puisse y avoir un brin d'excès dans de tels jugements. »

En 1981, les couloirs du palais de justice de Marseille bruissent de son combat personnel contre le juge Michel. Une bagarre qui dépasse le cadre professionnel, l'une de celles qui animent les déjeuners en ville et remplissent les pages des gazettes. L'avocat frondeur contre le juge fonceur. Fraticelli versus Michel. Un Corse matois face à un homme de l'Est rigide. Le différend est si profond que, d'un côté comme de l'autre, les armes ne sont pas uniquement celles du droit. « Parce que c'était lui, parce que c'était moi » : entre le magistrat et l'avocat, la relation avait pourtant commencé, sept ans plus tôt, sur le mode de l'amitié. « Parce que c'était eux », elle va virer à la franche hostilité. La haine s'est invitée à table.

« Frati », comme tout le Marseille judiciaire le surnomme alors, fait partie des rares privilégiés à avoir dîné villa des Buis, au domicile de ce magistrat si jaloux de son intimité, si protecteur de sa famille. Lui-même a bien sûr rendu la politesse de l'invitation au juge. « Lorsqu'il est arrivé à Marseille en tant que stagiaire, Pierre Michel a même effectué un stage de quelques jours dans mon cabinet, se souvient André Fraticelli, dernier défenseur du Parrain Mémé Guérini. Si bien qu'on a sympathisé. » L'avocat épaulera même un temps le juge lors de l'affaire du « Pouf » de Calvi. Il défendait l'une des prostituées, partie civile. Il a finalement reproché au magistrat de n'avoir pas inculpé le colonel Erulin, patron du 2e REP[1].

Cette implication si personnelle des deux hommes dans leurs dossiers communs, chacun d'un côté de la barre, tend bientôt les relations. Fraticelli, évoquant l'une de leurs premières altercations, se souvient : « Je défendais un petit entrepreneur italien dont la femme travaillait à Marseille. Michel a décidé de la poursuivre, elle aussi, car elle endossait les chèques. Je contestais cette façon de procéder. C'est vrai : nous nous sommes écharpés très fort. Ça a bardé. » Mais c'est surtout la défense, jugée partiale et déloyale par Pierre Michel, de trafiquants de drogue qui détériore les relations entre les deux hommes. Le mépris du magistrat pour les « conseils » des voyous s'étend d'ailleurs à bon nombre de collègues de « Frati ».

Impossible de savoir sur quels sujets précis le juge et l'avocat se sont affrontés si violemment. André Fraticelli dit ne pas se souvenir. Il élude et ne répond jamais directement. En tout cas, à partir d'un certain moment, Pierre Michel, apparemment déçu et piqué au vif, se « bunkerise » dans son bureau. Insiste pour que son ex-ami prenne rendez-vous par téléphone avant de lui parler. Lorsque Fraticelli vient pour s'expliquer d'homme à homme, il demande à l'un de ses confrères de se tenir derrière la porte du cabinet d'instruction pour servir de témoin en cas de besoin. Inutile de se poster si près pour entendre : les éclats de voix portent jusqu'au bout du couloir.

Selon l'avocat, Pierre Michel a tenté, un moment, de dépasser ce contentieux et de jouer l'air de la récon-

1. Voir deuxième partie, chapitre 2.

ciliation. Lui, au contraire, s'est braqué encore plus. « Il avait fait le premier pas. Il voulait faire la paix, ce que je n'ai pas su interpréter. Je le regrette, concède aujourd'hui Fraticelli. C'était un honnête homme, dépassé par les charges qui lui incombaient. En fait, il était trop jeune pour la fonction. Il avait l'envergure, pas l'expérience. Michel n'était pas un croyant mais un croisé. Du coup, on avait l'impression qu'il partait récupérer le Saint-Sépulcre. Entre lui et moi, ce fut d'abord une accumulation de petites choses, bientôt aggravées par sa rigidité et mon caractère trop tranché. Cela a créé un contentieux. J'ai eu des torts. Lui aussi. »

Pierre Michel en est bientôt persuadé : l'avocat ne défend plus le Milieu mais le protège. À plusieurs reprises, Fraticelli intervient afin que ses clients détenus bénéficient de « grâces » médicales[1].

Pierre Michel ne connaîtra pas l'issue de cette affaire. Après sa mort, en mai 1983, le juge d'instruction Christian Raysseguier, chargé de faire la lumière sur ces répétitives « évasions sur ordonnance », a bien l'intention d'inculper l'avocat du Milieu : il soupçonne André Fraticelli d'avoir fourni des certificats de complaisance au trafiquant de drogue Robert Kechichian. Lorsqu'il pénètre au palais de justice de Marseille, « Frati » sait qu'il n'y coupera pas. L'interrogatoire commence par les formalités d'usage, prélude à d'âpres discussions sur chaque point du dossier. C'est alors que Fraticelli est saisi d'une envie pressante. Le juge Raysseguier ne peut lui refuser la faveur d'un rapide aller et retour aux toilettes pour se libérer…

1. Voir chapitre précédent.

– Faites, maître. Faites. Mais faites vite.

André Fraticelli remercie, file au fond du couloir, laissant d'autres suspects et leurs conseils avec le juge. Ils n'ont bientôt plus grand-chose à se dire. Un silence gêné s'installe dans le cabinet d'instruction.

« Je voyais tourner les aiguilles de la pendule, témoigne Sophie Bottai, l'avocate d'un des inculpés. Je sentais monter en moi une irrépressible envie de rire, tant je pressentais ce qui allait suivre. »

– Maître Bottai ? Vous devriez aller voir, conseille le juge.

« J'ai poussé la porte des toilettes des hommes, raconte l'avocate. Elles étaient désespérément vides. Il fallait bien se rendre à l'évidence : mon confrère s'était fait la malle. » Le concierge l'avait d'ailleurs vu partir, un bon quart d'heure auparavant… assis à l'arrière d'une moto. Sa cavale restera dans les annales judiciaires.

Installé dans le canapé, André Fraticelli confirme l'anecdote. Et justifie sa « prise de recul », comme on dirait en Corse : « Je savais qu'ils voulaient ma peau à tout prix. J'ai donc décidé de partir. J'avais mon organisation. » Un plan élaboré, mis en place par ses truands de clients. « À mon arrivée au palais, un homme connu de moi m'attendait, un journal sous le bras : c'était le signal convenu. Tout était en place. Ensuite ? J'ai tout simplement descendu les escaliers. Une moto se trouvait en bas. Le pilote m'a conduit dans un grand immeuble disposant de plusieurs entrées. J'ai pris place dans le coffre d'une voiture jusqu'à une villa du boulevard Michelet. »

Et de confirmer la rumeur qui a toujours couru sur son compte : « Oui, j'ai été pris en charge par un réseau du Milieu. J'ai embarqué à bord d'un bateau à la Pointe-Rouge jusqu'en Espagne. Puis je suis parti au Brésil. »

Ce pied de nez à la justice lui vaut une radiation du barreau, dont il se fout comme de sa première robe de plaidoirie. Il sortira de sa tanière le 24 octobre 1983, pour se constituer prisonnier à la gendarmerie de Versailles. Les magistrats franciliens se montreront beaucoup plus compréhensifs que leurs collègues marseillais puisque André Fraticelli sera finalement relaxé en appel.

Nourrit-il des regrets ? L'ancien homme de robe élude à nouveau : « Je ne regarde jamais le passé. Je suis toujours tourné vers l'avenir. » D'ailleurs, s'il devait refaire sa vie, André Fraticelli entreprendrait, dit-il, des études d'archéologie. Il fouillerait sans doute le désert égyptien, lui qui, parfait arabophone, a passé une partie de sa vie au Caire.

Avant que nous ne prenions congé, une question nous brûle les lèvres. A-t-il réellement prononcé cette phrase terrible : « Pour une fois, il n'y a pas eu d'erreur judiciaire », au lendemain de la mort du juge ? Une phrase qui claque comme une quatrième balle dans le corps encore chaud de la victime…

« J'ai dû le dire, admet Fraticelli. J'ai été très loin. J'ai commis une erreur. C'était malvenu, malhabile et inintelligent. Nul ne peut prétendre être sans cesse sublime. »

## Troisième partie

# Victoires et résistances

## – 1 –

# Un laboratoire en or massif
(avril 1976)

Le juge Michel et le commissaire Aimé-Blanc se sont décidément bien trouvés : depuis leur rencontre en 1974, ces deux-là sont devenus complices. Ils affichent la même détermination, la même ambition, et poursuivent un but identique : débusquer les labos qui tournent encore dans la région marseillaise, et peut-être aussi en Corse, malgré la fin annoncée de la French Connection. Tout le laisse à penser : le frémissement des informateurs, la rumeur du Milieu et la came qui circule. Un petit trafic a même été démantelé au mess de l'hôtel de police !

Entre les certitudes et les interpellations, il faut des pistes et, plus encore, des preuves. Alors Lucien Aimé-Blanc demande à l'inspecteur Antoine Barbazza, la mémoire vivante de la brigade des stups, d'exhumer tous les dossiers et toutes les procédures qui dorment dans les armoires. Il lui demande aussi d'examiner les documents amassés par le commissaire Marcel Morin lors de son passage à Marseille[1] et qu'il n'a pas eu le temps d'exploiter.

Les deux policiers passent des heures à brasser des vieux papiers, à trier de vieilles photos. Quand ils trouvent une pépite, ils appellent Pierre Michel. Le magistrat enfourche alors sa moto pour venir examiner autour d'un verre les résultats du tamis. Deux noms sortent du lot : Joseph Poli et Henri Malvezzi. Deux profils comme les apprécie Michel.

Joseph Poli, dit « Jo le Dingue », est considéré comme l'un des piliers de la French Connection. Il faisait partie de l'équipe de Jean-Jé Colonna, soupçonné d'avoir expédié quelques centaines de kilos d'héroïne aux États-Unis entre 1968 et 1972. Lucien Aimé-Blanc avait d'ailleurs réussi à coincer « Jean-Jé », présenté comme le Parrain de la Corse. Mais celui-ci s'était opportunément échappé de l'hôpital central de Marseille, le 25 juillet 1975. Jo Poli, lui, avait disparu dans la nature au moment des interpellations. On l'aurait vu passer du côté de la Corse. Depuis, on le recherche sans grande conviction…

Quant à Henri Malvezzi, la came relève chez lui d'une affaire de famille. Son père, Raphaël, a été arrêté en Allemagne, en 1971, alors qu'il rapportait 75 kilos de morphine base de Turquie. Le fiston, que les fiches décrivent comme l'un des chimistes de l'équipe Colonna, coule des jours tranquilles sur le pont de son yacht (il a la réputation d'être un excellent

1. Voir première partie, chapitre 4.

marin) ou dans sa jolie villa de Bouc-Bel-Air, près de Marseille, puisqu'il sait aussi apprécier les bonheurs terrestres. Son dossier signale seulement une arrestation en 1958, à Nouméa, en Nouvelle-Calédonie, en possession d'un peu d'opium !

– Depuis, des informateurs disent qu'il a repris son activité de chimiste, en Corse ou ici, dans sa propriété, explique Aimé-Blanc, mais nous ne disposons d'aucune preuve.

– Bon, on va commencer par mettre la main sur ce monsieur Poli, ordonne Michel. Après, on s'occupera d'Henri Malvezzi. On ira visiter sa belle maison !

– Pour Jo Poli, ce n'est pas difficile, réplique le commissaire en souriant, cela fait longtemps que la gendarmerie insulaire l'a logé. Ils viennent de me donner son adresse en Corse. Il suffisait de demander…

L'ancien membre supposé de la French Connection exploite en effet un vaste domaine viticole près de Saint-Florent. Il y produit, paraît-il, un excellent vin de pays. Poli est arrêté et amené devant Michel. Il nie farouchement mais peine à justifier ses nombreux placements financiers. Michel doute d'en obtenir davantage. Alors, il se concentre sur sa deuxième « cible » : Henri Malvezzi. L'homme n'a sûrement pas décroché… Le magistrat, qui convoque Aimé-Blanc, en est convaincu.

– Qui n'ose rien n'a rien ! grogne Michel. Tu vas me faire un rapport de synthèse sur le cas Malvezzi. Auméras [le substitut chargé des affaires de drogue au parquet] va me saisir. Et on débarquera chez lui pour trouver le labo.

« Très franchement, s'amuse aujourd'hui Lucien Aimé-Blanc, la procédure ne tenait pas tellement la route. On a ressorti d'anciennes surveillances, vieilles de sept ou huit ans, et rédigé un rapport de synthèse d'une dizaine de pages. Avec un autre juge, cela n'aurait jamais marché. Nous travaillions sur le fil du rasoir. Mais Pierre Michel était très impliqué et, finalement, on a réussi. Mais ça n'était pas gagné d'avance. »

Le 24 avril 1976, le juge et la brigade des stups débarquent dans la villa de Bouc-Bel-Air, entre Marseille et Aix-en-Provence, une vaste construction moderne plantée au milieu d'un demi-hectare de parc. L'endroit a tout du château. Le grand salon est décoré d'une impressionnante collection d'armes anciennes, fusils et pistolets ciselés, visiblement d'une très grande valeur. Les pièces de réception, qui donnent sur un immense jardin, ainsi que les chambres sont bourrées de meubles patinés, de tous les styles et de toutes les époques. Quant aux salles de bains, elles font le bonheur des enquêteurs : les immenses baignoires sont ornées de robinets plaqués or, « du vrai or », confirmera un spécialiste. Même les poignées de porte des toilettes sont dorées et la chasse d'eau, lorsqu'elle est actionnée, entonne le doux chant d'une ritournelle classique.

Le mauvais goût n'étant pas puni par le code pénal, il faut trouver des preuves. Les enquêteurs ont beau tourner et retourner la maison dans tous les sens, aucune trace d'un laboratoire de transformation de drogue. Ils dénichent bien, dans la bibliothèque, un traité technique, le *Livre de pharmacie chimique et de préparation industrielle des médicaments*, qui décrit le mécanisme de transformation de la morphine base en héroïne. Mais la lecture non plus n'est pas interdite par le code pénal. Plus intéressant, ils mettent la main sur des correspondances entre Malvezzi et des commerçants turcs. Des lettres sans doute tapées à la machine par Arlette Vidal, la femme du supposé chimiste. Rien de capital donc. Ils saisissent tout de même des passeports comportant des tampons de passage en Turquie.

À l'extérieur, dans un garage pas plus grand qu'un poulailler, les policiers examinent sous toutes les coutures une sorte de cabine de séchage en bois. Un expert chimiste vient l'examiner à son tour et croit détecter d'infimes traces d'héroïne sur les cordes d'étendage.

« Là encore, poursuit Aimé-Blanc, un autre juge aurait calé, faute d'éléments probants. Pas Michel ! Il demeurait persuadé que le labo était caché quelque part. Il trouvait cette maison trop grande, trop biscornue pour ne pas abriter quelque chose… Alors, sans hésitation, il a envoyé le couple Malvezzi aux Baumettes. »

Les confrontations entre Pierre Michel et le chimiste présumé se passent très mal. Au point que Malvezzi, un jour de grande colère, tente de renverser le bureau sur le juge, avant d'être maîtrisé en force par les gendarmes. Au moment de l'incident, le magistrat le félicitait pour les bonnes relations qu'il entretenait avec les femmes… Celles-ci font preuve d'une incroyable générosité à son égard ! Prenez sa première épouse, Rosette : elle lui a acheté une splendide villa en Corse, route des Sanguinaires, près de la légendaire demeure de Tino Rossi. Sans compter plusieurs studios dans l'île et un appartement à Marseille. Sa deuxième femme, Arlette Vidal, est aussi très bien disposée. Elle a acquis le château de Bouc-Bel-Air. Très cher ! Un vieil ami sans enfant lui a légué son héritage avant de mourir… sans testament, bien sûr, pour éviter les impôts ! Le couple a aussi fondé plusieurs sociétés qui rémunèrent chaque mois les Malvezzi en tant qu'employés… Et ils sont propriétaires d'un bar et d'un appartement dans la station de ski de Pra-Loup, dans les Alpes. De surcroît, le Corse possède un joli bateau, une Range-Rover, une Mercedes dernier modèle, et même quatre BMW ! Les experts garagistes qui les ont examinées ont trouvé à l'intérieur de drôles de caches. « Pour quoi faire ? » demande Michel ingénument : « Pour transporter des armes de collection sans se les faire voler », répond Malvezzi sans sourciller.

Il faut reconnaître que sa collection de carabines attise bien des convoitises. Une nuit, des gendarmes en patrouille aperçoivent de la lumière dans la villa Malvezzi, placée sous scellés depuis l'intervention des stups. Là, ils voient un cambrioleur affairé à fourrer des fusils dans un grand sac. L'homme est interpellé. Vérification faite, il s'agit de l'un des inspecteurs présents à la perquisition, revenu faire ses « courses » en nocturne pour son compte personnel… Peut-être visait-il par la même occasion le coffre-fort scellé dans les soubassements.

Après avoir entendu Henri Malvezzi, le juge accueille son épouse Arlette Vidal. Une belle femme de vingt-huit ans, aux longs cheveux noirs en cascade qui encadrent des yeux bleu profond. Une vraie personnalité aussi, loin de l'image classique des femmes de truands.

À dix-huit ans, elle a quitté une famille honorable pour épouser le neveu d'un gros bonnet de la drogue plongé jusqu'au cou dans le trafic d'héroïne franco-américain. Elle a divorcé très vite pour se marier avec Malvezzi, qui faisait partie de la même bande. Cette femme de tête défend bec et ongles son époux et ne se laisse pas impressionner. Alain Laville, dans son livre sur le juge Michel, rapporte ces propos qu'elle aurait tenus au magistrat : « Ce n'est pas la peine de hurler dans mes oreilles ! Vous êtes misogyne ? Je crierai plus fort que vous… S'il existait un délit d'outrage à inculpé, vous seriez déjà en prison[1] ! »

Au fil des auditions, très nombreuses – elle est propriétaire de presque tous les biens du couple –, une complicité naît cependant entre eux. Arlette Vidal n'est visiblement pas insensible au charisme de Pierre Michel. Le magistrat s'en rend bien compte et en joue pour obtenir des informations. Peut-être est-il également plus ému qu'il ne veut bien l'avouer par cette

1. *Le Juge Michel. Pourquoi est mort celui qui allait révéler les secrets de Marseille*, *op. cit.*, 1982.

jeune femme dont il devine, malgré les apparences, la fragilité.

Mais pour l'instant, l'enquête de Michel n'avance pas. Voilà plus de deux mois que la villa a été perquisitionnée, fouillée de fond en comble, et pas le moindre alambic à l'horizon. Le magistrat fait le point avec Aimé-Blanc : « Il nous faudrait un tuyau, un indic », constate le policier. « J'ai peut-être une piste », lui glisse mystérieusement le juge.

« Quelques jours après, raconte le commissaire, Pierre Michel m'appelle pour m'annoncer que nous allons retourner à la villa. Lorsque nous nous voyons, il me montre un plan griffonné de la maison. "La cache du labo est là", me dit-il en me désignant une sorte d'appentis sous la toiture, marqué d'une croix. J'avoue que je suis resté pétrifié. Je savais qu'il avait son propre réseau d'informateurs à la prison des Baumettes ou qu'il faisait parler les prévenus hors PV, mais, là, il m'a séché ! »

Le 9 juillet 1976, tout le monde retourne donc au « château ». La fouille reprend, en présence bien sûr d'Henri Malvezzi et d'Arlette Vidal. Michel a requis l'architecte qui a construit la maison. À l'endroit indiqué, sous la toiture, l'homme de l'art prend des dimensions, compare avec ses plans. « Là, calcule-t-il, il manque quatre mètres »... Alors, sous le regard sombre de Malvezzi, les policiers abattent une cloison et découvrent un grenier rempli de machines, de fioles, de cornues, de sacs, bref, tout le matériel d'un laboratoire en parfait état de marche. Le rêve des deux hommes ! À peine s'ils n'ont pas envie de danser comme des enfants !

« Cerise sur le gâteau, raconte Aimé-Blanc, les bocaux étaient enveloppés dans des pages du journal *Le Méridional* daté de deux ans auparavant. Or, la prescription en matière de drogue était de trois ans ! Le matériel était si complet qu'on a reconstitué le laboratoire dans les locaux de la brigade des stups pour la formation des jeunes policiers. »

*
**

D'où vient le « tuyau » du juge ? Lucien Aimé-Blanc assure qu'il n'a pas de réponse à cette question brûlante. Le policier a malgré tout sa petite idée… Si l'on suit son raisonnement, seules deux personnes pouvaient l'informer : Arlette Vidal ou Jo Poli. Cette seconde hypothèse n'est pas absurde. Michel aurait pu aller rencontrer l'ancien chimiste dans les geôles, sous le palais de justice, comme il le faisait souvent. Sans la greffière, hors la présence des avocats, loin du regard inquisiteur des gardes, « d'homme à homme », il aurait pu lui proposer un statut favorable : alléger ses conditions de détention, négocier ses aveux. Cette version va faire le tour des bars de Marseille, propagée par Lucien Aimé-Blanc lui-même. « Le soir de la découverte du labo, j'ai laissé filtrer le nom de Jo Poli dans les bars de l'Opéra », reconnaît sans hésitation l'ancien flic. Cette opération d'intoxication visant à faire passer « Jo le Dingue » pour une balance au sein du Milieu aurait pu avoir des conséquences dramatiques. Aux Baumettes, on échappe de peu à une Saint-Barthélemy entre « polistes » et « non-polistes ». D'ailleurs, Michel appelle Aimé-Blanc, furieux de l'initiative de son commissaire. En désignant au jugé Jo Poli, le policier aurait-il visé juste ?

Il existe une autre hypothèse, celle d'une confidence d'Arlette Vidal. Mais dans ce cas, en échange de quoi ? D'une aide pour son mari ? À moins qu'elle n'ait agi par admiration pour Pierre Michel, pour faire plaisir à ce juge qui paraît si bien la comprendre. Elle n'en tirera pas de profit personnel puisqu'elle sera condamnée à quinze ans de prison pour trafic de drogue, confirmés en appel.

La question de l'origine de l'information taraude Aimé-Blanc : « Un jour, j'ai invité Pierre Michel à manger pour en avoir le cœur net. Je lui ai posé franchement la question : Arlette ou Poli ? Poli ou Arlette ? Il ne m'a pas répondu. »

L'histoire d'Arlette Vidal ne s'arrête pas là. Quelques jours après l'assassinat de Pierre Michel, le 26 octobre 1981, cette femme énigmatique écrit une lettre incroyable à trois magistrats et à un commissaire de police. Elle veut « dire [son] indignation devant l'attitude des détenus en général après l'assassinat de Pierre Michel ». « J'ai été vraiment troublée par la mort du juge, poursuit-elle, au point que j'ai eu des troubles de santé dus à une crise nerveuse suivie d'un coma. »

Arlette jure pouvoir faire des révélations sur la mort du juge. Mais, pour des raisons de sécurité, elle ne veut parler qu'à l'extérieur de sa prison. Le courrier aboutit dans les mains d'Étienne Ceccaldi, l'ami de Michel, qui prend l'affaire très au sérieux. Ceccaldi rencontre d'abord Aimé-Blanc, qui juge la lettre crédible. Le magistrat en parle alors directement à Gaston Defferre, tout juste nommé ministre de l'Intérieur. Le maire de Marseille, qu'il connaît bien, lui délivre une lettre l'autorisant à sortir Arlette de prison, le temps d'une discussion informelle. Ensuite Ceccaldi envisage, avec l'aide de la police, d'enregistrer la conversation avec un micro caché.

« Defferre m'avait fait une sorte de lettre de cachet, comme sous l'Ancien Régime, non pour incarcérer quelqu'un mais au contraire pour l'extraire de prison, se souvient Étienne Ceccaldi. L'affaire a capoté car la police en a parlé au procureur de Marseille, qui s'y est totalement opposé. »

Finalement, Arlette Vidal sera entendue plus classiquement en prison par la PJ, le 31 octobre 1981, dix jours après la disparition de Michel. Figée dans une position quasi mystique, elle explique aux enquêteurs : « Je suis prête à redevenir cette couleuvre pour faire cracher son venin aux serpents [...] Je n'oublierai jamais le juge Michel. C'était le meilleur magistrat de France et c'est un grand sacrilège de l'avoir tué. »

Douze jours avant l'assassinat, raconte-t-elle, elle avait profité d'une permission de sortie pour l'appeler. Il s'était montré très prévenant, s'inquiétant de sa santé et de son travail, « très excité, dans un état que je ne lui connaissais pas ». Elle voulait aborder un « sujet plus sensible » : la cavale de celui qu'ils appelaient entre eux « Le Mage ». Ce serait le surnom que Michel avait attribué à Joseph Poli. Après sa condamnation en appel, le truand avait en effet disparu et Michel le recherchait. À part cela, elle ne sait rien de plus sur la mort du juge. En aurait-elle dit plus si elle avait été interrogée autrement ? Étienne Ceccaldi se pose aujourd'hui encore la question.

*
* *

L'affaire de Bouc-Bel-Air connaît une autre suite, plus prosaïque celle-là. Elle permet de reprendre une vieille intuition policière, impossible à établir jusque-là : des laboratoires de transformation d'héroïne ont-ils tourné en Corse, au moins un temps ?

« La morphine base, raconte l'ancien inspecteur des stups Antoine Sciblo, était larguée par un cargo turc, le *Komur*, dans le golfe de Porto Pollo. Les paquets étaient récupérés par des Zodiac et acheminés par des mulets à l'intérieur des terres le long du cours d'eau le Taravo. Lorsque avec l'ingénieur chimiste mademoiselle Quick, qui était la directrice du laboratoire de police scientifique de Marseille, nous avons effectué des prélèvements dans la bergerie où Malvezzi était passé, celle-ci n'a rien détecté – aucune trace d'héroïne, pas de morphine –, mais la bâtisse avait été totalement détruite. Personnellement, après avoir recueilli des "confidences officieuses", j'ai toujours eu l'intime conviction que c'était bien là que "ça tournait". Mais nous n'avons pas pu le démontrer officiellement dans le cadre de l'instruction judiciaire de Pierre Michel. Par contre, les prélèvements effectués dans le Land Rover de Malvezzi ont été positifs et les cornières du véhicule qui était utilisé presque exclusivement en Corse contenaient bien des traces d'héroïne. »

Selon les policiers, le chimiste a pris peur et a préféré tout ramener chez lui, sur le continent. Dans son esprit, ça pouvait toujours servir…

*
* *

Bouc-Bel-Air marque la première belle victoire de Pierre Michel. En 1976, il apporte la preuve qu'il existe des grands trafiquants à Marseille, prêts à agir. Maintenant, il faut passer au stade supérieur, trouver ceux qui sont toujours en activité. Découvrir les labos qui tournent et provoquent la mort de centaines de toxicomanes, avec des ramifications à l'étranger. Ceux-là existent, Pierre Michel ne va pas tarder à le prouver. Ce qu'il va découvrir va le conduire plus loin qu'il ne l'imaginait lui-même : en Sicile, au cœur de Cosa Nostra.

## – 2 –

# Été 1980 : voir Palerme et mourir

Le soleil est encore haut dans le ciel quand, après un virage réglementaire impeccablement négocié au-dessus de la Méditerranée, le pilote du vol Alitalia en provenance de Rome Fiumicino place le Boeing dans l'axe de la piste. L'espace d'une seconde, l'avion semble décrocher, puis, dans un hurlement de réacteurs, il se cabre et pose les roues sur le tarmac brûlant de l'aéroport de Palerme, à l'aplomb du promontoire volcanique de Punta Raisi. Au sol, la chaleur écrase tout, sans distinction : les ombres, les odeurs, les arbres et les hommes. Les enquêteurs de la PJ et de la Garde des finances et les carabiniers, qui patientent depuis des heures dans des voitures banalisées, s'épongent le front, Beretta 9 mm au creux des reins et téléobjectif 400 mm à doubleur de focale sur les genoux. D'autres, mieux lotis, font mine de lire le journal parmi les voyageurs, au milieu du grand hall climatisé. Les policiers Contrada, Vasquez ou encore D'Antone ont tous le même réflexe : regarder leur montre. Il est 17 h 45. Le vol Rome-Palerme est à l'heure, ce

30 juillet 1980. La chasse peut enfin commencer. Ils doivent prendre en filature trois suspects signalés. Ils ne savent pas encore que cette grande traque, initiée il y a près de deux ans à Marseille, va consacrer l'une des plus formidables opérations judiciaires jamais réalisées en Sicile.

À trente kilomètres de là, dans le centre-ville de Palerme, l'ambiance est électrique au palais de justice. Depuis le milieu des années 1970, le bâtiment de la piazza Vittorio Emanuele Orlando s'est transformé en bunker, d'où s'échappent à intervalles réguliers les escortes des magistrats et des témoins, toutes sirènes hurlantes, sous le regard constant des caméras de surveillance. La justice vit assiégée depuis que des juges d'instruction, comme Giovanni Falcone, ont décidé d'attaquer la Mafia de front, avec l'ambition de couper ses tentacules qui asphyxient la vie économique et politique. Au parquet, les procureurs sont eux aussi passés à l'offensive. Mais Cosa Nostra rend coup pour coup. Elle tue ces fouineurs de magistrats ou de flics, ces empêcheurs de racketter en rond et de négocier l'héroïne. Pas un service de l'administration qui n'ait été touché : carabiniers, policiers, procureurs...

Le matin même, ce 30 juillet, les policiers marseillais ont annoncé à la direction centrale de la police criminelle italienne l'arrivée de trois Français connus pour leur implication dans le trafic d'héroïne. Les temps de la French Connection semblent anciens mais, dans le sud de la France, un certain juge « Pierre Michele », selon le rapport des Italiens, a tiré le fil de nouvelles enquêtes, débusquant des labos jusque dans la campagne marseillaise. Ses investigations ont prouvé que les chimistes provençaux n'ont pas perdu la main, proposant leur savoir-faire dans le monde entier.

Viendraient-ils tourner la drogue ici ? La venimeuse Cosa Nostra, d'habitude si méfiante envers les étrangers, ferait-elle appel à leurs services en mettant à leur disposition le matériel nécessaire sur ces terres arides de la Sicile, avec ses quatre millions d'âmes ?

Les trois Français, Daniel Bozzi, Dominique Quilichini et Jean-Claude Ranem, semblent sûrs d'eux : seul Bozzi a pris la précaution de voyager sous une fausse identité. De Marseille à Palerme, les téléscripteurs ont crépité et dessiné, ligne par ligne, le visage en noir et blanc des trois suspects : les enquêteurs italiens les reconnaissent facilement parmi la cohorte de passagers débarqués de Rome.

Ils n'ont pas à les filer très loin. Le trio prend l'autoroute en direction de Palerme mais se fait déposer, en bord de mer, à quelques kilomètres de là, dans la ville voisine de Carini. Ils descendent au Riva Smeralda, une honorable pension gérée par une famille sicilienne : les Ianni. L'année passée, les propriétaires, Carmelo et Giovanna, tous deux la quarantaine, ont refait le premier étage grâce à un emprunt bancaire. Ils attendent d'avoir mis un peu d'argent de côté pour réhabiliter le second niveau. Petit à petit, les Ianni ont transformé cet endroit sans prétention en un hôtel à l'atmosphère chaleureuse : proche de l'aéroport, la pension donne directement sur une mer bleu lagon. Les habitants du coin ont pris l'habitude de venir se baigner sur la plage voisine, remisant leurs affaires de ville dans les petites cabines mises à disposition par l'hôtel, à droite du bâtiment principal.

Immédiatement, le parquet de Palerme ordonne le placement sur écoute de l'établissement. Et va de surprise en surprise. Le trio demande à parler au locataire de la chambre numéro 103, louée pour un mois à l'hôtel Holiday Inn, un trois étoiles de Taormina, 11 000 habitants, sur la côte est de l'île. Ils ne prononcent jamais le patronyme de leur correspondant, l'appelant « Goldorak », du nom du héros d'un dessin animé très en vogue à l'époque.

« Goldorak » n'a pourtant rien d'un personnage de fiction mais, comme le robot japonais, il est capable de se transfigurer. Il est médecin, pédiatre plus précisément et, lui aussi, marseillais. Au fil des années, le docteur André Bousquet est devenu une cible prioritaire pour le juge Pierre Michel et la brigade des stups qui cherchent à le faire tomber. Le magistrat connaît sa vie sur le bout des doigts. À tel point qu'il peut dérouler de mémoire son curriculum vitae sans même avoir à se replonger dans le dossier. Bousquet, André. Né le 18 février 1946 à Decazeville, dans l'Aveyron. Fac de médecine à Marseille. Pédiatre dans la Drôme, puis médecin de famille dans le quartier d'Endoume.

Son CV n'est en réalité pas si lisse. Son amour du jeu lui a donné un insatiable besoin d'argent. Après cinq ans d'exercice, le pédiatre a préféré rompre le serment d'Hippocrate et mettre ses compétences au service de la « mort blanche », devenant l'un des quelques chimistes qui comptent sur la place de Marseille en matière d'héroïne. À l'automne 1979, Bousquet est parti s'installer à Saint-Ouen, dans le nord de Paris, où son frère exerce comme gardien de la paix à la préfecture de police.

Mais il continue de fréquenter la Côte d'Azur. Les policiers des stups de Marseille ont plus d'une fois tenté de suivre sa Porsche jusqu'en Italie, mais ils ont chaque fois dû rebrousser chemin arrivés à Menton : ils ne pouvaient aller plus loin sans autorisation préalable des autorités transalpines. Insaisissable docteur Bousquet…

Pour l'heure, le juge Pierre Michel est immédiatement avisé : son « client » prend du bon temps en Sicile, profitant du panorama de Taormina et de son théâtre antique. Le « docteur la mort » n'est pas seul. Il est venu en famille, avec femme et enfants. Ensemble, ils ont séjourné au Riva Smeralda du 21 au 23 juillet, loué une petite Fiat 127 et, comme n'importe quels touristes séduits par la beauté sauvage du pays, entrepris un tour de la Sicile.

Le 31 juillet, au lendemain de l'arrivée du trio de Marseillais, les enquêteurs italiens ont confirmation de leurs pressentiments : les représentants du Milieu français ne sont pas seulement venus parfaire leur bronzage. Ils ont rendez-vous avec Cosa Nostra. Et au plus haut niveau. Ce jour-là, dans la cour du Riva Smeralda se range une Renault 5 Alpine, un bolide reconnaissable de loin avec son large *spoiler* avant, capable d'atteindre les 175 kilomètres heure. Les policiers connaissent cette immatriculation : PA 572187. Et surtout la silhouette puissante qui se déplie hors de l'habitacle : Matteo Buccola. Buccola, le bras droit du Parrain Gerlando Alberti, dit « *U Paccarè* », « le rusé » en argot sicilien. Les Marseillais traitent avec la crème de la crème.

Alberti est né dans une modeste famille palermitaine mais a gravi les échelons, masqué derrière ses activités officielles de vente de textile. Celles-ci abritent en réalité un trafic d'héroïne avec les États-Unis. À cinquante-deux ans, le Parrain aux yeux fiévreux a la réputation de ne reculer devant aucune violence : il est soupçonné d'être impliqué dans un nombre incalculable de règlements de comptes.

Soudain, au détour d'une écoute téléphonique, les enquêteurs entendent Matteo Buccola annoncer à André Bousquet : « L'échantillon est là. » Dès lors, les équipes de policiers se relaient nuit et jour pour assurer les filatures. Mais ils peinent à interpréter les déplacements de leurs suspects, tant ceux-ci paraissent illogiques. Au terme de presque un mois de surveillance, les enquêteurs finissent par isoler deux zones intéressantes. La première est située à l'ouest de Palerme, du côté de l'aéroport : elle comprend l'hôtel Riva Smeralda et la villa de Matteo Buccola. Le second secteur s'étend, à l'opposé, dans les environs de Trabia, à l'est. Mais les filatures se révèlent particulièrement difficiles. L'une d'elles se termine dans les étals du marché aux légumes de Bagheria, près de Trabia, au milieu des oranges et des câpres. Toujours pas de labo en vue.

La traque se poursuit, plus fébrile que jamais. Cosa Nostra continue en effet à assassiner. Et cette fois, l'organisation réussit à toucher la justice à sa tête. Le 6 août, Gaetano Costa, le procureur de la République de Palerme, est abattu alors qu'il sort son chien au pied de son immeuble, Via Cavour, en plein cœur de la ville. Raison de plus pour ne pas lâcher prise et trouver ce laboratoire d'héroïne.

Au début du mois d'août, la Fiat de Bousquet pousse au-delà de Palerme, jusqu'à l'échangeur de Villabate, et s'engage vers le centre-ville. Les surveillances ont-elles attiré son attention ? L'effervescence qui suit la mort de Gaetano Costa a-t-elle modifié ses plans initiaux ? Le 8 août, Bousquet file à l'aéroport et réserve quatre places sur le vol pour Rome de 14 h 25. La famille Bousquet quitte la Sicile, pour s'offrir… une semaine à l'hôtel Hilton de Rome.

Les enquêteurs sont déboussolés. Mais le lundi 18, Bousquet revient en Sicile, clandestinement cette fois. Il a réservé un billet d'avion au nom de « Guérin ». Il s'installe à la pension Riva Smeralda de Carini et se fait déposer en taxi, en fin d'après-midi, dans la villa de Matteo Buccola, située à quelques kilomètres.

Ce même 18 août, Buccola a rejoint Marseille, via Milan. Le soir, il dîne avec quatre contacts français sur le Vieux-Port. Les téléobjectifs des stups ne perdent pas une miette du repas. Simple parenthèse : comme Bousquet, Buccola revient clandestinement en Sicile quelques jours plus tard.

À la fin du mois, la Fiat de Bousquet, immatriculée à Palerme 570999, est repérée près de Trabia, dans la zone est des recherches. La voiture quitte la route côtière, la Strada Statale 113, et stoppe devant un bar de San Nicola l'Arena. La petite voiture emprunte maintenant un chemin cabossé, en direction du quartier baptisé Sant'Onofrio di Trabia. Une sorte de no man's land où poussent quelques constructions anarchiques parmi des vergers impeccablement entretenus. Dans une cour envahie de hautes herbes, un policier aperçoit la Fiat de Bousquet, clé sur le contact, moteur encore chaud, et une BMW 520, stationnée devant un bâtiment.

Les enquêteurs ont le réflexe de vérifier la consommation d'eau et d'électricité de la bâtisse. La transformation de la morphine base en héroïne pure nécessite en effet une grande quantité d'eau et d'électricité, générant du coup des factures exorbitantes. Ici rien d'anormal. Sinon que les policiers repèrent un branchement sauvage sur le réseau local d'électricité. Quant à l'eau, inutile de passer par le réseau urbain : une pompe alimente la maison depuis un puits creusé dans la propriété…

Le jeu du chat et de la souris n'a que trop duré. Cette fois, il faut tenter sa chance. L'ordre d'interpellation tombe le 25 août, à 19 heures. Au même moment, à Trabia, à l'est, et à Carini, à l'ouest, les portes sautent et les menottes claquent.

À Sant'Onofrio di Trabia, les policiers n'en croient pas leurs yeux. En plus des trois Français, ils viennent de mettre la main sur le Parrain Gerlando Alberti, en bras de chemise. D'habitude si apprêté, il ressemble à un vieux paysan hâlé, à la calvitie naissante et aux explications empruntées : « Ce matin, j'allais voir mes vieux parents. Pendant le trajet nous nous sommes arrêtés pour aider ces pauvres touristes égarés. Nous avions à peine commencé à discuter que vous êtes arrivés. » Le Parrain feint de découvrir que l'endroit où il s'est arrêté par hasard, au milieu de la campagne, appartient en fait… à sa belle-sœur.

À Carini, la police a investi la villa de Matteo Buccola et arrêté son propriétaire. Celui-ci prend le temps de dévisager longuement les policiers qui viennent l'arrêter, avec le désagréable sentiment d'avoir déjà vu ces têtes-là. Mais où ?

Ce que les enquêteurs siciliens saisissent à l'intérieur des deux maisons, les 25 et 26 août, dépasse toutes leurs espérances. Voilà donc à quoi ressemble le labo mythique qu'ils pistaient depuis tant d'années ! Réactifs chimiques, alambics, fourneaux, casseroles, éprouvettes, cylindres à pression, baromètres… Rien ne manque sinon l'héroïne, dont il ne subsiste qu'une quinzaine de grammes et le reliquat d'une substance beige clair. La police technique et scientifique estime que les deux planques étaient capables de traiter « 50 kilos de morphine base en dix jours ».

L'un des hommes arrêtés confirmera au cours de l'instruction le rôle central joué par André Bousquet. Depuis un mois, il vivait sous la surveillance constante de Cosa Nostra. Avec son masque, qu'il ne quittait jamais pour se protéger des irritations, Bousquet « me donnait impression d'être un plongeur sous-marin », raconte le témoin. Le « docteur » s'activait, sans arrêt, au-dessus de bassines d'eau d'où s'échappait une odeur pestilentielle et irritante. Lorsqu'il en avait terminé, le reste de l'équipe sortait des sacs de poudre grise, blanche ou marron clair. Quant à Matteo Buccola, il était chargé du ravitaillement. L'approvisionnement se faisait dans un hangar attenant, suffisamment vaste pour accueillir les camions internationaux tout juste débarqués du grand port de Palerme avec leur cargaison de morphine base libanaise, turque ou afghane, indispensable pour la transformation de l'héroïne.

Au même moment, à Marseille, le juge Pierre Michel lance l'autre volet de l'opération contre les complices de Buccola, ceux qui avaient partagé son dîner du 18 août sur le Vieux-Port. Ils sont soupçonnés d'avoir servi d'intermédiaires avec les grossistes turcs. Un succès franco-italien sur toute la ligne.

Pour la première fois, écrit le procureur Giusto Sciacchitano dans son réquisitoire, est démontrée « la réelle participation de la Mafia à ce trafic » d'héroïne. « Nous avons le sentiment d'avoir assené un gros coup à l'organisation criminelle. Pour la première fois, on peut démontrer dans les faits un lien entre la Mafia sicilienne et les trafiquants marseillais qui, auparavant, dominaient le secteur et qui avaient permis à leurs plus grands chimistes de venir travailler pour le compte de l'organisation à Palerme[1]. » Le 25 août 1980 marque un tournant dans la guerre contre Cosa Nostra.

*
**

À l'hôtel Riva Smeralda, la vie n'a pourtant pas dévié de son cours estival. Les trois filles de la famille Ianni, propriétaire de l'hôtel, passent comme d'habitude leur été loin de l'atmosphère polluée de Palerme. Roberta, seize ans, qui a échoué aux examens de fin d'année, se réjouit de la bonhomie de son paternel. Carmelo l'a d'abord menacée de la priver de vacances avant

1. Rapport du parquet de Palerme sur l'affaire daté du 24 mai 1982.

de renoncer devant la déception de la lycéenne. Les filles sont donc parties pour Brescia en juillet chez des cousins, promettant de bûcher doublement le mois suivant, une fois de retour en Sicile. Carmelo, bonne pâte, n'a jamais été capable de sévir.

Le 26 août, aux informations télévisées, Roberta a un choc en reconnaissant les clients français qui ont séjourné chez son père au début du mois. Ils viennent d'être arrêtés dans l'une des plus importantes opérations antidrogue jamais menées en Sicile, se félicite le commentateur. L'adolescente n'y prête pas plus attention que ça. Elle se souvient seulement de l'enfant qui accompagnait celui que la presse désigne comme le « docteur Bousquette ».

Le 28 août 1980, la plus jeune des sœurs Ianni, Monica, onze ans, joue dans le jardin du Riva Smeralda. Les rares clients présents au bar de l'établissement lisent dans les journaux le récit de cette affaire hors du commun, dont l'épilogue vient de se clore à deux pas, à la villa Buccola.

Qui peut se douter que le patron de l'hôtel, Carmelo Ianni, a joué un rôle capital dans le succès policier ? Lorsque les Français sont descendus dans son établissement, la police de Palerme est venue le trouver, en sollicitant son aide. Un simple service : accepter que deux policiers soient intégrés au personnel, l'un comme portier, l'autre comme serveur. Carmelo n'est pas un héros mais il ne se sent pas l'âme d'un lâche. Il accepte l'opération d'infiltration qui permet aux policiers italiens d'assister en direct aux conversations des Français avec leur contact sicilien Buccola. Carmelo ne veut pas impliquer sa famille. L'hôtelier n'en a donc rien dit. Pas même à sa femme Giovanna.

Ce même 28 août, deux jeunes hommes aux visages de dogues commandent un café et s'installent en terrasse, les jambes allongées comme s'ils étaient chez eux. Carmelo, lui, est occupé au téléphone à l'intérieur, sa femme à son côté. Quelques minutes plus tard, les deux consommateurs se lèvent, entrent comme pour payer leurs cafés. Carmelo relève la tête. L'un d'eux sort alors un revolver et tire. Le patron s'écroule sans un mot, sous les yeux de son épouse. Quant aux assassins, qui n'ont pas la moitié de l'âge de leur victime, ils repartent tranquillement, à visage découvert. La peur qu'ils inspirent leur confère une impunité quasi divine.

La police retrouvera leur voiture brûlée un peu plus loin. Eux ne seront jamais identifiés. Depuis, la famille Ianni pense avoir compris. Les deux policiers infiltrés dans l'hôtel ont pris part, avec leurs collègues, à l'opération d'interpellation. Et, à l'époque, ces interventions se déroulaient encore à visage découvert. Quelqu'un les a reconnus et a fait le lien avec le Riva Smeralda, signant l'arrêt de mort du patron… Le Parrain Gerlando Alberti a, depuis, été condamné pour avoir commandité l'assassinat. Atteint d'un cancer, il s'est éteint, à quatre-vingt-quatre ans, dans sa maison, en résidence surveillée, le 1er février 2012.

Les trois filles Ianni ont mis des années avant d'évoquer le drame entre elles. Il a fallu pour cela attendre près de trente ans et une émission de télévision consacrée à ces héros ordinaires de la lutte antimafia. « À l'époque, personne, au sein de la police, n'a daigné se déplacer, témoigne Roberta. Notre seul revenu était l'hôtel. Maman s'est reconvertie en tant que tailleur de vêtements. Jamais elle n'a refait sa vie. Elle s'est emmurée vivante. »

*
**

Pierre Michel, quand il apprend la découverte des laboratoires, se réjouit certes de ce succès mais, d'expérience, il sait la fragilité des situations. La phase d'interpellation n'est pas l'aboutissement d'un dossier, tout juste son commencement. Il reste encore des centaines de feuillets d'auditions, d'expertises et de confrontations avant de pouvoir renvoyer l'affaire devant une cour d'assises. À l'automne 1980, le magistrat se remet à ses écritures. Le 6 novembre, il rédige une première commission rogatoire internationale à destination des autorités italiennes. Il demande à entendre, par lui-même, les Français. Il se montre plutôt confiant.

En décembre, Pierre Michel se rend à Palerme, avec le patron des stups marseillais, Alain-Pierre Boidé. La *procura* (le parquet) a mis les petits plats dans les grands : une voiture blindée, une escorte, une interprète. La presse ne s'y est pas trompée, qui relate ce déplacement inédit. Le parfum fruité de l'été est oublié. Palerme essuie ses pluies d'hiver, recouvrant la ville d'un gris béton.

Les inculpés français n'ont pas dit grand-chose devant les Italiens. Ils en sont restés, peu ou prou, à cette fable livrée aux premières heures des investigations : ils se sont arrêtés devant une maison pour demander leur chemin…

Ce que Michel et Boidé découvrent en entrant dans l'immense prison de l'Ucciardone dépasse l'imagination. Même les Baumettes, avec leurs rats et leurs cafards, sont plus accueillantes. Le fortin vit replié sur lui-même. C'est une réplique du monde mafieux du dehors, où les matons sont en liberté surveillée. Un monde codifié, ritualisé, où l'on baisse la tête quand un boss traverse le réfectoire. D'ici partent les ordres d'exécution, aussi simplement qu'au-dehors les mandats postaux. Et encore y a-t-il moins de formalités à effectuer. Le malheureux Ianni en a fait les frais.

Les trafiquants français sont appelés au parloir. Michel pense avoir un atout majeur dans sa manche : leur proposer une extradition vers la France, ce qui leur permettrait de purger leur détention provisoire à Marseille, auprès de leurs familles. Le magistrat déchante vite : les Français n'ont aucune envie d'accepter ce deal. Bousquet, lui, reste mâchoire serrée.

Au moment de reprendre l'avion, Pierre Michel ne décolère pas. Sa première mission en Sicile se révèle plutôt décevante. Le juge n'en a eu qu'un aperçu mais il restera marqué par le jusqu'au-boutisme de l'organisation mafieuse, sa haine des magistrats et des policiers, la guerre déclarée à l'État italien. Au retour, attablé à leur habituel petit restaurant du cours Julien, le juge confie à son ami journaliste Alex Panzani : « Là-bas, c'est une autre dimension. Ici, en comparaison, ce sont des pieds nickelés. »

Mais il ne relâche pas la pression contre ces « charlots » marseillais. Bien au contraire, il choisit d'élargir les poursuites, au grand dam des avocats de la défense. Selon une technique qu'il affectionne, le juge établit des liens entre les dossiers qu'il instruit. Fort de son expérience et de sa connaissance du milieu local, il tente de dresser un tableau d'ensemble, le plus complet possible, de la criminalité marseillaise. Il relie les groupes, les bandes, les individus entre eux. Il établit une hiérarchie dans la pègre, dressant la pyramide des responsabilités, avec la volonté de remonter le plus haut possible…

Cette stratégie met hors d'eux les avocats de la défense car ils découvrent des pièces que le magistrat leur avait soigneusement cachées : écoutes téléphoniques ou comptes rendus de filatures, par exemple. Ils hurlent au « délit de carnet d'adresses » ! Les trafiquants, eux aussi, supportent très mal cette pratique. Ils la considèrent comme « déloyale », y voient une astuce pour les enfoncer davantage.

Dans l'affaire de laboratoire de Palerme, le juge applique cette technique à un proche du docteur Bousquet, François Girard, dit « Francis le Blond ». Une pointure du Milieu, déjà poursuivie pour sa participation à un trafic de drogue en 1978. Le magistrat estime posséder les éléments suffisants pour l'inculper à nouveau, le 29 juin 1981, dans l'affaire italienne. Et Pierre Michel ne perd pas de temps. Moins de deux mois plus tard, le 17 août, il rédige une seconde commission rogatoire internationale à destination des autorités italiennes. Il y résume les charges pesant, selon lui, contre le duo Bousquet-Girard.

Le juge, en effet, ne lâche pas ses proies italiennes. Du 29 septembre au 2 octobre 1981, il rencontre dans son bureau deux magistrats venus de Palerme, le juge d'instruction Giovanni Barrile et le procureur

Giusto Sciacchitano. Lui-même a prévu de se rendre en Sicile à la fin de l'année 1981, pour inculper André Bousquet, Daniel Bozzi et Jean-Claude Ranem. Trois semaines plus tard, le 21 octobre, Pierre Michel est abattu boulevard Michelet.

Le 2 juillet 1982, le tribunal correctionnel de Marseille suivra la logique d'enquête initiée par le magistrat décédé : il condamnera une vingtaine de personnes – dont François Girard – à douze années d'incarcération dans le volet français des « labos de Palerme ». Au total, les juges délivreront 225 années de prison !

André Bousquet a, lui, choisi d'être jugé en Italie. En 1984, il est condamné à seize ans de réclusion criminelle par la cour d'appel de Palerme. Après sa libération, le « docteur la mort », décidément incorrigible, retombera dans un autre trafic de drogue à Marseille.

# – 3 –

## *Entretien avec Giusto Sciacchitano Procureur adjoint de la Direction nationale antimafia italienne*

*Rome, 10 mars 2014*

La quiétude d'une place romaine, un jour de semaine. À deux pas du Tibre et du Campo dè Fiori, le kiosquier pointe le nez derrière son mur de journaux et salue les habitués d'un « *Ciao, come sta ?* ». Dans les trattorias du coin, les patrons n'ont pas encore sorti les terrasses mais laissent la porte de leur établissement grande ouverte, histoire d'encourager un printemps encore timide. De rares touristes, après avoir fait une pause dans l'une des meilleures pâtisseries de la ville, viennent se perdre dans ce labyrinthe Renaissance, où fleurissent les boutiques de mode branchées.

Dans l'étroite et cabossée Via Giulia, des voitures, gyrophares sur le toit, sont stationnées en quinconce, servant d'appui aux policiers appliqués à tirer sur leur cigarette. Le bâtiment de brique rouge est là, au numéro 52, immense, imposant. Six grilles puissantes, chacune aussi épaisse que les biceps de Charlton Heston dans *Ben-Hur*, rappellent que l'endroit fut longtemps le siège de la justice pontificale, à la fois tribunal et prison. Ici bat le pouls de la lutte antimafia en Italie.

Giusto Sciacchitano, procureur adjoint de la direction nationale antimafia, nous reçoit dans son vaste bureau. Il garde un souvenir précis des jours de braise de l'été 1980. L'été qui, pour la Sicile, marqua un tournant dans la guerre contre le trafic de drogue et Cosa Nostra et, pour lui, initia la rencontre avec le juge Pierre Michel.

« Trois signaux se sont allumés presque au même moment, à partir du mois de juin cette année-là, raconte le magistrat. L'arrestation à Rome d'un Belge arrivant des États-Unis avec 8 kilos d'héroïne. L'interpellation de nombreux mafieux proches du Parrain Rosario Spatola. Et l'arrivée prévue à Palerme de trois Français, connus pour trafic de stupéfiants. L'annonce nous a semblé tout de suite très importante. Mais nous avions du mal à interpréter la raison de leur présence ici. Que venaient-ils chercher ? Qui venaient-ils rencontrer ? Nous savions bien sûr que la Mafia sicilienne était impliquée dans le trafic de drogue à destination des États-Unis, mais nous ignorions qu'elle était intéressée par la transformation de la morphine base. Il fallait des connaissances techniques inconnues des mafieux. Nous nous sommes rendu compte que les Français, et notamment le docteur Bousquet, venaient les leur enseigner. Jamais un seul laboratoire n'avait été découvert sur le sol sicilien. En réalisant les perquisitions, nous avons pu voir ce qu'était réellement un "labo". Finalement, il était composé d'éléments assez simples à trouver. Cela n'avait rien d'une usine high-tech. Quelques alambics et quelques acides suffisaient, en plus de la matière première : la morphine base importée du Liban ou de Turquie. »

Après les interpellations du mois d'août 1980 et la chute du Parrain Gerlando Alberti, les relations entre Pierre Michel – premier juge d'instruction à Marseille – et le parquet de Palerme se renforcent. Il faut alors faire avancer de concert cette enquête à deux pans : italien d'un côté, français de l'autre, alors que la coopération internationale en est encore à ses balbutiements.

« La Mafia était internationale. La lutte antimafia devait l'être aussi, rappelle Sciacchitano. À l'automne, Michel est venu à Palerme entendre les trois Français arrêtés. En les interrogeant lui-même, dans leur langue maternelle, il pensait qu'ils parleraient davantage. Qu'il pourrait obtenir leur extradition. Mais c'est le contraire qui s'est produit : ils se sont refermés. À l'époque, en prison à Palerme, ces détenus pouvaient prétendre à une véritable protection de la part de la Mafia et bénéficier d'un traitement de faveur de la part des gardiens. C'est d'ailleurs sur la question pénitentiaire que la lutte antimafia a le plus progressé, avec de nouvelles lois ou la mise en place de prisons de haute sécurité.

« Michel abordait les choses de manière plus formelle que nous ne le faisions, poursuit le procureur italien. Il était très clinique dans la gestion du dossier, très attentif aux détails. Ce n'était pas le genre de personne à vous prendre le bras dès la première rencontre. En fait, je crois qu'il était, comment dire... très français. »

Nous lui demandons si, à son avis, ce magistrat-là était en « croisade », comme on l'a dit après sa mort.

« Je ne parlerais pas de croisade mais de passion, rectifie Giusto Sciacchitano. Je crois que c'était sa nature. Quoi qu'il fît, il le faisait avec beaucoup de passion. »

Lorsque Pierre Michel est assassiné, le 21 octobre 1981, l'affaire des laboratoires de Palerme est en pleine instruction et deux commissions rogatoires françaises sont en cours de traitement à Palerme.

« Sa mort nous a beaucoup affectés. L'affaire de Palerme ne peut pas être la seule raison de son assassinat. En général, ces meurtres ont plusieurs causes. Lorsqu'une série de signaux est interprétée comme un danger pour la Mafia, elle tue. Pas avant. »

Pour autant, les liens entre Cosa Nostra et la cité phocéenne existent. « Pour ma part, j'ai dû aller une dizaine de fois à Marseille car bon nombre d'affaires nous ont ramenés là-bas, notamment après l'arrestation de Bernardo Provenzano en avril 2006, près de Corleone, en Sicile : il avait subi une intervention dans une clinique de la région marseillaise. »

Au cours de la conversation, Giusto Sciacchitano nous demande la permission de convier son assistante à la discussion pour lui faire partager cette expérience et revisiter un versant entier de l'histoire criminelle italienne aujourd'hui révolu. « Nous avons fait beaucoup dans la lutte contre la Mafia en Sicile. Nous avons ainsi interrompu le trafic d'héroïne, en brisant les liens qu'elle entretenait aux États-Unis et en Amérique du Sud. Sur l'île, le trafic international de drogue a disparu, repris en partie par la 'Ndrangheta, l'organisation mafieuse calabraise. Mais Palerme a connu dans ces années-là ce qu'aucune ville au monde n'a connu : tous les représentants d'administrations d'État ont été touchés. Magistrats, policiers, présidents de région… Une conscience civile s'est développée, qui n'existe sans doute pas dans d'autres villes. Cosa Nostra n'est pas totalement vaincue bien sûr. Elle est présente dans le business, dans le "*pizzo*" – le racket des commerçants –, mais son aile armée a été démantelée. Notre plus grande victoire a été de ne pas céder devant les assassinats. »

Parmi les neuf photos accrochées au mur, l'une, par l'intensité qui s'en dégage, attire l'œil. On y voit Sciacchitano en compagnie d'une bonne dizaine de confrères, dont Giovanni Falcone et Paolo Borsellino, tous deux rattrapés en 1992 par la vengeance de Cosa Nostra. Pantalon pattes d'éléphant, veste ouverte, ils posent dans la cour d'un bâtiment sicilien sous les palmiers, comme le font les coéquipiers d'une équipe de foot un jour de victoire. À l'extrême gauche du groupe, Falcone, d'habitude si réservé, semble partir d'un grand rire, fracassant et jubilatoire. Ce jour-là, les magistrats de Palerme viennent de boucler leur réquisitoire dans l'affaire du maxi-procès de la Mafia.

Mais derrière les sourires de façade, le poison des tensions et des jalousies se distille déjà. Quelques années plus tard, un « corbeau », tapi au sein du palais de justice, enverra anonymement des lettres destinées à déstabiliser Falcone. À Palerme comme à Marseille, les tensions internes à la magistrature, en les isolant, fragilisent l'action des juges.

– Comment faire ce métier lorsqu'on est soi-même sicilien ? demandons-nous à Giusto Sciacchitano.

Sans doute lui a-t-on souvent posé la question. Sans doute a-t-il souvent songé à la réponse. Elle vient après un silence, franche et directe : « La peur fait partie de la vie. Mais on se doit d'être là, comme celui qui était dans sa tranchée pendant la Première Guerre mondiale. On se doit d'être là. C'est aussi simple que cela : *Si fa*… On fait ! »

Giusto Sciacchitano décline, en s'excusant, notre invitation à déjeuner : il préfère poursuivre la conversation dans son bureau, discrètement. Au-dehors, les murs ont des oreilles. La guerre contre la Mafia n'est pas encore gagnée.

# – 4 –

# Saint-Maximin : « Le Grand » refait parler de lui (juillet 1981)

« Et ne sois pas en retard ! » En refermant sa sacoche, avant de jeter sa parka sur ses épaules, le juge Michel ne peut masquer une certaine excitation. Il convie son jeune stagiaire, Michel Debacq, aux interpellations à venir.

Avec l'appui de la police judiciaire, le magistrat cherche depuis plusieurs mois à dénicher un laboratoire quelque part à l'est de Marseille. En ce début de mois de juillet 1981, un an après l'aventure sicilienne, les hommes des stups, les chiens de chasse du magistrat, ciblent enfin un pavillon qui pourrait bien correspondre à celui qu'ils recherchent. Une bâtisse de plain-pied plantée en pleine cambrousse, au milieu des vignes, du côté de Saint-Maximin, dans le Var. Mais rien ne dit que ce labo de campagne est en train de « tourner ».

Depuis le printemps, la confiance s'installant, Pierre Michel a autorisé son stagiaire à lire ses notes. Non l'empilement des procès-verbaux de surveillance, d'auditions de témoins, classées par cotes, mais les annotations faites par le magistrat pour lui-même, avec son stylo plume fétiche. Cette écriture en pattes de mouche, pleine d'abrégés et de flèches allant d'une ligne à l'autre, sautant d'une idée à la suivante, matérialise un raisonnement. C'est l'essence même d'un dossier.

Michel Debacq comprend alors que tout est parti d'une information rapportée par les pisteurs des stups plus de deux ans auparavant. Il y est question d'un certain « Georges », qui chercherait à raffiner de l'héroïne. Les flics pensent l'avoir identifié en la personne d'un de leurs vieux clients, d'origine arménienne, Mitzigar Nazarian, propriétaire du bar Le Comptoir du musée. Ils en font le point central du dossier, cherchant à identifier ses relations, à définir son environnement, à connaître ses moindres habitudes et déplacements. Et lorsqu'ils apprennent que Nazarian a contacté André Malventi, un vieux chimiste réputé sur la place de Marseille, les policiers se disent qu'ils brûlent. À partir du 5 juillet, ils voient d'ailleurs Malventi et ses « aides » faire des allers et retours entre Marseille et Saint-Maximin, un bourg d'un peu plus de cinq mille habitants situé à l'est de Marseille. Le chimiste, qui doit aimer son confort, retourne souvent dormir chez lui.

Mais comment localiser exactement le labo quand les trafiquants utilisent des ruses de Sioux pour s'y rendre ? Pour éviter de se faire repérer, un premier groupe de voitures quitte l'hôtel de police de Marseille, prend les suspects en filature mais rebrousse chemin avant Saint-Maximin. D'autres équipages, près du bourg, sillonnent la route nationale en sens inverse dans l'espoir d'apercevoir leurs clients. Un jour, ils repèrent la voiture d'un des voyous s'engageant sur une route mal goudronnée qui dessert plusieurs villas. Le labo n'est sûrement pas loin, il faut redoubler de prudence. C'est un inspecteur qui débusque la tanière en s'improvisant joggeur du dimanche à travers la campagne. Les trafiquants ont élu domicile dans la villa Robert et Philippe.

« Quand tout sera mûr, je te préviendrai », a promis Pierre Michel à son stagiaire Debacq, qui termine sa formation dans son cabinet et se passionne pour l'enquête. Et il tient parole. Un dimanche au tout début du mois de juillet 1981, Debacq se repose chez ses parents, près d'Aix-en-Provence, lorsque le téléphone fait sursauter la maisonnée.

– Tu as le juge Michel en ligne, lance le père à la cantonade.

L'auditeur de justice saisit le combiné.

– Salut. C'est pour demain. Rendez-vous devant le palais, à 5 heures. Viens avec ta R5.

Nouveau coup de fil dans la soirée : l'opération est reportée. Celle-ci aura finalement lieu une semaine plus tard, le 8 juillet. Rendez-vous au même endroit, à la même heure. Avec cette même consigne : être ponctuel !

Dès 4 h 45, Michel Debacq est là, au volant de sa Renault 5 vert sauterelle. Dans le quartier voisin de l'Opéra, comme dit la chanson, les stripteaseuses sont rhabillées, les traversins sont écrasés, les amoureux sont fatigués. À l'heure où Paris s'éveille, Marseille semble encore assoupie. Au bout de la rue Fortia, dans l'axe du regard, les voiliers aux mâts repliés dansent en cadence.

Un léger bruit de moteur : le juge descend la rue sur sa petite Honda 125, coupe le contact et, au point mort, laisse sa moto finir sa course le long des grilles du palais de justice. Il béquille d'un geste sec, sans même prendre la peine d'attacher l'engin aux grilles. Un rapide bonjour et, sans plus de cérémonial, Pierre Michel glisse son bon mètre quatre-vingts sur le siège passager. Quelques minutes plus tard, la voiture s'engage sur l'échangeur menant à l'autoroute A8 en direction de Nice. À cette heure matinale, il est facile de s'échapper de la grande métropole phocéenne d'ordinaire si engorgée. Malgré la fraîcheur, les deux hommes ont ouvert grand les vitres pour profiter pleinement du paysage. À main gauche, le soleil atteint le sommet de la Sainte-Victoire.

Dans les dernières brumes de la nuit, les flancs de la montagne évoquent encore ces étraves de navires mises au carénage, sur le Vieux-Port, noires et bosselées, qui attendent d'être décapées. À main droite, seuls des cabanons ou des villas brisent la géométrie rectiligne des vignes. Et bientôt, dans le lointain, se dessine la coiffe de la basilique de Saint-Maximin.

Pierre Michel est décidément un magistrat atypique. Il est rare que les juges d'instruction assistent à une opération d'interpellation. Ils préfèrent généralement attendre le retour du coup de filet derrière leur bureau. Non qu'ils tiennent particulièrement à leur confort matinal, mais la plupart d'entre eux considèrent cet éloignement du terrain comme un gage d'impartialité.

Dans leur palais, ils estiment avoir plus de recul. Aux policiers le terrain, aux magistrats la hauteur de vue d'un bureau. Michel voit les choses autrement. Lui, l'homme solitaire, grand bourgeois féru de musique classique, ému par les symphonies de Mahler, ne déteste pas la compagnie des flics, leur gouaille et leur esprit d'équipe. Il aime se rendre compte par lui-même, sentir l'odeur astringente, si singulière, des produits chimiques utilisés pour distiller la morphine base. Un parfum de victoire. Il sait juger la réaction d'un suspect tout juste menotté qui en dit plus long qu'un discours. Dans son cabinet, celui-là aura retrouvé son assurance.

Ce comportement ne lui vaut pas que des louanges chez ses collègues et provoque même des critiques dans sa hiérarchie. Mais le juge s'en fiche. À dire vrai, Pierre Michel y trouve son compte. Il n'a qu'une crainte : laisser indifférent. Les policiers voudraient ne travailler qu'avec lui. Les journalistes, qui ont trouvé un homme à la mesure de la ville, sont aux anges.

Le juge fait signe à son stagiaire d'emprunter la bretelle de sortie, de rebrousser chemin en direction de Saint-Maximin, et de traverser le centre-ville et sa fameuse fontaine. À deux kilomètres de là, un chemin s'engage dans les vignes, en pente de plus en plus raide. Au sommet de la colline, une villa au toit à deux pans. La villa Robert et Philippe occupe une situation stratégique.

Les policiers ont appris qu'elle avait été louée par un certain « Ange », pour trois mille francs par mois. « Pour faire de la confiture de melon », a dit le locataire en payant en liquide.

La came est-elle encore à l'intérieur ? Arrivent-ils à temps ? Pour être certain que le labo tourne dans la villa, pour être sûr de convaincre un tribunal, encore faut-il avoir de la chance. Des escadrons de gendarmerie ont déjà encerclé un très large périmètre. Le magistrat reconnaît les quelques agents de la DEA américaine croisés rue d'Oran dans les étages de la brigade des stups. Un camion repeint aux couleurs d'une société locale a déposé les troupes de la PJ.

6 heures : heure légale d'interpellation. Comme un signal, les cigales saluent le cagnard à venir et redonnent au décor son atmosphère provençale. La pièce est lancée. Les enquêteurs ne savent pas encore de quel côté elle va retomber.

La porte gicle de ses gonds dans un craquement sec. Et au premier coup d'œil, les assaillants réalisent l'ampleur de leur prise. Le labo, avec ses bacs en plastique, ses lampes chauffantes, ses balances et ses entonnoirs, occupe tout le salon au rez-de-chaussée. Un bric-à-brac d'enfer. Mais l'héroïne a manifestement eu du mal à se diluer. L'équipe était sur le point de tout démonter, de tout abandonner, et de remballer les 17 kilos de morphine base restante, persuadés que l'anhydride acétique fourni était de mauvaise qualité.

À 9 heures, Malventi arrive fringant à la villa Robert et Philippe, comme un ouvrier pointant au boulot. À la vue des policiers, il esquisse un mouvement de recul : « Je viens pour les compteurs », bredouille-t-il…

*
**

On se bouscule bientôt, au tribunal, dans le petit bureau de Pierre Michel. Le magistrat inculpe dix personnes. Dont André Malventi, soupçonné de fabriquer l'héroïne, et Mitzigar Nazarian, qui serait le grand ordonnateur. Mais ce sont deux autres personnages, apparemment secondaires, qui retiennent l'attention du magistrat.

Le premier s'appelle Homère Filippi. À dire vrai, les policiers ont peu d'éléments contre lui. Ce quinquagénaire a été photographié en pleine discussion avec deux intermédiaires, à Marseille, sur le parking du supermarché Casino, plage du Prado, le 7 mai 1979 et le 5 février 1981. Mais le truand, ancien marin des lignes extrême-orientales puis patron de bar rue de Châteaudun à Paris, intéresse visiblement le juge. D'abord parce qu'il a déjà été pris les armes à la main dans un contrôle de police à Paris en 1958 et qu'en 1970, il est tombé pour un trafic de drogue entre Nice et New York, comme l'indique son casier judiciaire. Ensuite parce qu'il a aujourd'hui le profil de ces investisseurs aisés, ces hommes de l'arrière-front, capables de proposer une mise de fonds pour lancer un trafic d'héroïne. Enfin, et surtout, Michel s'intéresse à ses relations. Il le sait proche de Zampa le Parrain. Filippi a d'ailleurs été soupçonné d'avoir trempé dans le casse de Nice, en juillet 1976, une mélodie en sous-sol orchestrée dans la salle des coffres de la Société générale. Une opération attribuée aux équipes du « Grand Z ». Mais les contacts de ce Filippi, fils de l'entraîneur de boxe de Cerdan Junior, débordent largement du Milieu.

Le magistrat sait par ses indics qu'Homère a des accointances politiques. Son cœur – et ses intérêts ? – penche à gauche. Il n'hésite pas à recruter pour les meetings du maire Gaston Defferre. Defferre, maire de Marseille et depuis deux mois ministre de l'Intérieur du gouvernement Mauroy. Filippi, à n'en pas douter, a le bras long.

Sans faire grand cas des protestations d'innocence de son suspect et de la légèreté des charges contre lui, Pierre Michel signe l'ordre d'incarcération d'Homère Filippi d'un trait de stylo plume. « Au moins, pense-t-il, cela lui donnera le temps de réfléchir. Et je l'aurai sous la main. On verra pour la suite. »

Le second personnage paraît bien pâle en comparaison. Il s'appelle Marc Chambault. Il a quarante-six ans. Le suspect a une formation de « conducteur de travaux » mais se trouve actuellement au chômage. Le gaillard est difficile à cerner. Lui n'a rien d'un truand de haut rang. Déjà condamné pour vol, il fait partie des petites mains indispensables aux équipes de voyous pour trouver ici une voiture, là des papiers. Le reste du temps, il mène une paisible vie de famille. Les policiers font une perquisition chez lui, par acquit de conscience, sans en espérer de grandes découvertes. Dans la cuisine, ils sont intrigués par une sacoche. À l'intérieur, divers papiers dont l'un manuscrit. En le lisant, ils sont estomaqués :

« Gaëtan Zampa, dit Tany. Brasserie Ragalo
Bar le Gobelinot
92, boulevard Saint-Marcel 5e
Ex-adresse 121, rue Vieille-du-Temple 3e »

Les enquêteurs n'en reviennent pas. Des années qu'ils cherchent à « loger » l'insaisissable Parrain du Milieu marseillais. Et ils trouvent les deux adresses parisiennes de Tany Zampa sur un morceau de papier chez un demi-sel du Milieu !

Michel est aussitôt alerté. Dès lors, ses interrogatoires portent sur l'éventuelle implication de Zampa dans le trafic. Les 4 et 16 août 1981, Chambault se trouve dans le bureau du juge pour s'expliquer.

Il ne conteste pas l'essentiel, reconnaissant avoir participé à l'opération dont Nazarian serait l'organisateur. L'ennui, pour un témoin aussi central, c'est qu'il tient des propos parfois décousus. Il est apeuré et cela se voit. Lorsque le juge lui demande de se montrer plus précis sur l'implication de Gaëtan Zampa, Chambault refuse. Ce serait, s'affole-t-il, comme prendre « un billet pour l'enfer », pour lui et sa famille. D'ailleurs, sur l'origine de la fameuse note manuscrite, il donne, là encore, des explications vaseuses. Il aurait été agressé au mois de mars précédent par des inconnus disant venir de la part du « Grand ». Du coup, il aurait fait des recherches pour savoir qui était ce « Grand » et serait tombé sur les deux adresses secrètes du Parrain, à Paris.

Les psys détectent chez Chambault des « troubles dépressifs », des « risques suicidaires » et, plus ennuyeux encore au regard de la recherche de la vérité, des « tendances fabulatoires ». Michel n'a pas de veine avec son témoin. Mais il ne renonce pas. Le magistrat avait prévu d'entendre Marc Chambault le 22 octobre 1981. La veille de cet entretien, il était assassiné. Chambault n'en dira jamais plus. Sauf à sa femme. Le 25 octobre 1982, Chambault lui écrit de prison pour un hommage posthume au magistrat assassiné un an plus tôt :

« Il est vraiment malheureux pour moi que le juge Michel se soit fait assassiner même si ses méthodes étaient spéciales car je crois que lui avait compris l'affaire… »

## – 5 –

# Le dernier été
## (juillet-octobre 1981)

« Quand je l'ai connu, c'était un être sans amertume. Mais les derniers mois, il avait les idées très noires. » La plupart des témoins que nous avons rencontrés, comme la belle-sœur de Pierre Michel, Astrid, ont été profondément marqués par ce dernier été 1981. Ils décrivent un homme seul, traversant une phase d'abattement personnel et professionnel malgré la victoire remportée à Saint-Maximin. Un état proche de la dépression.

Avant ses vacances, Pierre Michel parvient encore à donner le change. Bien qu'avare de ses soirées, il a accepté un dîner chez le correspondant de RTL Robert Cessieux, un professionnel chaleureux qu'il apprécie. Chez lui, dans un mélange des genres typiquement marseillais, se côtoient des journalistes, quelques magistrats et parfois des invités au casier plus chargé... Pas de plan de table guindé, pas de présentations, chacun picore librement au buffet et s'assoit où il peut. « Soudain, alors que le repas a joyeusement commencé, se souvient Pauline Cherki, la correspondante de l'AFP, débarque "Gégène", une petite main du Milieu que tout le monde connaît car il travaille pour le patron du Mas, l'un des bistrots les plus connus des voyous où se retrouve le Tout-Marseille. » Il lance à la cantonade avec son fort accent :

– Pardon, je suis en retard mais cet enculé de juge Michel a mis un ami au trou !

Silence gêné. Alors que certains commencent à rire en douce, le magistrat répond, d'une voix glaciale :

– L'enculé, c'est moi : je suis le juge Michel.

Sans se démonter, Gégène le dévisage longuement et lance :

– C'est pas possible ! Vous avez l'air sympa. Vous avez une bonne tête : ça ne peut pas être vous !

– Si, si, insiste Michel qui fait semblant de le prendre à la plaisanterie, je peux vous présenter mes papiers…

L'assistance s'esclaffe. L'incident est clos. « Mais j'ai senti que Michel prenait sur lui », conclut Pauline Cherki.

En fait, le magistrat se retient de faire un esclandre car il ne veut pas mettre son hôte mal à l'aise. Mais il ne desserre plus les dents de la soirée. En rentrant sur sa moto, le long de la Corniche, au-dessus de la Méditerranée, il maugrée contre cette ville qu'il ne supporte plus. Il est heureux que les vacances s'annoncent : il va pouvoir « s'aérer ».

À la fin du mois de juillet, son frère Jean-François et l'épouse de celui-ci, Marie-Françoise, se rendent à

Sallèles-d'Aude chez les beaux-parents de Pierre. Là, ils le reconnaissent à peine tellement il a l'air absent. « Un zombie », nous dit Jean-François. L'actualité, pourtant, le ramène un moment sur terre. Cet été-là, on disserte sur les risques d'une intervention de l'Armée rouge après le mouvement social des mineurs de Pologne. Mais le combat – ou plutôt la mêlée – contre les avocats dans l'affaire des grâces médicales semble avoir usé prématurément le juge qui a fêté ses trente-huit ans le 2 juillet précédent. La perspective d'un saut de puce en Espagne pour visiter Barcelone ne suffit pas à lui rendre le sourire. Pierre Michel lâche : « Vous ne pouvez même pas imaginer ce que sont les avocats de Marseille. »

Lorsqu'ils visitent en famille le petit musée cathare, à Minerve, Pierre parcourt au pas de course l'exposition consacrée à la croisade de Simon de Montfort, impatient de regagner l'extérieur. Incapable de tenir en place, il abrège la visite et préfère patienter sur le parking. « En le quittant, nous nous sommes fait la même réflexion : jamais nous ne l'avions vu dans un tel état », se souvient Jean-François.

Au début du mois de septembre, Pierre Michel se rend, toujours avec ses proches, dans les Vosges, à Grignoncourt. « Il avait l'air plus serein, comme s'il avait repris un peu d'air. » Un petit film super-huit le montre en promenade en forêt avec les enfants. Ultimes images de bonheur familial.

Mais, cet été-là, Marseille l'a encore rappelé à son mauvais souvenir.

*
**

Un drame abominable est survenu en effet dans le paisible village d'Auriol, à une trentaine de kilomètres de la cité phocéenne, une affaire qui a glacé d'effroi la France entière.

Dans la nuit du 18 au 19 juillet, toute une famille, grand-mère, grand-père, leur fille, leur petit-fils de huit ans et un proche sont sauvagement assassinés. Très vite l'enquête révèle que la cible visée était le père de famille, un inspecteur de police de la Sûreté urbaine. Surpris par son absence, les meurtriers ont tué toutes les personnes présentes avant de faire subir le même sort au policier à son retour. Puis ils ont jeté les corps dans un puits.

Les assassins sont rapidement arrêtés et les enquêteurs, stupéfaits, découvrent qu'il s'agit d'un règlement de comptes entre membres du SAC (Service d'action civique), cette organisation barbouzarde, proche du pouvoir gaulliste. L'inspecteur assassiné en était l'un des responsables locaux et il a été éliminé par d'autres membres du groupe à la suite de dissensions internes. Mais la question se pose immédiatement : l'ordre vient-il d'en haut, de la direction nationale de l'organisation, afin de faire taire le policier qui en savait trop ? Pierre Michel bouillonne. Cette affaire le passionne et il estime qu'elle est taillée pour lui. Il appelle le président du tribunal pour se proposer de rentrer en urgence à Marseille. Trop tard… Sa collègue Françoise Llaurens-Guérin a déjà été saisie du dossier. Celle que Michel surnommait ironiquement « Mamie Nova » devient célèbre du jour au lendemain. Le succès de l'enquête lui vaut le surnom de « Dame de fer », clin d'œil à Margaret Thatcher, Premier ministre britannique à poigne, arrivée au pouvoir deux ans auparavant. C'est la première grosse affaire qui échappe à Pierre Michel et il est profondément déçu. Le crime d'Auriol, qui mêle la politique aux remugles de la ville, l'aurait, à coup sûr, éloigné de ses idées noires.

Après son retour, il trouve ce petit mot fixé sur la porte de son cabinet : « Has been ! » Plaisanterie de carabins de ses collègues ou manifestation de haine à son égard ? En tout cas, cette pique ne le fait pas rire. D'autant que les affaires de Marseille reprennent avec leur lot de tensions et de coups tordus, de personnages équivoques, de troubles avertissements et de menaces voilées. Le 20 août justement, il reçoit une lettre en provenance d'un détenu des Baumettes, Nourredine B., qu'il a inculpé récemment. Le juge est marqué par la mention sur l'enveloppe : « Monsieur P. Michel, juge d'instruction au TGI de Marseille. Urgent et personnel ». Le contenu est inquiétant…

« *Vous avez dit, monsieur le juge, "Un peu de dignité !" en vous adressant à moi. Sachez que je ne manque pas de dignité. Quelqu'un a dit : "reconnaître ses fautes, c'est faire un pas vers la réinsertion". Oui, monsieur le juge, je conçois le fait que chaque être humain doit suivre son chemin sans haine. Je ne dis pas cela dans le but de me rendre sympathique à vos yeux, c'est tellement plus simple que ça. J'ai été blacklisté, mes jugements ont été faussés dans cet univers de haine par ce qui se dit de vous. J'ai compris, au-delà de votre jugement à mon égard, que vous êtes un bon juge, conscient de son devoir et muni d'un cœur humain.*

*» Je veux vous dire au titre de l'anonymat que certains vous veulent du mal. Je vous supplie de ne pas en faire état. [...] Pour l'amour du ciel, je ne veux pas que mon nom soit prononcé. J'ai une femme et deux enfants et ces gens ont la rancune tenace. [...] Si vous comptez avoir un entretien avec moi, je vous demanderai de ne pas convoquer mon avocat. Je ne veux pas en plus la présence d'un gardien de la paix. Vous comprendrez aisément mon état d'âme. Oui, j'ai peur pour moi et pour les miens. C'est humain.* »

Le juge est-il troublé par cette lettre ou a-t-il d'habitude d'en recevoir de semblables ? Il décide quand même d'entendre B. à son cabinet. Il n'est pas question, bien sûr, de le recevoir clandestinement.

Le détenu arrive, flanqué de son avocat, Me Gilbert Collard. Dans le bureau, l'homme se montre fuyant, presque amnésique. Il ne sait rien. Il a voulu, dit-il, « faire l'intéressant » pour rencontrer le juge.

Après l'audition, Pierre Michel reste seul avec Gilbert Collard, qu'il connaît bien et qu'il tutoie dans le privé. « Fais attention, l'exhorte l'avocat, je crois qu'il a vraiment vu quelque chose. Beaucoup de gens t'en veulent aux Baumettes. C'est sérieux ! Tu devrais te protéger. » Comme à son habitude, Michel balaie l'argument de la main. Il traite par le mépris ce genre de menaces.

*
**

Pour l'heure, le juge a d'autres pensées en tête. Le 24 août, alors que la ville, vidée de ses habitants, s'alanguit dans une chaude torpeur, Michel fait une curieuse demande à l'une de ses amies. Il demande à l'avocate Sophie Bottai « un grand service ». Pourrait-elle lui prêter sa voiture quelques jours ? « Je dois faire une filature », confie-t-il d'un air mystérieux.

L'avocate ironise : « Tu te prends pour Filippini[1] ? » Selon M^e^ Bottai, Michel reste stoïque et insiste : « Je ne veux pas qu'on me localise. » La voiture de l'avocate est pourtant d'un genre assez voyant puisqu'il s'agit d'un coupé Alfa Romeo, type junior 1300, bleu marine.

Le 2 septembre, avant de repartir quelques jours en vacances, Pierre Michel signale à l'avocate qu'elle peut récupérer sa voiture, le soir, au parking Monthyon, rue Breteuil, juste à côté du palais.

Le lendemain matin, M^e^ Bottai découvre son automobile dévastée. Non seulement elle est terriblement sale, mais on a forcé la portière gauche, cassé le déflecteur, démonté le tableau de bord, volé l'autoradio et les cassettes. La jeune femme pense à l'un de ces cambriolages nocturnes, autre spécialité marseillaise. Elle conduit l'Alfa au garage pour la faire réparer et dépose plainte au commissariat, sans révéler, bien sûr, qu'elle l'a prêtée à Pierre Michel.

Peu après son retour de vacances, à la fin du mois de septembre, en plein interrogatoire, le juge agite discrètement une clé devant l'avocate, façon amicale de lui demander si sa voiture est toujours disponible. Après l'audition, Sophie Bottai lui explique qu'elle est

1. Nom du dirigeant d'un célèbre cabinet de détectives privés de la ville.

bloquée au garage, sans lui dire qu'elle a été fracturée. Inutile de l'inquiéter inutilement.

Ce récit, l'avocate le fera à la police peu de temps après l'assassinat du magistrat. Pourquoi le juge avait-il besoin de cette voiture ? Cette histoire intrigante a suscité bien des hypothèses.

Selon les uns, le magistrat effectuait réellement des filatures personnelles. Il aurait vérifié des adresses, suivi des suspects, voire tenté d'observer de près Gaëtan Zampa. Il aurait d'ailleurs laissé entendre qu'il était sur un gros coup. Lequel ? « Il n'y avait pas de secrets dans les dossiers de Pierre Michel, relativise le juge Patrick Guérin, qui a enquêté sur sa mort et examiné à la loupe tous les documents. Il exploitait tous les éléments des enquêtes et préparait scrupuleusement ses interrogatoires. Ses dossiers étaient méticuleusement tenus. Mais il ne faut pas croire qu'il sortait des lapins de son chapeau. »

D'autres prétendent, plus prosaïquement, qu'il s'agit d'une affaire personnelle. Par acquit de conscience, après son assassinat, les policiers ont examiné cette piste, ne trouvant aucun lien avec le crime. Quant à l'avocate Sophie Bottai, elle a toujours affirmé qu'elle ignorait ce que Michel avait fait avec sa voiture. Cette amie fidèle ne sait rien ou ne veut rien dire.

Que ce soit pour des raisons personnelles ou professionnelles – ou les deux à la fois –, il est certain que Pierre Michel traverse une période difficile. Et rien ne lui est épargné. Le 3 octobre 1981, un titre en une de

*Libération* le fait sursauter : « Un détenu fait le portrait de son juge ».

À l'intérieur du journal, un texte ahurissant :

« *Il avait une gueule chouette mon hibou de juge. Y m'a même dit bonjour avec tant de conviction que j'en ai oublié l'absence de mon avocat. Jamais vous ne verrez autant de haine que ce que j'ai vu dans les yeux de mon juge. [...] J'l'aime bien mon juge surtout lorsqu'il se jette avec aisance en arrière pour te montrer la crosse de son arme qui dépasse du pantalon. Y'm'fait marrer avec ses allures de shérif à la recherche d'une gloire lyonnaise. Il sert la justice. Même que depuis le 10 mai, il y met plus de cœur ou de cul (buté qu'il est mon juge). Mince ! C'est vrai qu'il vous pose des questions mon juge et répond lui-même (à sa secrétaire) pour après y'vous marque "refuse de signer". (...) Mon juge il est sympa comme la mort (CQFD). Mon juge à moi, j'y assisterai à ses obsèques.* »

L'auteur est facilement identifiable par les détails qu'il fournit. Le juge aussi, puisque ses initiales, indiquées dans l'article, ne sont autres que « P.M. » ! Pierre Michel, un peu sonné, reconnaît immédiatement Nourredine B., le même qui lui avait écrit en août pour vanter ses qualités et le mettre en garde contre des menaces ! Michel est écœuré, surtout par le mensonge : il ne porte jamais d'arme... Pourtant, il ne donnera pas suite à cette attaque. Il ne veut pas faire ce plaisir à ceux qui tentent de le déstabiliser. Mais sa hiérarchie, qui pourrait le soutenir, ordonner une enquête ou porter plainte, ne bouge pas d'un cil non plus. Elle lui chercherait plutôt des noises : Pierre Michel est en butte à la suspicion et à des tracasseries administratives. Il doit se justifier de l'achat d'un magnétophone aux policiers afin d'accélérer leur travail[1] et se plaint de l'acharnement d'un substitut du procureur, Gilbert Azibert. Cette histoire insignifiante prend pour lui, dans son état de fatigue, des allures de persécution. Malgré la carapace, les coups portent. Et souvent les angoisses le poursuivent jusque dans son sommeil agité.

Il rédige un brouillon de lettre pour se justifier. Deux feuillets manuscrits, pliés par le milieu, adressés au président du tribunal de grande instance : « Conformément à vos instructions [...] le magnétophone non utilisé en l'état lui sera donc rendu. » Ils seront retrouvés dans son portefeuille le jour de sa mort.

Un rayon de soleil se glisse dans ce monde glauque avec la visite à Marseille, du 29 septembre au 2 octobre 1981, de ses deux complices italiens, les juges Barrile et Sciacchitano, avec lesquels il a réussi les arrestations de Palerme. L'opération la plus importante de sa carrière. Avec eux, il retrouve le plaisir de la traque mais surtout le sentiment de viser les véritables trafiquants, ceux qui mènent le bal et tirent les ficelles. Il admire le courage de ces magistrats qui s'attaquent au cœur de la Mafia, au centre du mal.

Quelques jours plus tard, Pierre Michel va subir le sort de tant de juges italiens qui ont payé comme lui le prix de leur ténacité et de leur acharnement. Le 21 octobre 1981, il est victime d'un contrat, fauché de trois balles par des tueurs juchés sur une grosse moto rouge.

1. Voir première partie, chapitre 1.

# Quatrième partie

# L'enquête

# – 1 –

# Une Honda rouge sang

La moto utilisée par les tueurs boulevard Michelet va offrir aux enquêteurs du groupe de répression du banditisme marseillais leur premier indice, grâce à un coup de génie, un fait d'armes toujours ancré dans la mémoire de la police technique et scientifique française. Si bien que ce deux-roues constituera le socle des investigations. Et aujourd'hui encore l'unique élément matériel de « l'affaire Michel ».

Le vendredi 23 octobre 1981, deux jours après son assassinat, ont lieu les obsèques de Pierre Michel, à Sainte-Anne, la petite église de son quartier. On porte son corps en terre dans un cercueil enveloppé d'un drap noir floqué d'une croix blanche. Le même jour, il est cité à l'ordre de la Nation. Le *Journal officiel* de la République française expédie en quelques lignes administratives et informelles l'hommage à un juge hors normes. Le *JO* loue « les exceptionnelles qualités d'intelligence, de dévouement et de courage de ce jeune magistrat chargé d'instruire les affaires criminelles les plus difficiles ». « C'est bien le moins », pensent ses amis du Syndicat de la magistrature. Ils ont quand même réussi à faire admettre à la hiérarchie judiciaire que la raison du meurtre n'était pas d'ordre privé mais était à chercher, quelque part, dans les multiples dossiers de criminalité organisée – et notamment de stupéfiants – qui s'empilaient dans son bureau.

Ce même 23 octobre, un passant découvre une moto, une Honda 900 $cm^3$ Bol d'or rouge, abandonnée en plein air, sur le parking d'une petite résidence familiale, au 101, avenue Clôt-Bey, l'artère longeant le parc Borély, sur sa partie sud. Dans sa livrée rouge avec un liseré bleu sur le réservoir, très en vogue, la machine ne passe pas inaperçue. Le deux-roues, immatriculé 7484 JV 13, a sans doute été volé : la serrure de la colonne de direction a été forcée. Mais curieusement, son utilisateur a glissé un antivol dans la roue avant, comme s'il avait l'intention de revenir chercher l'engin.

Les habitants de la résidence se montrent formels lorsque les enquêteurs débarquent, stylo et calepin en main. La Honda a été abandonnée le 21 octobre, entre 12 et 17 heures. Précisément le créneau horaire dans lequel le juge Pierre Michel a été assassiné à huit cents mètres de là à vol d'oiseau, avenue Michelet, au pied de l'immeuble Le Corbusier. Tout concorde avec les déclarations des témoins du meurtre. Ils ont pratiquement tous remarqué que la moto des tueurs était rouge. Mais, terrorisés par les coups de feu et par la chute de la victime, la plupart ont été incapables de donner plus de précisions. La jeune lycéenne, Valérie, qui se trouvait à cyclo juste à côté d'eux, livre un détail supplémentaire. Selon elle, la moto des assassins « n'était pas une moto de cross et elle était peut-être un peu plus grosse que celle de la victime ». En fin de journée le 23 octobre, les derniers doutes sont levés : la PJ a bien retrouvé la moto des tueurs.

Le numéro de série permet de retracer son parcours. La Bol d'or a été volée près d'un an auparavant, ce qui d'emblée paraît curieux pour qui veut exécuter un contrat. Cette moto a décidément une histoire singulière. Le modèle lancé depuis peu par le constructeur japonais connaît un immense succès. Son moteur souple et puissant en fait l'une des sportives les plus recherchées du moment, capable d'atteindre le 200 kilomètres heures. Du coup les voleurs s'y intéressent aussi. Celle qui a servi aux assassins du juge Michel a été dérobée dans le jardinet d'une maison situé au 102 de la rue d'Endoume, dans la nuit du 29 au 30 octobre 1980. Le père du propriétaire de la Honda se souvient bien d'avoir été réveillé à 2 h 45 du matin par un bruit inhabituel : le son d'un démarreur. Une silhouette s'escrimait à lancer le moteur. Le père s'est levé, est allé voir ce qui se passait, et a même tenté, en vain, de s'accrocher à la selle de la moto lorsqu'elle a démarré dans un hurlement mécanique. Il a aperçu deux complices, postés derrière la grille du pavillon pour faire le guet.

À quoi la moto a-t-elle servi pendant l'année écoulée ? Les enquêteurs s'aperçoivent que, si elle a très peu roulé, elle est restée parfaitement entretenue. Les bougies sont neuves, le contacteur a été changé ainsi que la batterie. Le nouveau « propriétaire » est un homme soigneux, soucieux que sa machine démarre en toutes circonstances.

Après une inspection générale et une première recherche, décevante, d'empreintes digitales, les policiers commencent à démonter la Honda pièce par pièce, à la désosser jusqu'au moindre boulon, pour la mettre à nu. Ils remarquent deux autocollants publicitaires : un sur chaque flanc. Le 29 octobre 1981, l'enquêteur Charles Procharet ôte le cache gauche et, avec une pince à épiler, détache lentement la vignette autocollante qui s'y trouve : une publicité pour l'huile Motul. En soulevant le coin droit, il dévoile la partie adhésive. Et trouve ce qu'il n'osait pas imaginer : une empreinte digitale, incrustée sur la face interne. Une aubaine inespérée !

Le secret est bien gardé. Pour une fois, il n'est pas éventé hors les grilles de l'Évêché. En 1981, l'empreinte digitale reste le meilleur moyen de remonter jusqu'à un suspect pour le confondre. Mais le premier fichier national informatisé, susceptible de comparer automatiquement une trace avec les millions d'empreintes prélevées lors des gardes à vue, ne sera pleinement opérationnel que six ans plus tard. Pour l'heure, le rapprochement doit se faire manuellement, fiche après fiche ! Un travail de bénédictin. Les enquêteurs de l'Identité judiciaire, l'IJ marseillaise, se plongent dans leurs fichiers, dans des kilomètres d'étagères, référençant 1 600 000 empreintes : les dix doigts de quelque 160 000 gardés à vue, classés par ordre alphabétique. Place aux hommes de l'art : les « paluches » sont une science. Ici les revolvers des groupes antigang ne sont d'aucune utilité. Il faut laisser le terrain aux « géographes » de l'enquête capables d'interpréter le relief des empreintes, avec leurs noms poétiques, « lacs », « îlots », « sillons », « arrêts de ligne » ou « bifurcations ».

En entreprenant leurs recherches dans le dossier Michel, les hommes de l'IJ mettent leurs pas dans ceux d'Alphonse Bertillon. Quatre-vingts ans plus tôt, en 1902, survenait en effet la première élucidation d'une affaire grâce aux empreintes digitales. Et là encore Marseille servait de toile de fond à cette révolution copernicienne : « Georges l'Artilleur » y était arrêté après la découverte de traces papillaires sur la scène d'un crime commis à Paris. L'IJ espère être, cette fois encore, à la hauteur.

La recherche avance lentement, mais avec méthode, sous la responsabilité d'une figure de l'Évêché : l'inspecteur principal Burghoffer. Un policier maigre comme un clou, surnommé « Buster Keaton », pince-sans-rire même quand il se brûle. « Tu attends un petit quelque chose de moi ? » lance-t-il, comme un mantra, lorsqu'il débarque avec sa blouse sur une scène de crime. En dehors de ses heures de travail, et aux dires de ses collègues, « Buster Keaton » ne fait pas de grands efforts de sociabilité. « Je me baladais avec lui dans la rue, se souvient l'inspecteur Jean-Louis Pietri, lorsqu'une enfant lui a demandé poliment l'heure. Lui, d'un coup, a répondu par une question : “Pour quoi faire ?” La gamine, décontenancée et apeurée, a aussitôt tourné les talons. »

Le 31 décembre 1981, les enquêteurs de la PJ, éreintés par deux mois d'enquêtes infructueuses, s'apprêtent à réveillonner en famille. Dans quelques heures, sur Antenne 2, le président François Mitterrand doit s'exprimer devant les Français, premier exercice du genre d'un septennat vieux d'un semestre seulement. C'est le moment choisi par Burghoffer pour débouler dans les locaux du groupe de répression du banditisme. On croirait presque distinguer un sourire sur ses lèvres. L'intensité de son regard en dit long. Sans un mot, il tend une fiche cartonnée.

Le bristol concerne un petit délinquant, passé dans les locaux de la police pour une broutille (une bagarre), le 11 décembre 1979. Ce beau gosse aux cheveux de jais mi-longs, barbe de trois jours, se nomme Charles Giardina, dit « Charlie », né le 23 mars 1959, à Tunis. Lors de sa garde à vue, avant d'être expédié aux Baumettes, il a dû se plier au rituel. Tremper ses dix doigts dans l'encre avant de les appliquer sur sa fiche décadactylaire. La trace isolée au dos de l'autocollant Motul correspond à l'empreinte de son index droit.

Dans le sabir de l'Identité judiciaire, cette identification se résume à une suite de chiffres, un code secret échappant au profane, presque une formule magique :

« arrêts de ligne : 1-3-5-6-8-9-12-13-14-15-16
bifurcations : 2-4-7-10-11-17 ».

Ce code matérialise dix-sept « points de concordance » avec la trace papillaire relevée sur l'autocollant. Aucun risque de se tromper : Giardina est le premier suspect de l'affaire.

La PJ plante ses griffes dans la vie de Charlie et de ses fréquentations. Les policiers ne sont pas déçus de ce voyage dans l'intimité de leur cible. Dans l'ordre d'apparition, voici Evelyne, sa compagne, vingt-deux ans à peine. Trois ans qu'ils se fréquentent, si l'on excepte la parenthèse d'un mariage malheureux pour la jeune femme. Une chic fille qui fait tourner les têtes lorsqu'elle se promène, au pied des barres HLM, avec son minot, dans le jardin d'enfants, au cœur d'une grande cité des quartiers nord, le Clos-la-Rose. Cette jolie brunette ne fait pas seulement se retourner les boulistes du coin. Un malfrat d'envergure évolue dans son entourage et lui fait du gringue. Il lui rend visite les après-midi lorsque Charlie, son compagnon, s'absente pour aller travailler. L'histoire fait jaser dans la cage d'escalier F.

Cet homme-là n'est pas un inconnu pour les services de lutte contre le banditisme. Gilbert Ciaramaglia, trente-cinq ans, est notamment tombé pour « tentative de meurtre » et « association de malfaiteurs ». Il a d'ailleurs écopé de neuf années de prison, ne retrouvant la liberté que le 21 janvier 1981. Il ne passe pas inaperçu, où qu'il aille. Sa mâchoire paraît plus large que son front, et ses yeux soulignés par des sourcils broussailleux ne semblent jamais tranquilles. Les policiers le comparent à l'incroyable Hulk, la couleur verte de la peau en moins. En prison, « Ciara » a la réputation de traquer les balances, ceux qui renseignent les « condés ». C'est un impulsif et un taiseux. « Pour le moindre incident, il menaçait n'importe qui pour n'importe quoi », résumera plus tard Evelyne. Son frère Daniel racontera que chaque fois que Ciaramaglia le croisait au bar des Sports, il lui faisait « une roulade » :

il l'insultait et le mettait plus bas que terre, le traitant d'« ouvrier », prêt à se tuer au travail.

« Ciara » et Giardina se sont connus à La Capelette, sympathisant malgré leurs conditions sociales différentes. Le premier, voyou impressionnant, se targue de mener grand train. On le dit proche du « Grand », Gaëtan Zampa, dit « Tany ». Les flics tiennent leur première piste et pas n'importe laquelle : elle peut les conduire jusqu'au « *capo dei capi* » marseillais.

Les écoutes tournent à bloc. Le 18 février 1982, les enquêteurs entendent Giardina et Ciaramaglia plaisanter au téléphone sur la mort du juge. Mais à force de surveillances et de filatures, ils finissent par alerter leur « objectif ». Ce jour-là, les deux hommes se rendent en 604 visiter Evelyne, soignée à l'Hôtel-Dieu pour une brève intervention. C'est « Ciara » qui remarque le manège dans son rétro.

« Ne te retourne pas ! J'ai les condés dessus ! » susurre-t-il à Charlie.

L'effet de surprise ne joue plus. Il faut faire quelque chose. La décision est donc prise d'interpeller le trio le 24 février 1982. Comme prévu, Evelyne craque. Ses déclarations fracassantes vont même durablement orienter les investigations.

Le 2 mars, midi n'a pas sonné qu'elle se retrouve dans le bureau du juge Patrick Guérin, chargé de l'enquête sur la mort de son collègue. Evelyne tient d'abord à mettre les choses au point et à défendre son honneur.

« Il était évident que Gilbert s'intéressait à moi. Je le connais depuis toute petite, car nos familles respectives habitaient rue Antoine-Del-Bello. Vous comprenez, monsieur le juge ? Alors bien sûr, il venait me voir au Clos-la-Rose en l'absence de Charlie, les après-midi à la maison. Ceci étant, je n'ai pas répondu à ses avances. »

Le sujet n'est évidemment pas là. Bientôt on parle belle mécanique. Gilbert Ciaramaglia est un fan de moto, reconnaît Evelyne. Elle se souvient très bien de l'avoir vu, peu après sa sortie de prison, « fin février-début mars 1981 », arriver au guidon d'une Kawasaki 650 noire et la garer devant le bar des Sports.

Evelyne n'en fait pas mystère au juge Guérin : le deux-roues appartient… à Zampa.

« C'est à propos de cette moto que Gilbert Ciaramaglia m'a parlé pour la première fois de Tany Zampa. Il nous a dit que Tany Zampa avait cette moto dans son garage et qu'à sa sortie de prison il la lui avait donnée.

» Gilbert nous a dit qu'il connaissait bien Tany. Qu'il l'avait connu avant d'entrer en prison. Et que par ailleurs ils avaient été en centrale ensemble. Pour Gilbert, Zampa c'était quelqu'un d'important, quelqu'un qui pouvait faire n'importe quoi, un garçon courageux. Il disait que s'il fallait faire du mal à quelqu'un, Zampa n'était pas homme à hésiter… »

« Faire du mal à quelqu'un… » Le juge Guérin ne peut s'empêcher de songer aux photos de l'autopsie de son collègue.

« Gilbert, poursuit Evelyne, lorsqu'il voyait quelqu'un qui avait parlé, il le taxait. Il lui prenait sa veste ou son blouson. À l'entendre, Gilbert était le prince en prison et tout le monde avait peur de lui. Il nous a relaté que l'un d'entre eux avait refusé de lui donner son blouson. Alors qu'ils allaient se battre, Tany Zampa serait intervenu pour le calmer et il lui aurait donné son propre blouson. »

– Pouvez-vous être plus précise, mademoiselle. À quoi ressemblait ce blouson ?

« Il l'avait toujours sur lui, monsieur le juge. Ce blouson, il nous l'a montré. Il était marron clair en cuir avec un col en fourrure marron foncé. Je m'en souviens : il avait aussi les poignets et le tour de taille tricotés. Il y avait même une tache de graisse imprégnée sur le haut d'une des manches. Vous savez, Gilbert tenait beaucoup à ce blouson et pour rien au monde, il ne l'aurait donné. Pour lui, il était sacré – non qu'il soit beau, mais parce qu'il le tenait de Tany. »

Un blouson, une moto. Encore et toujours, l'ombre de Tany Zampa.

La Kawasaki de « Ciara » n'a pas supporté la rencontre inopinée avec la carrosserie d'une petite Renault 5. « Fin mai, début juin 1981 », Gilbert Ciaramaglia sortait, sans doute un peu vite, de chez Evelyne au Clos-la-Rose lorsqu'il a eu un accrochage, sans gravité pour lui mais qui a eu raison de la Kawa. L'épisode n'aurait qu'un intérêt très secondaire dans l'enquête et dans l'histoire du banditisme s'il n'avait conduit Ciara à changer de moto. Celui-ci a alors troqué la Kawasaki contre une magnifique… Honda 900 Bol d'or.

« Une semaine après, précise Evelyne, soit début juin 1981, je l'ai vu pour la première fois avec cette Honda 900 rouge. Ce jour-là, il est venu boire le café l'après-midi chez ma mère et… »

– Juste une précision, mademoiselle. Cette moto, l'a-t-il encore ?

« Non, non. La dernière fois que je l'ai vu avec, c'était au début du mois d'août 1981. À la fin de l'année, il en avait changé. »

– Poursuivez, je vous en prie.

« Au début du mois de juillet, Gilbert est venu après le déjeuner. Il avait acheté des autocollants pour mettre sur sa moto. Il a demandé à Charlie de les poser. Ils sont descendus. En passant la tête par la fenêtre du cinquième, j'ai vu Charlie les poser sur le cache de côté. Je n'ai pas continué à regarder : j'avais la vaisselle à faire… »

– Vous ne trouvez pas curieux que Gilbert Ciaramaglia fasse descendre Charles Giardina pour une chose aussi simple, aussi banale ?

« Je ne sais pas moi. Je ne sais pas… »

– Les avez-vous entendus parler de la mort de Pierre Michel ?

« Environ quinze jours avant la mort du juge Michel, Gilbert était venu un soir comme ça, à la maison, alors que nous habitions au parc Saint-Louis. Je dînais avec Charlie, Gilbert assistait à notre repas. À l'occasion de la discussion, Gilbert nous a dit : "Vous allez voir, dans quelques jours, il y a quelqu'un d'important qui va tomber." »

– Et depuis ?

« Gilbert ne m'a pas reparlé de l'assassinat jusqu'à mardi dernier, alors que j'étais hospitalisée à l'Hôtel-Dieu. Charlie et Gilbert sont venus me voir. À cette occasion, Gilbert m'a dit : "J'ai été suivi tout le long. Pourquoi on m'a suivi ? Je suis sûr que c'est pour l'affaire du juge Michel…" »

– Quand la presse a évoqué le type de moto utilisée par les assassins, une 900 Bol d'or rouge, comment Charlie a-t-il réagi ?

« Ben, il m'a seulement dit que c'était comme celle de Gilbert mais il ne m'a rien dit de plus. Gilbert, il est tellement fada qu'il est capable de tout… »

La voix de la jeune femme se brise. Parvenue au terme de treize longues pages d'audition, elle sanglote :

« Je ne sais pas pourquoi je vous dis tout ça. J'ai l'impression qu'en définitive, tout cela va m'apporter des malheurs. »

Elle n'a pas tort. Evelyne tombe de sa chaise en lisant *Le Méridional* du 6 mars 1982. Quatre jours seulement après son interrogatoire où elle a cité le nom de Zampa, la presse est au courant. L'allusion est transparente. « Un truand de haut niveau aurait commandité l'affaire », écrit le journaliste. On évoque sans la nommer une figure du banditisme aux origines napolitaines, « celui qu'à tort ou à raison on surnomme le Parrain ». Evelyne décroche le combiné, compose le numéro de la PJ et passe ses nerfs sur un commissaire.

– Mais vous êtes fous ! Vous êtes dingues ! Vous voulez me faire tuer ?

Le policier trouve le ton suffisamment agressif pour en faire mention dans la procédure.

Devant les enquêteurs, Charles Giardina a fait des déclarations moins précises que celles de sa compagne mais elles concordent.

« Pour l'affaire du juge, je n'y suis pour rien. Pour l'histoire de l'autocollant, c'est très simple. Gilbert est venu en juillet 1981. Il a débarqué à l'improviste. Il devait penser que je n'étais pas là, que je travaillais, et que seule Evelyne était à la maison. On a bu un café et puis je suis descendu avec lui. Il avait une 900 Bol d'or. Cette moto est une vraie bombe. J'ai bien pensé qu'elle était volée : le contacteur était brisé. Il m'a demandé de coller ces autocollants pour la rendre moins reconnaissable. Il m'a demandé de les lui mettre en insistant. J'ai accepté. »

– Et après la mort de Michel ?

« J'ai rencontré Gilbert au bar des Sports. Il m'a dit : "Tu as vu la moto sur le journal ? C'est celle-là." Il voulait dire la moto qu'il avait eue entre les mains. Là, je reconnais que j'ai bien pensé que Gilbert, d'une manière ou d'une autre, pouvait bien être mêlé à l'assassinat. Cela me fait peur d'avoir fait de telles déclarations… »

Le juge Guérin fera le tri plus tard. Pour l'instant, il veut s'assurer que ni Evelyne ni Charlie ne quitteront Marseille. Il faut par ailleurs les protéger autant que possible des pressions du Milieu. Le couple est écroué. Charles Giardina est même inculpé d'« homicide volontaire avec préméditation ».

Quant à « Ciara », il reste fidèle à sa ligne de conduite. Il ne desserre la mâchoire que pour lâcher : « Je peux vous dire que je n'y suis pour rien. Je ne sais pas quoi vous dire. » Le malfrat reconnaît avoir eu une moto entre les mains mais il s'agit de la Kawasaki noire. Jamais il n'a entendu parler de la Honda rouge.

Gilbert Ciaramaglia, qui écope à son tour d'une inculpation pour « homicide volontaire avec préméditation », le 26 février 1982, restera dès lors d'un mutisme absolu. Il préfère se retrouver seul dans le box d'une cour d'assises plutôt que de livrer un mot de plus à ces flics et à ces juges qu'il exècre. Plutôt que de passer pour une « donneuse ». Pendant quatre ans, il va s'en tenir là, bloquant toutes les investigations. « Ciara » est le coupe-circuit du dossier Michel. Qui protège-t-il ?

Avec la découverte de la moto des tueurs, puis d'une empreinte au verso d'un autocollant, l'enquête a cependant fait un premier pas inespéré en ce début d'année 1982. Elle a permis de coucher sur procès-verbal le nom de Tany Zampa. Les policiers, divisés sur son rôle éventuel, sont au moins unanimes sur un point : le retrouver ne sera pas chose aisée.

## – 2 –

# Tous contre Zampa
(1983-1984)

Gaëtan Zampa n'attend pas. La patience n'a jamais été son fort. Dès l'annonce de la mort du juge Michel, son nom tintinnabule dans tout Marseille, avec plus d'insistance que la cloche de l'Armée du Salut à Noël. Alors « Le Grand » trouve plus prudent de prendre le large et de se mettre au vert.

Une rumeur tenace prétend en effet qu'en s'attaquant à la Mafia sicilienne, et en poussant l'audace jusqu'à aller défier ses Parrains dans leur fief de Palerme, le juge Michel a franchi une ligne invisible. Une telle audace lui aurait coûté la vie. Selon cette version, qui court les bars, s'affiche dans les journaux et n'est pas démentie par la police, « l'Honorable Société » a alors demandé à l'un de ses « correspondants français » de régler définitivement le problème. Suivez mon regard…

« Tany » Zampa, d'origine napolitaine, n'est-il pas surnommé « l'œil de la Mafia » en France ? Une telle carte de visite ne suffit pourtant pas à boucler une enquête. Encore faut-il prouver que l'homme est lié au meurtre. Les enquêteurs savent que Tany a « travaillé » avec ses collègues transalpins. Mais encore ? Certes, Pierre Michel devait entendre, le lendemain de sa mort, un certain Marc Chambault chez qui on avait trouvé les noms de deux bars parisiens fréquentés par Zampa. Chambault, pris dans l'affaire du laboratoire de Saint-Maximin, avait déjà été interrogé par le juge à deux reprises au cours de l'été 1981, mais en vain. Tout cela n'est-il pas un peu court pour accuser le caïd d'avoir ordonné la mort du magistrat ?

D'ailleurs, après l'assassinat de Pierre Michel, Tany a voulu refaire le coup du casse de Nice. À l'époque, soupçonné d'avoir participé au fameux cambriolage des sous-sols de la Société générale, Zampa s'était présenté de lui-même à la police. Il en était ressorti libre et encore plus blanc que le linge séchant aux fenêtres de Naples. Après la mort de Michel, au culot, il a donc appelé le chef de la PJ, Jean-Pierre Sanguy, pour convenir d'un rendez-vous. Cette fois, le stratagème n'a pas fonctionné. Le commissaire a décliné l'offre sèchement : « Je vous trouverai bien tout seul quand ce sera nécessaire… » Cette réponse en forme de menace a inquiété le caïd, qui a décidé de prendre ses distances. Mais il laisse du monde derrière lui : sa famille, sa femme, ses amis, ses lieutenants et, surtout, ses mirobolantes affaires financières. Faute de preuves pour l'impliquer dans une affaire criminelle, les enquêteurs changent alors leur fusil d'épaule. Ils prennent au pied de la lettre le conseil d'un vieux flic de la PJ : « Ne suivez pas la femme, suivez l'argent. L'oseille vous mène toujours dans la bonne direction.

Et elle laisse beaucoup plus de traces ! » La chance, qui est le dieu des policiers, va leur tendre les bras…

Comme le Milieu a horreur du vide, le départ de Zampa déclenche une sanglante guerre de succession pour prendre une portion de ce royaume délaissé. La place est chère, si l'on en juge par le nombre de règlements de comptes. En 1983, treize voyous tombent des deux côtés, comme des palombes abattues en pleine traversée du Pays basque. Le 6 octobre, c'est un rapace qui s'écrase. Gilbert Hoareau, pourchassé en plein jour sur le haut de la Canebière, est foudroyé de cinq balles de 11.43. Il s'écroule les bras en croix, les yeux vers le ciel, son costume de lin blanc maculé de sang.

Cet ancien coiffeur au physique de boxeur est alors considéré comme le prince des nuits marseillaises. Proche de Tany Zampa, il s'est construit un empire à la force du colt mais ses victimes, qui lui cédaient « spontanément » leurs établissements, ne portaient jamais plainte. Un abus de situation dominante ! De plus, « Le Libanais », comme on le surnommait (il est né à Beyrouth), avait la bosse des affaires. C'est lui qui, le premier, aurait introduit à Marseille les machines à sous, les fameux « bandits manchots », tout juste débarqués des États-Unis. Là encore, les responsables de bar ont été « ravis » d'accueillir les machines « aimablement » déposées, puis gérées par les hommes de Tany et de Hoareau.

Dès que la PJ apprend l'exécution de ce dernier, elle se précipite pour perquisitionner les principaux établissements tenus par « Le Libanais ». Le jeune commissaire Jean-Michel Mimran, à peine arrivé à Marseille, fonce avec ses hommes à l'Abri-côtier, un restaurant situé près de la Corniche, entre les rochers. En arrivant, ils croisent dans l'escalier un petit monsieur lesté d'une lourde serviette et très pressé de partir. Il s'agit du comptable du groupe s'apprêtant justement à mettre à l'abri la comptabilité du clan Zampa… Une mine d'or. Du moins le puits d'accès à la mine. Les spécialistes de la brigade financière épluchent les documents saisis. Ils mettent au jour le fonctionnement occulte de plusieurs boîtes de nuit, découvrent les liens secrets entre gérants mais surtout, bonheur suprême, ils trouvent dans cet entrelacs de chiffres et de relations la trace de la participation de Zampa et de sa femme.

Les documents révèlent le rôle central joué dans cette vaste organisation par un spécialiste, le « conseiller juridique » du groupe, un jeune avocat de trente-six ans, Philippe Duteil, qui vit avec la veuve d'un lieutenant de Zampa « tombé » récemment au front du banditisme.

Pour éviter les fuites, deux réunions se déroulent loin de l'Évêché. La première dans le bureau du procureur Pierre Truche. La seconde à la préfecture. Les participants s'y rendent avec des ruses de Sioux. Le juge Yves Granger, qui dirige les opérations, donne alors le signal de l'assaut : le 19 octobre 1983, soit deux ans presque jour pour jour après l'assassinat de Pierre Michel, la police réveille à l'aube vingt et une personnes, dont le jeune avocat amoureux et la propre femme de Tany, Christiane Zampa. Cette dernière n'en revient pas. Les filatures et les écoutes ont montré que cette épouse modèle, très pieuse, donne une excellente éducation à ses enfants, ce qui ne l'empêche pas de les installer face à la lunette arrière de sa voiture et de leur demander de servir de « vigie ». Leur mission : détecter une éventuelle filature. Elle donne un sérieux coup de pouce à son mari dans les affaires, son nom apparaissant dans de nombreux montages financiers. C'est ce que révèle M^e^ Duteil. Peu coutumier des gardes à vue, du moins à la place peu enviable de suspect, il craque en effet rapidement et livre tous les secrets du système Zampa.

Pour la première fois, les enquêteurs dissèquent en direct l'empire d'un grand caïd de la pègre. Une organisation impressionnante qui mériterait d'être cotée en Bourse. Enfin on voit comment s'investit et se bonifie l'argent du crime. Le groupe détient, directement ou par l'intermédiaire de prête-noms, une dizaine d'établissements sur la Côte d'Azur, dotés parfois de succursales. Ainsi la Mendigotte, une prospère boîte de Marseille, a ouvert sa jumelle, la Mendigotte de Cannes, une filiale destinée à une clientèle essentiellement masculine. Elle a rencontré néanmoins quelques soucis. Inauguré en grande pompe en présence de plusieurs stars du show-biz, l'établissement a dû fermer rapidement ses portes. Après plusieurs tentatives, les policiers de la Mondaine sont en effet parvenus à pénétrer au deuxième sous-sol, où ils ont constaté nombres d'attentats à la pudeur sur des mineurs. Ironie du sort, le nouveau préfet de police de Nice, qui prend l'arrêt d'interdiction, n'est autre que l'ancien magistrat

Étienne Ceccaldi, le grand ami de Pierre Michel, l'un des derniers à l'avoir vu vivant le 21 octobre 1981.

Le groupe espère rouvrir très vite sa succursale cannoise. Pour l'heure, ses pertes n'obèrent pas vraiment son chiffre d'affaires. Et il dispose d'un fonds de trésorerie important. Plusieurs autres établissements de Marseille fonctionnent à plein, l'Annabel's, le Kennedy's et le Jeana par exemple. La bande a aussi récupéré la Locomotive, un night-club qui fait le bonheur des touristes dans la ville de Cassis, cette charmante bourgade située à vingt kilomètres de Marseille, célèbre pour ses calanques et son cap Canaille, impressionnant balcon sur la mer où les voyous vont se débarrasser des cadavres encombrants…

Une autre ville a attisé la convoitise du caïd : Aix-en-Provence. La voisine de Marseille, riche et bourgeoise, représentait pour Zampa une consécration, le symbole de sa réussite. Il y jouait d'ailleurs régulièrement au tennis dans un club huppé. De plus, les affaires y sont prospères. Son groupe gère ainsi deux établissements connus, le Mistral, mais surtout la Rotonde, l'une des plus belles brasseries de la ville, située à quelques pas du cours Mirabeau. Le Mistral, lui, est tenu en « gérance libre » par Françoise Di Nonno, la femme d'un vieil ami de Tany, Raphaël Di Nonno.

Tany Zampa a surtout construit dans la cité provençale le navire amiral de son groupe, son fleuron, inauguré en octobre 1980. Son plus gros investissement aussi : le Krypton, un gigantesque dancing, bourré d'électronique, de lasers lumineux, d'effets spéciaux et d'une sono digne des trompettes de Jéricho, à faire trembler ses murs en béton. Toute la jeunesse de la ville s'y rue, mais aussi une clientèle plus bigarrée venue de Marseille et mêlant, comme d'habitude, bourgeois et voyous. Tany y règne et montre complaisamment qu'il est le maître des lieux. Les clients (certains samedis, ils sont près de 1500) ne s'y trompent pas. « Ce soir, on va à la boîte de Zampa ! » disent-ils avant de monter en voiture.

Les experts de la financière se plongent avec délices dans les comptes de l'établissement et, surtout, dans les conditions de son acquisition. Cette discothèque ultra-sophistiquée aurait coûté la bagatelle de 20 millions de francs, dont 16 millions apportés, dit-on, par Zampa lui-même. Pour le vérifier, les policiers se penchent sur les comptes de la SCI Basses-Fenouillères, la société civile immobilière propriétaire des murs du Krypton. Certains capitaux proviennent de divers prêts bancaires. Mais d'autres ont été apportés en espèces par Christiane Zampa ou par ses amis. Ce sont ceux-là, bien sûr, qui intéressent les enquêteurs. Longuement interrogée par le juge Granger, l'épouse du caïd explique, par exemple, qu'une partie de la somme provient de la vente d'un appartement boulevard du Prado acheté 165 000 francs quelques années plus tôt et revendu 1 million de francs en 1981. Une très belle opération immobilière qui a permis à Zampa d'acquérir à Aix le terrain d'un hectare et demi sur lequel a été construit la discothèque. La fortune sourit aux audacieux. Mais madame Zampa, rétribuée par la société en tant que « directrice artistique » du Krypton, est plus gênée par un document retrouvé dans le cabinet de Me Duteil. Les policiers ont déniché en effet de curieuses reconnaissances de dettes, de près d'un autre million de francs au total, signées par Christiane Zampa et par son incontournable amie, Françoise Di Nonno. Bonne pioche. Qui sont les généreux prêteurs ? Il s'agit, expliquent les deux femmes, de plusieurs parents ayant mis la main à la poche pour participer à l'achat de l'établissement. Tantes, belles-sœurs, belles-mères, amis proches ont ainsi puisé dans un petit héritage ou cassé leur tirelire pour venir en aide à la famille… Et ils ont reçu en échange de belles reconnaissances de dettes, toutes propres, prouvant que tout cet argent est bien d'origine honnête. Seulement, cette précaution est à double tranchant car il va falloir maintenant que tous les prêteurs justifient, auprès de la justice et du fisc, la provenance de ces sommes rondelettes. Le juge Granger, apparemment peu convaincu par ses explications, expédie Christiane Zampa aux Baumettes. La manœuvre consiste, bien sûr, à frapper Zampa au portefeuille et à le ruiner. Mais aussi à le faire sortir du « trou » où il se terre.

Le caïd réagit en effet très vite, fou de rage qu'on s'en prenne à sa femme. Trois jours après l'arrestation de Christiane, l'impulsif lui envoie du fond de sa planque une lettre d'amour enflammée. Il sait évidemment que le courrier adressé à la prison sera lu par l'administration et par le juge. Mais il veut aussi faire passer un message.

*« Ma petite femme adorée,* écrit-il, *tu sais combien je peux être triste de cette situation. Mais ne t'inquiète surtout pas, ton mari n'est pas près de perdre le citron. Tu n'as rien fait pour que l'on te mette en prison, ils le savent pertinemment.*

*Il souffle un vent de colère voire de folie qui ne se justifie que par la connerie humaine !!! [...] Enfin nous, nous sommes sûrs qu'au moment même où je t'écris, les ou la personne qui a ordonné ton incarcération doit être bien fière voire même honteuse [...] Moi de mon côté, malgré mon mandat d'arrêt international, je vais avec mon avocat essayer de mon mieux pour prouver que nous subissons la bêtise, l'ignorance, la haine et surtout pas la justice. D'ailleurs, mon amour, si le juge Guérin venait à vouloir t'interroger au sujet bien sûr de la mort du juge Michel, tu ne lui réponds pas. Ne lui dis pas un seul mot, ne réponds à rien !!! Demande-lui seulement pourquoi ton mari aurait voulu tuer le juge Michel. C'est tout !!! Ton mari n'est pas un mafioso, il est français !!! »*

L'étrange missive suscite bien des interrogations, surtout la fin, ce passage un peu délirant concernant la mort de Pierre Michel. Zampa écrit aussi au juge et même au procureur pour protester de son innocence. « À l'heure du crime, je déjeunais avec mon avocat », fait-il valoir. Le Parrain exige maintenant l'audition de ses amis Gérard Vigier et Homère Filippi.

Là, les policiers se demandent, comme d'ailleurs le Milieu marseillais, si Tany ne commence pas, justement, « à perdre le citron »... et la raison. Ils espèrent toujours, en tout cas, qu'il va se rendre, ce qui lui permettrait de négocier la libération de son épouse. Mais Zampa, de toute évidence, a déjà dépassé cette logique-là. Il a basculé dans un autre monde. La vengeance le hante plus que la négociation...

Un autre message met alors le palais de justice en émoi. Une écoute téléphonique placée sur une boîte de nuit révèle que le procureur Truche, le juge Granger et le commissaire Sanguy pourraient être assassinés sur ordre de Tany… L'interlocuteur, qui paraît bien informé, évoque même la possibilité d'un attentat à la voiture piégée devant le tribunal de Marseille ! La PJ prend la menace très au sérieux.

Des mesures drastiques de sécurité sont décidées. Le palais de justice est transformé en Fort Knox. On réunit tous les magistrats pour les prévenir… mais on omet de leur dire pourquoi. Ce qui provoque, on l'imagine, un gros coup de colère. Après le choc de la mort du juge Michel, la vie marseillaise avait repris son cours, nonchalante, y compris au palais. Cette fois les mesures sont spectaculaires : le stationnement est interdit dans la rue Fortia qui sépare l'ancien palais de justice du nouveau, là où, d'habitude, les deux-roues s'entremêlent dans un stationnement anarchique. Un portique de sécurité est dressé à la porte du tribunal. À l'époque, la présence d'un tel dispositif fait scandale, les magistrats refusant de passer sous ces fourches Caudines. Ce contrôle obligatoire, ressenti comme un signe de méfiance, sinon de défiance, provoque des heurts avec les CRS chargés de la sécurité. L'un d'eux a la maladresse de lancer à un magistrat « rebelle » : « Tout le monde peut être acheté ! » Il s'attire cette réplique cinglante du jeune juge : « Les CRS aussi ! » Ambiance.

Le procureur Truche est placé sous la protection directe du commissaire N'Guyen Van Loc, célèbre patron du Groupe d'intervention de la police nationale (GIPN) qui s'était illustré à Marseille lors de prises d'otages. Deux de ses inspecteurs occupent l'appartement du responsable du parquet, transformé en forteresse. Le juge Granger, lui aussi, hérite de deux anges gardiens qui logent même chez lui. Pour plus de sécurité, l'épouse et les enfants du magistrat partent dormir chez des parents, loin de la cité phocéenne. Le commissaire Sanguy, lui, se garde tout seul. Mais ses hommes n'ont plus qu'une consigne, qu'un seul objectif : trouver Zampa à tout prix et très vite. Toute la PJ est mobilisée. La chasse est ouverte. Les enquêteurs se mettent aux basques de tous ceux qui, de près ou de loin, peuvent être restés en contact avec Tany. Avec une recommandation formelle : ne pas se faire « mordre », c'est-à-dire ne pas se faire repérer. Il en résulte parfois des scènes savoureuses comme celle-ci…

Un inspecteur suit le véhicule d'un proche de Zampa jusqu'à Saint-Cyr-sur-Mer, à l'est de Marseille. Le policier doit rester le plus près possible de la voiture pour ne pas la perdre de vue, mais sans trop la coller pour ne pas se faire repérer… L'art de la filature. Le conducteur suivi emprunte une série de petites rues et soudain tourne dans l'une d'elles, encore plus étroite. Le policier le suit instinctivement. Une fois l'angle tourné, c'est la catastrophe : il s'est engagé dans une impasse ! Au fond, quelqu'un attend visiblement le voyou. L'inspecteur est pris au piège : il ne peut pas reculer. Il est cuit. C'est alors qu'il découvre du coin de l'œil une échappatoire : un portail de maison ouvert, laissant entrapercevoir un monsieur d'âge respectable taillant ses rosiers dans son jardin. Le policier n'hésite pas. Il s'engouffre dans la cour, descend de la voiture en courant et se jette dans ses bras, comme il l'aurait fait avec un vieil oncle, lui soufflant à l'oreille : « Embrassez-moi, police ! » D'abord surpris (on le serait à moins), l'amateur de roses comprend très vite, feint les retrouvailles et invite même son hôte à prendre un verre… L'anecdote fait pendant quelques jours le bonheur des couloirs de l'Évêché où, rejouant théâtralement la scène, les policiers font semblant de s'étreindre, en murmurant : « Embrassez-moi, police ! »

L'heure n'est cependant pas à la plaisanterie : Zampa court toujours. Alors les enquêteurs mettent les bouchées doubles, en ciblant les très proches de Tany, son demi-frère, Jean Toci, son lieutenant préféré, Gérard Vigier, et son grand copain, Jean-Marie Lucchesi, dit « Nono », un vieux cheval de retour. Cet ancien de la French Connection, arrêté en 1972 en train de tourner dans un laboratoire de transformation d'héroïne, avait écopé de quatorze ans de prison. Mais il a été libéré plus tôt que prévu pour raisons médicales. Nono est un grand ami de Zampa. C'est pourtant lui, ou plus exactement sa petite amie, qui va perdre le caïd. Comme quoi, la piste féminine vaut parfois celle de l'argent…

En filant la jeune femme et l'une de ses proches, les enquêteurs les voient avec surprise louer un bungalow isolé dans un camping proche de l'étang de Berre, à Saint-Mitre-les-Remparts. Les deux jolies femmes, Françoise et Oria, n'ont pourtant pas vraiment le look à s'adonner aux joies de la campagne en plein mois de novembre, par une rude fin d'automne.

Dès lors, on aperçoit dans les champs, à proximité du camping Clair-Séjour, de drôles de chasseurs avec leurs grosses gibernes… Mais on ne distingue pas les autres policiers, à moitié enterrés dans les buissons ceux-là, guettant leur objectif avec des jumelles. Leur patience est bientôt récompensée.

Le dimanche 27 novembre 1983, ils ont le bonheur de voir descendre d'une Golf GTI bleue, immatriculée dans les Alpes, le grand Zampa, en survêtement, accompagné de son copain Nono, lui aussi en vêtement de sport. Le caïd, qu'on imaginait en Italie, en Espagne, voire en Amérique latine, se cachait plus modestement à Saint-Mitre-les-Remparts. Après quelques sommations et deux grenades lacrymogènes lancées contre le bungalow, les deux voyous, en bons professionnels, jaugent la situation et, l'estimant défavorable, se rendent sans résistance.

« Zampa avait une intelligence animale proche de l'instinct, estime l'inspecteur Jean-Louis Pietri, présent ce jour-là. On peut être voleur par hasard. On ne peut s'imposer comme un caïd par hasard. » Tany est d'abord conduit à l'Évêché, puis au palais de justice, noyé dans une escorte digne d'un chef d'État. Il fait une arrivée de star, posant quasiment devant les photographes, menottes aux poignets, belle « gueule », un énigmatique sourire aux lèvres. Devant le juge Yves Granger, il plaisante même : « Tiens, je croyais que vous portiez la barbe. Ah, je vois. Vous vous étiez promis : si j'attrape le Zampa, je me coupe la barbe… » Il rit moins lorsque le magistrat énumère les charges contre lui. Il l'inculpe pour « abus de biens sociaux » et « faux en écriture ». Et lui rappelle une histoire qu'il a dû oublier : en novembre 1982, à Clermont-Ferrand, deux agents contrôlaient par hasard un petit bar de la ville, l'Entonnoir. Ils sont tombés nez à nez avec deux truands armés qui installaient de force des machines à sous. Dans un premier temps, les racketteurs se sont laissé contrôler puis ont bousculé les policiers et pris la fuite. Quand les agents ont vérifié sur les fichiers les photos des faux papiers que leur avaient laissés les malfrats, ils ont aussitôt identifié Zampa. Ainsi donc, recherché, isolé, le grand patron n'hésitait pas à mettre la main à la pâte et à démarcher lui-même les clients loin de ses bases. Un travail de manœuvre, pas à la hauteur de sa réputation. Celle-ci justement vacille à la prison des Baumettes où il est incarcéré. Les autres détenus sentent le caïd à terre, sans défense. La plupart de ses hommes sont morts. Lui-même tourne en rond dans sa cellule. Il paraît devenir fou.

S'il est vraiment responsable de la mort du juge Michel, les voyous estiment que c'est une erreur monumentale : elle a mis le Milieu à feu et à sang et déchaîné la répression policière. Or ce petit monde n'est pas tendre et pas forcément attaché à la présomption d'innocence.

*
**

Le juge d'instruction François Badie a repris le dossier Zampa/Hoareau. Il extrait le détenu de sa prison pour conduire les auditions, lui donnant pour quelques heures un souffle d'air marseillais. « Zampa était persuadé que sa situation de l'époque était liée à l'assassinat de Pierre Michel, qu'on lui faisait payer la note pour la mort du juge », se souvient le magistrat instructeur. Face à lui, Zampa retrouve sa dignité, reprenant goût à la provocation, s'exprimant par maximes, « un peu comme Sancho Pança dans *Don Quichotte* ». « Je n'ai jamais tué de juge. Mais il ne faut jamais dire : fontaine, je ne boirai pas de ton eau », lâche le Parrain avant de retourner à l'enfer de sa prison et de sa solitude.

Tany, affaibli, est rapidement surnommé la « marraine », par opposition au « Parrain » du dehors. Les détenus se moquent de lui et de son dentier... De fait, Zampa va de plus en plus mal. Le 20 juin 1984, premier jour de son procès, où il comparaît vêtu d'un jean et d'une chemise bleue, il attend la pause déjeuner pour se jeter la tête la première contre un pilier du palais de justice. Le lendemain, il s'ouvre les veines dans sa cellule avec un morceau de verre. Il se dit « en proie à des forces occultes » et obéissant à des « voix intérieures ». Il est persuadé d'être drogué à son insu, sinon envoûté. Le tribunal, qui craint un simulacre, ordonne une expertise psychiatrique et des examens toxicologiques.

Au bout d'une quinzaine de jours, les médecins rendent leur verdict : Gaëtan Zampa est « angoissé et superstitieux » mais bien apte à comparaître. Le jeudi 19 juillet, « Le Grand » reçoit la visite d'un de ses avocats, en l'occurrence une avocate, Me Sophie Bottai. Elle le trouve « en grande souffrance ». En proie à de terribles migraines depuis des années, il s'entoure la tête de serviettes sur lesquelles est posée de la glace pour les apaiser. Me Bottai vient lui annoncer qu'elle quitte Marseille pour le week-end mais qu'elle sera là, bien sûr, le lundi, requinquée, pour le défendre. Tany le prend mal. Il s'écrie : « Vous aussi, vous m'abandonnez ! » « Mais non, je reviens », le rassure son conseil.

À un autre de ses avocats, Me Jean-Louis Pelletier, il confie ses idées suicidaires. « Tany prenait mal l'incarcération de sa femme, raconte Pelletier. Il répétait : "Je vais m'accrocher !" – c'est-à-dire "je vais me pendre". Je lui ai dit de ne pas faire le con, il m'a répondu de manière sibylline : "Non, non... je vais juste faire un truc..." »

Pour plus de sûreté, Zampa est incarcéré avec l'un de ses anciens employés, Robert Schandeler. Cet ancien videur du Krypton, tombé pour braquage, est censé veiller sur son ex-patron.

Le lundi 23 juillet, vers 19 h 30, alors que Schandeler s'est assoupi, il est réveillé par le bruit métallique d'un tabouret heurtant le sol. Tany s'est pendu à la fenêtre de la cellule avec la corde à sauter de son compagnon... Il l'a entourée autour de la poignée de la fenêtre, passée autour de son cou et s'est laissé tomber d'un coup. Un choc très violent, terrible pour les cervicales et la trachée.

Schandeler tente une trachéotomie avec des instruments de fortune : un couteau à bout rond et un stylo Bic ! Rien n'y fait. Le caïd est transporté en urgence à l'hôpital Salvator. Les médecins constatent qu'il a les cordes vocales sectionnées et un œdème du cerveau. Gaëtan Zampa meurt, après trois semaines de coma, le 16 août 1984 au soir.

Le caïd a-t-il vraiment voulu se tuer ? Magistrats et enquêteurs sont divisés sur le sujet. Les truands partagent cette perplexité. Certains pensent qu'il s'agit d'un ultime stratagème : Zampa aurait simulé un suicide… qui aurait réussi. D'autres se demandent surtout s'il s'agit bien d'un acte volontaire. Beaucoup de monde avait intérêt à ce que Zampa ne parle jamais : il connaissait trop la ville, ses bas-fonds et ses secrets.

Afin de faire la lumière, une information judiciaire pour « recherche des causes de la mort » est confiée à Bernadette Augé. La juge d'instruction, qui avait hérité de l'affaire du labo de Saint-Maximin, et donc du dossier d'Homère Filippi après la mort de Pierre Michel, assiste à l'autopsie. Celle-ci a lieu, comme celle du magistrat assassiné, au crématorium du cimetière Saint-Pierre… Pour éviter toute critique, la justice, prudente, a désigné deux médecins légistes extérieurs à Marseille, venus tout spécialement de Bordeaux et de Strasbourg ! Les hommes de l'art ne distinguent rien d'anormal, pas de trace de violence ou de coups en dehors de sa blessure à la gorge. Le codétenu, longuement interrogé, maintient sa version. Robert Schandeler n'en donnera jamais d'autre : il sera abattu cinq ans plus tard, le 21 décembre 1989, dans le parking de la place de la Comédie, à Montpellier, où il s'était mis au vert. Règlement de comptes lié à ses activités ou élimination d'un témoin qui en savait trop ?

Tany, lui, se prépare pour une garde à vue éternelle. Pour son dernier voyage, sa famille l'a vêtu d'un costume rayé et de chaussures à bouts carrés qui lui donnent un vague air de ressemblance avec le Marlon Brando du *Parrain*. Un rôle qu'il a toujours aimé jouer… Ses obsèques, en revanche, ne sont pas à la hauteur de ce mythe du cinéma. Pas de Cadillac ni de luxueuses limousines noires. Pas de cortège de voitures croulant sous les fleurs. Le sobre enterrement de Gaëtan Zampa n'a rien à voir avec celui de Mémé Guérini dont il se voulait le successeur à la tête du Milieu marseillais. Roger Arduin, le correspondant d'Europe 1 à Marseille, rapporte : « Guère plus de deux cents personnes accompagnent le caïd depuis son luxueux appartement au septième étage de la résidence de la Flotte, dans le quartier chic de la rue Paradis, jusqu'au cimetière Saint-Pierre. Deux cents personnes, parmi lesquelles son fils Mathieu, sa femme, Christiane, en tailleur blanc, des parents, des amis, de nombreux propriétaires de bars ; une douzaine d'entre elles sont certes libres, mais inculpées de fraude fiscale comme le défunt ! » Un enterrement somme toute discret, loin du mythe Zampa. Celui dont le nom a été mêlé pendant plus de trente ans à toutes les grandes affaires de la côte méditerranéenne, dont celle de la mort de Pierre Michel… Il n'aura cessé de clamer son innocence, reconnaissant seulement, du bout des lèvres, avoir eu connaissance du projet. Dans cette affaire, faute d'éléments probants, il n'aura jamais été entendu.

– 3 –

# La « blanche »

## Les stups remontent la piste des assassins

Le sacrifice du juge Michel aurait-il été vain ? En cette première moitié des années 1980, l'héroïne envahit les cités françaises, jusqu'au moindre bourg de campagne. La rue lui appartient. Les villes de Paris et de Marseille sont les plus touchées : de la gare du Nord à celle de Saint-Charles, de Belleville au quartier d'Endoume, les camés ne se cachent plus, trop occupés à chercher le produit qui leur permettra de tenir jusqu'au lendemain. L'horizon de leur vie ne va pas au-delà du prochain shoot. À la devanture des brasseries, les écaillers ont appris à se méfier de ces jeunes, reconnaissables à leurs yeux creux, qui viennent voler les citrons des étals pour nettoyer le dard métallique de leur seringue. Quant aux prostituées, elles vouent un culte païen à cette drogue omniprésente : la « blanche ».

Lorsque les bras se couvrent d'hématomes, quand les veines du cou ont la résistance d'une passoire, les aiguilles s'en vont chercher un morceau de chair entre deux orteils. « Certains toxicomanes remisaient dans de petites boîtes le coton ayant servi à filtrer le produit, se souvient Dominique Tafani, inspecteur des stups à Paris, puis à Marseille. Lorsqu'ils étaient en manque et qu'ils n'avaient plus d'argent, ils le faisaient bouillir dans des casseroles d'eau pour récupérer un fond de produit. Les plus fortunés en consommaient par inhalation après avoir chauffé l'héroïne. Ce qui provoquait un "flash" extrêmement violent… »

Sur le coup, l'héroïne a un effet euphorisant, mais elle exige rapidement une augmentation de la dose pour retrouver les mêmes sensations. Toujours plus pour toujours moins ! L'accoutumance et bientôt le manque : le cercle vicieux est enclenché.

Les drogués des années 1980 sont des trompe-la-mort : l'épidémie de sida (le virus vient d'être identifié par les chercheurs français et américains) se répand dans tous les milieux. Il est impossible à guérir malgré les recherches et difficile à stopper malgré les campagnes de prévention. Les hépatites sont en recrudescence. Jamais le problème sanitaire posé par un produit stupéfiant n'a été aussi alarmant. La France connaît – avec dix ans de décalage – l'enfer vécu par la jeunesse américaine. Les overdoses, causées notamment par des dépressions respiratoires, augmentent, pour atteindre 131 cas en 1985. Les dealers vivent leurs années fric. Ils coupent le produit avec du paracétamol, voire avec de la caféine, jusqu'à 30 % de la masse totale, afin d'augmenter leur marge.

Pour stopper l'hémorragie, le service antidrogue marseillais et son homologue national, l'OCRTIS[1] (l'Office des stups), tentent depuis des années de faire tomber les grossistes, tout en haut de la chaîne, et pas seulement les petits dealers de rue.

Dès le début de l'année 1982, le juge Guérin, qui instruit le meurtre du juge Michel, fait le lien entre les deux services. Le magistrat est convaincu que le mobile de l'assassinat est à rechercher dans le trafic de drogue. C'est le domaine où Pierre Michel s'est fait le plus grand nombre d'ennemis. De plus, la connaissance des lieux, la moto des tueurs – volée à Marseille, elle n'a pas été détruite – ramènent à une opération locale. Mais laquelle ? Pour l'heure, la justice ne dispose pas du moindre indice, la piste de la moto s'étant arrêtée à l'impénétrable Ciaramaglia, « l'incroyable Hulk », toujours mutique en prison.

À la PJ de Marseille, les policiers ayant fouillé en vain leurs fichiers, le juge Guérin décide d'élargir le spectre géographique en allant examiner les archives nationales et internationales de l'OCRTIS à Paris. Il part « en observation » et effectue plusieurs séjours au 127, rue du Faubourg-Saint-Honoré, siège de l'Office, face à l'église Saint-Philippe-du-Roule, à deux pas des Champs-Élysées. Là, un escalier de guingois (mieux vaut éviter le piège de l'ascenseur antédiluvien) conduit à des locaux exigus. Le patron, Jacques Franquet, dynamique et survolté, se montre très accueillant

1. Office central pour la répression du trafic illicite des stupéfiants.

envers le magistrat. Ses hommes lui ouvrent leurs cartons, « jusqu'au grenier », glisse le juge en souriant. Il consulte les PV de filature, les fiches individuelles, les rapports de synthèse. Le magistrat a même accès au saint des saints, les écoutes téléphoniques administratives, non versées à la procédure… De l'examen de tous ces documents il ressort que les enquêteurs des stups s'intéressent à plusieurs équipes marseillaises.

L'une d'elles, justement, intrigue les Parisiens. Ils pistent un groupe atypique de trafiquants de drogue, installés dans les Bouches-du-Rhône mais actifs surtout à l'« international ». Les policiers ne les imaginent pas un seul instant mêlés à l'assassinat du juge Michel. Aucun d'eux n'a un profil de tueur. Aucun n'a été impliqué dans des règlements de comptes sanglants. Du moins à la connaissance des policiers.

À la tête de la bande, tout en haut de la pyramide, on trouve un certain François Scapula. Il est épaulé par Philippe Wiesgrill, son chimiste, un véritable alchimiste. Un personnage plus falot, Charles Altieri, leur sert de factotum. Tous sont spécialisés dans le transport et la transformation de la morphine base en héroïne. Ces pigeons voyageurs des stups passent de l'Espagne au Mexique, de Curaçao aux Pays-Bas, des États-Unis à l'Inde, avec un stop par le Liban où ils séjournent régulièrement. La mobilité de ces saute-frontières rend leur filature très difficile, voire impossible. D'autant que Scapula change de pseudo comme de chemise : « Robert Atget », « Roger Veillot », « Freddie Sowahk »…

Heureusement, les trafiquants rentrent de temps à autre au bercail, un appartement situé 116, avenue du

Prado, à Marseille, placé sur écoutes administratives 24 heures sur 24. Altieri, Wiesgrill et d'autres complices s'y retrouvent au deuxième étage. Scapula, lui, est recherché dans le cadre de l'affaire du laboratoire de Palerme mais, avant de lui mettre la main au collet, les enquêteurs préfèrent engranger de l'information sur lui. « Il nous a fait beaucoup courir : c'était notre Fantômas, souligne le policier Antoine Sciblo. Nous suivions sa maîtresse domiciliée au Puy-Sainte-Réparade. Lui disposait d'une planque sur les hauteurs de Nice. Mais le couple se rencontrait à l'étranger. »

En janvier 1982, les lignes téléphoniques chauffent. L'équipe vient de réserver un appartement avec garage à Megève, station chic de Haute-Savoie. Marseille avise Paris. Pied au plancher, les inspecteurs de l'Office Jean-Marie Flori et René Serrano quittent le 127, rue du Faubourg-Saint-Honoré et foncent sur l'A6, puis sur la nationale qui traverse les Dombes avec le Mont-Blanc en ligne de mire. Ils profitent des tronçons d'autoroute tout juste mis en service dans la vallée Blanche pour améliorer leur moyenne. À Sallanches, la voiture commence à enchaîner les virages vers Combloux et Megève. « En arrivant sur la place centrale, on les a vus, tendus comme des cordes à violon, se souvient Jean-Marie Flori. Sans l'avoir voulu, ni anticipé, on s'est retrouvés nez à nez avec Scapula et ses amis. Ces mecs-là, ils ont un sacré flair. Ils fonctionnent un peu comme nous. Ils nous ont suivis toute la journée pour voir qui nous étions. Alors nous nous sommes mis à faire les boutiques pour acheter des vêtements de circonstance, une paire de skis et trouver un hôtel, comme des touristes lambda, ce qui a dû les rassurer. »

Une fois le coup de chaud passé, les choses rentrent dans l'ordre, et les truands sont, à leur tour, pris en filature jusqu'à leur appartement par les deux inspecteurs parisiens, épaulés par une équipe arrivée en renfort de Marseille. La semaine de surveillance ne donnera pas de résultat exploitable. Juste la confirmation que Scapula, sur les pentes enneigées comme dans ses relations commerciales, maîtrise la technique de la godille. Quelques semaines plus tard, on perd sa trace : il est parti en Italie « pour affaires ».

Les stups de Paris consignent le résultat de leurs surveillances. Ces voyous-là restent pour l'instant insaisissables. Ils opèrent exclusivement hors de France. Les hommes de l'Office se mettent donc sur d'autres objectifs plus réalistes à court terme. Mais ils ne les oublient pas... Et vont retomber sur eux par hasard.

À l'été 1984, l'OCRTIS reçoit un tuyau d'un informateur en Espagne. Une équipe de Français semble sur le point de tourner la blanche du côté d'Ibiza. Les policiers locaux les ont sur écoute mais peinent à comprendre leur sabir. Ils demandent conseil à leurs collègues parisiens. Étant donné leur accent et le jargon utilisé, pas de doute : ces trafiquants-là sont originaires de Marseille. Reste à les identifier.

Bien qu'ils soient saturés de travail à Paris, les patrons de l'OCRTIS, Jacques Franquet et son adjoint, le commissaire Jean-Gustave Paulmier, envoient un inspecteur vérifier l'info. « Un inspecteur d'expérience, relate Jean-Gustave Paulmier. Il est remonté sûr de son fait : pour lui, l'équipe était en plein travail. Dès le départ, il a cru à cette enquête. »

Ces premières vérifications permettent d'obtenir de la justice un cadre juridique, préalable indispensable à tout travail de longue haleine. Une information judiciaire pour trafic international de stupéfiants est ouverte, contre X, chez un juge accrocheur. Philippe Jeannin, en poste au tribunal de grande instance de Paris, est spécialiste des affaires de criminalité organisée. « Le premier numéro de téléphone français qui nous avait été fourni n'était pas bon. Mais grâce à des précisions complémentaires, venues d'Espagne, nous sommes assez vite retombés sur nos pieds », se souvient ce dernier, aujourd'hui premier président de la cour d'appel de Rennes. Le magistrat autorise ainsi le placement sur écoute de ce numéro : celui d'une cabine téléphonique située avenue Charles-de-Gaulle, à Neuilly-sur-Seine, aux portes de Paris. Un homme l'utilise régulièrement pour passer ses coups de fil. L'inconnu va au plus simple : la cabine est située au pied du studio qu'il occupe sur cette artère très passante reliant la porte Maillot à la Défense.

Les policiers identifient rapidement l'un de leurs vieux « clients », le Marseillais Charles Altieri, le porte-serviette de Scapula. La journée, il ne sort guère de chez lui, sinon pour aller téléphoner. Le soir, en revanche, il profite à plein de la vie parisienne. S'il lui arrive de redescendre à Marseille, il n'y reste qu'une journée, ne s'y attardant jamais, comme s'il craignait quelque chose.

Un jour, à Paris, la police le file jusqu'à la gare Saint-Lazare, où il vient récupérer 3 kilos de morphine base, déposés dans un attaché-case placé dans une consigne. L'histoire de cette drogue n'est pas banale. Altieri ignorait, comme tous ses complices, que celle-ci avait été achetée… sur les fonds de la police antidrogue américaine !

Dès cette époque, l'équipe de trafiquants, qui ne le sait évidemment pas, est prise en tenaille. D'un côté, les enquêteurs français. De l'autre, les Américains de la Drug Enforcement Administration (DEA). À partir du démantèlement d'un laboratoire d'héroïne aux États-Unis, en effet, la DEA s'est intéressée à la bande et a réussi une périlleuse opération d'infiltration. Elle a placé l'un de ses indics au cœur de l'équipe de Scapula. Ce qui ne va pas sans poser de problèmes aux Français, car à cette époque, la technique de l'infiltration n'est pas encore prévue dans le code de procédure pénale en France. « Au cours de nos surveillances, nous nous escrimions à ne pas reconnaître un petit homme brun, pourtant présent à chacune des rencontres : l'agent américain », en rit encore le commissaire Paulmier. La DEA met sur cette enquête des moyens quasi illimités, faisant même voyager des indics en Concorde pour un aller et retour Paris-New York. Mais le deal est clair : judiciairement, les Français gardent la main. « Une alliance objective », résume le juge Jeannin.

À partir d'Altieri, les enquêteurs remontent le fil et reconstituent l'équipe. Celle-ci vient de rapatrier ses biens de la plaine de la Bekaa, au Liban, devenue trop instable, pour gagner l'Espagne. Là, pour se remettre à niveau financièrement, les trafiquants s'acoquinent avec des truands nîmois, se lançant cette fois dans un produit inédit pour eux : le cannabis, envoyé par bateau aux Saintes-Maries-de-la-Mer, en Camargue.

Pour autant, ils n'abandonnent pas leur savoir-faire premier : la transformation de morphine base en héroïne. À l'automne, l'un de leurs contacts, Guy, est suivi alors qu'il remonte de Nîmes vers le nord dans une camionnette remplie de bric-à-brac, de centrifugeuses et de bacs en plastique. Mais les policiers pensent avoir été repérés. Ils sont obligés de prendre de la distance, puis d'interrompre la filature. Leurs proies se retrouvent de nouveau dans la nature.

C'est Altieri, avec sa manie de téléphoner d'en bas de chez lui, à Neuilly, qui va leur permettre de retrouver la piste des trafiquants. Après le coup de chaud de Nîmes, les voyous ont filé en Suisse. Ils sont en contact avec Marcel Zosso, soixante-cinq ans, installé dans la petite station des Paccots, dans la partie alémanique du pays. Que faire ? Attendre qu'ils reviennent à Marseille ? Impensable pour l'OCRTIS.

« Nous avons eu la confirmation de ce que nous pressentions : cette équipe serait impossible à faire tomber à Marseille, rappelle Jean-Gustave Paulmier. Elle y disposait de trop d'appuis. Sur les écoutes, j'ai entendu Altieri lire à un autre voyou la synthèse que j'avais envoyée et adressée à nos collègues marseillais. Il la tenait d'un inspecteur divisionnaire avec lequel il avait l'habitude d'aller se baigner aux Catalans ! Nous avons donc décidé de mettre les Suisses dans la boucle et de tenter notre chance là-bas. »

Le juge Philippe Jeannin prévient son homologue à Fribourg, le juge d'instruction André Piller. L'inspecteur Jean-Marie Flori est, lui, chargé d'aller voir sur place et de rédiger un rapport. Il fait le voyage avec un agent de la DEA qui s'installe à l'écart, au village de Châtel-Saint-Denis, afin que son accent ne donne pas l'alerte aux Paccots…

Cette station, à vocation familiale, est encore paisible à l'époque des premières neiges. La saison ne commencera véritablement qu'aux vacances de Noël. Pas facile dans ces conditions de rester discret. Flori prend ses quartiers dans une petite chambre proprette et monacale, avec une vue plongeante sur une rue en cul-de-sac, et sur le chalet où sont installés ses clients. Le policier passe ses journées à la fenêtre, un thermos de café sur la table de chevet, une paire de jumelles sur les genoux… et ses nuits à disséquer les conversations passées depuis le pavillon d'en face. La police de sûreté suisse, l'équivalent de la police judiciaire, réalise les écoutes. Depuis sa chambre d'hôtel, Flori dispose de la teneur des conversations en quasi-direct grâce à une préposée aux postes et télécommunications. L'employée, qui utilise une dérivation, lui retransmet tout ce qui vient de se dire. Manifestement, à l'intérieur du chalet, on s'impatiente.

« Altieri ne voulait pas venir en Suisse avec la morphine base. Il traînait des pieds car la vie parisienne lui convenait mieux que cette station perdue dans la montagne. Et puis, un jour, il finit par débarquer et par s'installer », raconte Flori. Le 7 novembre 1985, Charles Altieri descend d'un vol Roissy-Zurich en compagnie d'un trafiquant nîmois. Et tout ce beau monde se claquemure dans le chalet.

Un soir, l'employée des PTT appelle affolée le policier français : « Monsieur l'inspecteur, ils se sont tous enfuis ! » Panique dans la station. En réalité, une maison voisine a pris feu. Les sirènes des pompiers sont montées de la vallée. Et les truands les ont confondues avec celles de la police. Ils se sont réfugiés à l'extérieur, sous les sapins, par sécurité… Fausse alerte.

Le samedi 9 novembre, Zosso passe la tête dehors pour faire les courses. Il en profite pour acheter chez un pharmacien trois litres d'alcool pur. Le lundi 11 novembre, en milieu d'après-midi, tout s'accélère d'un coup. La dame des télécom appelle Flori : « Zosso va partir. Il vient de commander un billet d'avion Zurich-Madrid sous un faux nom ! » À 16 h 30, le Suisse quitte en effet la station des Paccots en voiture. Le même jour, un certain Philippe Wiesgrill arrive à Zurich par un vol en provenance d'Amsterdam. Le chimiste prodige est là.

Il est temps d'agir. Les groupes d'intervention suisses se mettent en position. À 19 heures, le top de l'opération est donné. Le chalet est investi par des hommes surarmés. Altieri tente de fuir en sautant par la fenêtre, à l'arrière du bâtiment, mais se retrouve face à deux agents pistolet au poing.

À l'intérieur, la table est dressée. Sur le plateau, posé sur deux tréteaux, en plus de l'incontournable bouteille de pastaga, trônent une demi-douzaine de bacs en plastique. Une poudre blanche d'une pureté quasi absolue (95 %) sèche. Dix kilos d'héroïne !

Pendant ce temps, sans se douter de rien, François Scapula fait paisiblement les courses dans la vallée, à Vevey, au bord du lac Léman. Les forces d'intervention qui quadrillent la ville repèrent sa voiture et lui passent les menottes. Scapula tente une ultime pirouette, feignant l'étonnement. Il tend un passeport au nom de Sowahk. Et se présente comme docteur en médecine… Docteur Scapula, *I presume.*

Là-haut, à la station, ses complices se noient dans les bobards. « J'ai été invité à prendre l'apéro. » « Je dormais. » « Je mangeais des raviolis. » Mais ils savent déjà qu'ils ont perdu la partie. Ils risquent au moins vingt ans de prison en Suisse. Le 11 novembre 1985 au soir, les alliés suisses, américains et français fêtent une belle victoire. Ils ne savent pas encore que le labo des Paccots sera l'un des derniers d'une telle importance à être démantelé en Europe.

Le hasard d'une écoute à Ibiza. La détermination de juges et de policiers flirtant avec les limites du droit. Une opération d'infiltration américaine digne de la guerre froide. L'imprudence d'un trafiquant qui utilisait toujours la même cabine téléphonique. La menace d'un retour en France pour de longues, très longues années de prison… Personne n'imagine un seul instant que ce concours de circonstances rocambolesques va fournir la clé de l'énigme Michel, vieille de quatre années déjà.

## – 4 –

# L'enquête rebondit en Suisse
## (automne 1985-printemps 1986)

Au printemps 1986, le juge François Badie, qui a repris le dossier de l'assassinat de Pierre Michel, se morfond dans son petit bureau marseillais. L'enquête stagne désespérément. Il a beau essayer de la relancer depuis plus de deux ans qu'il est en poste, pas la moindre « touche », comme disent les policiers. Le détenteur de la moto volée qui a servi à tuer le juge, Gilbert Ciaramaglia, demeure muet comme une carpe. Et encore les carpes sont-elles plus bruyantes. Lors de son dernier interrogatoire, alors que Badie lui demandait son nom pour expédier les formalités d'état civil, « Ciara » s'est tourné vers son avocat pour savoir s'il avait le droit de répondre à la question ! La plupart des suspects incarcérés pour le vol de la Honda Bol d'or sont même en liberté sous contrôle judiciaire. Seul un miracle peut faire avancer le dossier.

Ce n'est pas tout à fait la Sainte Vierge qui déboule alors dans le bureau du magistrat, mais presque. Deux policiers de l'Office des stups, les inspecteurs Jean-Marie Flori et René Serrano, lui révèlent que, depuis plusieurs mois, ils rencontrent en secret, et parfois des heures entières, des trafiquants marseillais arrêtés en Suisse en train de « tourner la confiture ». Comprenez : transformer la morphine base en héroïne. La loi suisse permet en effet aux enquêteurs de s'entretenir avec des détenus, sans limitation de temps, jusqu'à dix jours avant leur procès ! Et tout ceci hors la présence de leur avocat, qui n'intervient que lors de l'audience publique… Or l'un des prisonniers vient de passer aux aveux : Philippe Wiesgrill, le chimiste, affirme connaître les noms des assassins du juge !

Fiori explique qu'à force de patience, de discussions, de persuasion, il a réussi à nouer un lien avec ce personnage complexe qui ne se considère pas comme un voyou. D'ailleurs, ses complices le surnomment « L'Hybride ». Une sorte d'intermittent du Milieu, appartenant à la fois au monde du banditisme et à l'univers des « caves », ceux qui travaillent pour gagner leur vie. « Je suis parfois de leur côté, parfois du vôtre », confie un jour Wiesgrill aux inspecteurs. « L'affaire de l'assassinat du juge Michel n'aurait jamais pu être solutionnée si les arrestations avaient eu lieu en France, où les gardes à vue sont trop limitées dans le temps pour nouer des liens personnels, reconnaît Jean-Marie Flori, homme clé du dossier. Cela relève d'un véritable miracle comme on n'en connaît qu'un seul dans sa carrière. »

En Suisse, au cours des auditions, il a devant lui un « petit fluet plutôt sympa, du genre mariole » : Wiesgrill. Les deux hommes, au fond, se ressemblent, au-delà de leur physique. Ce sont des conteurs hors pair. « On a expédié la procédure et on s'est mis à parler à bâtons rompus. Wiesgrill n'était pas un voyou. Il faisait du pognon, voilà tout. Et puis c'était une commère. Il voulait absolument nous montrer qu'il savait, qu'il connaissait à fond le Milieu marseillais… Moi, je me suis pris au jeu. » Jour après jour, le trafiquant de drogue est extrait de sa prison de Fribourg pour être conduit dans les locaux de la sûreté où l'attendent les deux flics français. Marseille la vénéneuse, avec ses disparitions inexpliquées, devient naturellement l'objet de toutes les conversations. De fil en aiguille et sans arrière-pensée selon Flori, on en vient à évoquer l'affaire la plus mystérieuse de la décennie : l'origine de la mort de Pierre Michel.

« Avant de mourir, pour ma connaissance personnelle, je voudrais comprendre… », lâche l'inspecteur.

L'autre se redresse.

« Alors là, alors là, je connais rien du tout ! »

« Dans ses yeux, je lisais le contraire, certifie Flori. Son regard disait : Je sais tout et si tu sais me le demander, je te le dirai… Les jours passaient, je ne le lâchais plus. Je lui disais : "On ne va pas l'écrire, c'est juste pour nous." Il a commencé à bouger. Et d'un coup, il a tout lâché. »

« Je sais qui, comment et pourquoi », aurait dit Philippe Wiesgrill. Il venait d'infléchir le cours de l'histoire criminelle française.

« Mon cœur a fait trois pulsations en même temps. La plus grosse émotion d'interrogatoire de toute ma vie ! » assure Flori. Comme un pêcheur à la mouche dans le courant d'une rivière, il vient de ferrer avec succès. La prise est là, énorme, au bout de l'hameçon. Reste à la sortir de l'eau, c'est-à-dire faire en sorte que Wiesgrill accepte de raconter tout cela sur procès-verbal.

Pour ce faire, Flori a sa petite idée. « Tu sais Philippe, c'est bien beau. Mais tu vas prendre vingt ans pour trafic de drogue en Suisse. Et moi, je ne pourrai rien faire pour t'aider. Tu ne pourras même pas profiter de ce que tu viens de me dire. Si tu veux une remise de peine ou être extradé avec de bonnes conditions de détention en France, il faut écrire tout ça. Ensuite j'irai voir le juge… »

Le 28 avril 1986, à 14 h 38 précises, l'affaire des Paccots bascule dans une autre dimension criminelle. Ce jour-là, Wiesgrill est – officiellement cette fois – interrogé dans les locaux de la sûreté à Fribourg par quatre policiers, répartis par nationalité, Paul Grossrieder et Michel Genoud, côté suisse, Jean-Marie Flori et René Serrano, côté français. Tout a été négocié à l'avance. Le cliquetis de la machine à écrire se fait entendre régulièrement. Wiesgrill livre les noms des assassins du juge et les motivations de celui qui aurait commandité le crime. Une bombe judiciaire. Pour la première fois, la justice entrevoit la possibilité de juger et de faire condamner les tueurs du magistrat. Encore faut-il que le juge marseillais chargé de l'instruction du crime vienne entendre Wiesgrill en Suisse.

Après un rapide crochet par les locaux de l'OCRTIS pour prévenir le chef de service Jacques Franquet, Flori et Serrano filent à Marseille afin de convaincre le magistrat de l'urgence de la situation.

François Badie se montre tout d'abord réservé. En couchant sur procès-verbal un tuyau qui peut se révéler percé, on risque de fragiliser l'ensemble d'un édifice déjà instable. « Je sais qu'il dit la vérité, plaide l'inspecteur enthousiaste, il faut que vous alliez l'entendre. Vite ! » L'initiative laisse les « spécialistes » plutôt sceptiques. Quelques responsables de la police marseillaise, à couteaux tirés avec les « Parisiens », doutent des tuyaux de leurs confrères. De plus, l'enquête d'un juge à l'étranger n'est pas encore monnaie courante. Pierre Michel avait innové en se rendant à Palerme pour interroger le trafiquant français – le bon docteur Bousquet – et ses complices, arrêtés dans leur laboratoire.

François Badie décide tout de même de rencontrer Wiesgrill à Fribourg. Impossible de ne pas vérifier une telle information : il tient à se rendre compte de lui-même de la crédibilité de ce témoin miracle. Mais il faut d'abord prévenir le substitut, qui fait un rapport au procureur général, qui rend compte à la chancellerie… Puis accomplir les formalités judiciaires, signer une ordonnance de transport. Et que dire du sous-équipement chronique de la justice ? La greffière du juge Badie doit pousser jusqu'au bureau de poste le plus proche du palais pour envoyer par fax sa commission rogatoire internationale aux Suisses !

Le magistrat demande aussi au substitut Patrick Guérin, premier juge chargé d'enquêter sur la mort de Michel, de l'accompagner : « Il y a une embellie dans l'enquête, annonce Badie à son confrère, désormais en poste au parquet. Tu connais le dossier par cœur : viens avec moi à Fribourg. »

Patrick Guérin, qui a travaillé longuement avec les hommes de l'Office, à Paris, a noué avec eux un lien de confiance. Lui aussi porte le fardeau de cette enquête avortée. Il n'hésite donc pas une seconde : « Enfin une lueur d'espoir. » Pour plus de discrétion, les magistrats partent un 1er mai, sachant que, ce jour-là, il y aura peu de monde au tribunal. D'ailleurs, personne ne semble remarquer leur départ.

## 1er mai 1986 : premiers aveux

À l'hôtel où ils descendent à Fribourg, leur arrivée ne cause pas plus d'émoi. D'autant que, dans la salle principale, patrons, employés et clients se serrent autour du poste de radio. Des nouvelles encore très vagues, mais dramatiques, arrivent d'Ukraine, par-delà le Rideau de fer qui coupe pour quelques années encore l'Europe en deux. Quatre jours auparavant, le réacteur de la centrale atomique de Tchernobyl s'est emballé et son explosion a libéré dans l'atmosphère des substances radioactives dont la dangerosité est encore impossible à estimer.

Malgré l'actualité internationale, les Français sont accueillis chaleureusement par leur confrère suisse André Piller. « Ravi de vous recevoir, c'est une affaire très intéressante », s'enthousiasme le magistrat avec sa pointe d'accent. « Il m'a confié que c'était son premier assassinat, témoigne aujourd'hui François Badie. Je devais en être à mon deux cent cinquantième. Un choc des cultures en somme… »

Les Français s'entassent avec deux policiers suisses, plus les greffières, dans son petit bureau surchauffé. Philippe Wiesgrill apparaît alors, imperturbable. En majesté. Il rechausse ses petites lunettes qui lui donnent un air d'intellectuel et commence d'un ton posé, comme un maître de conférences préparant son auditoire.

Et il répète son hallucinant récit, devant un parterre impatient. Il dévoile, dans le détail, sans états d'âme, presque voluptueusement, les dessous du crime. Il commence sobrement par cette phrase : « J'ai une révélation à vous faire concernant une importante affaire qui s'est déroulée à Marseille en 1981. Il s'agit de l'assassinat du juge Michel. Je dois vous dire que je connais le mobile, le commanditaire et les exécutants de cette affaire. »

## Wiesgrill balance

Très astucieusement, le voyou prend soin de ne jamais avancer d'information pouvant l'impliquer directement. Tout ce qu'il a à dire, il l'a entendu, presque par hasard. Il n'a jamais été mêlé aux préparatifs du meurtre, il n'était pas sur le terrain, il s'est simplement trouvé là pour recueillir les confidences d'une oreille attentive. Voilà comment, selon lui, il a eu vent de l'affaire.

À la mi-octobre 1981, il revient précipitamment du Liban, où il transformait de la morphine base, pour assister à l'enterrement de sa mère. Quelques jours plus tard, il surprend une étrange conversation entre Altieri et un autre membre du groupe. Il est question d'une « filature à moto exercée à partir du palais de justice de Marseille ». Quelques jours plus tard, quand il apprend la mort du juge Michel, tué par des assassins juchés sur une Honda Bol d'or, il n'a pas besoin de longues explications : il comprend que la bande à laquelle il appartient est à l'origine du meurtre… Mais il va en apprendre plus, beaucoup plus.

Le trafiquant, qui ménage ses effets, rechausse de nouveau ses lunettes, avant de fournir le mobile de l'assassinat que jusqu'ici on avait cherché un peu partout, à Marseille mais aussi en Italie. Et le nom du commanditaire présumé. Wiesgrill accuse sans hésitation François Girard, le chef de la bande, l'égal de Scapula. Ce truand d'envergure a été emprisonné par Pierre Michel en 1981. Sa route a d'abord croisé celle du magistrat dans une affaire d'importation d'héroïne depuis la Turquie par deux passeurs suisses, puis en marge de l'affaire du démantèlement des deux laboratoires de Sicile. Michel était certain qu'il avait partie liée avec son ami d'enfance le docteur Bousquet, l'homme de la Mafia[1]. Dans sa cellule des Baumettes, Girard ruminait. C'est là, à l'abri des murs de la prison, qu'il aurait condamné à mort son juge d'instruction.

« François Girard, affirme Wiesgrill, en voulait à mort au juge Michel, qu'il accusait de tout faire pour

1. Voir troisième partie, chapitre 2.

l'impliquer dans une affaire dans laquelle il se disait innocent. […] Le juge s'était ensuite débrouillé pour l'impliquer dans le dossier du laboratoire de Palerme. François Girard prenait ces faits pour un véritable déni de justice et aurait juré la perte du juge Michel. »

Après avoir livré l'identité du commanditaire, Wiesgrill évoque les noms des assassins, les deux hommes à la moto. Sur la Honda Bol d'or, il y avait, selon lui, Charles Altieri, l'utilisateur de la cabine téléphonique de Neuilly, et un homme de main, extérieur à leur petit groupe. Cette pièce rapportée s'appelle François Checchi.

« Le jour de l'assassinat, raconte Wiesgrill, faisant état de la confession d'un membre de l'équipe, c'était Charles Altieri qui pilotait la moto, François Checchi était le passager arrière qui avait exécuté le juge Michel. » Wiesgrill ajoute que les membres de la bande utilisaient un mot particulier pour désigner le meurtre : Checchi aurait « charclé » le juge. Charcler : un vieux mot provençal signifiant se bagarrer. Tuer, en argot.

Fermez le ban. Fin des aveux. Les enquêteurs n'ont jamais recueilli autant d'informations. Ils n'en reviennent pas eux-mêmes. En quelques heures, tout est dit ou presque. L'assassinat de Michel est éclairci… du moins sur le papier d'un procès-verbal. Ce qui fait du chemin à parcourir jusqu'aux assises. Car tout le dossier repose encore sur des mots. Des paroles fortes, certes, mais insuffisantes. Il reste à trouver des preuves ou, à défaut, obtenir des aveux. Pour cela, il est impératif que les complices de Wiesgrill confirment son témoignage, à commencer par le plus intelligent de la bande : Scapula.

## Scapula craque

À l'arrivée de François Scapula, sorti pour l'occasion de la cellule où il est incarcéré depuis son arrestation en novembre 1985, changement d'atmosphère. Le climat s'électrise. Cet homme de quarante-cinq ans, qui pratique le golf et le tennis pour se maintenir en forme, cultive son apparence de jeune patron dynamique. Il en impose. Il se considère d'ailleurs comme la tête pensante d'une petite entreprise spécialisée dans l'import-export de drogue. Ce qui ne l'empêche pas de mettre à l'occasion lui-même la main à la pâte et de transformer d'une main experte la morphine en héroïne. Scapula parle de son groupe comme d'une « Unité » qu'il dirige en l'absence du Big Boss. Ce « *capo dei capi* », ce chef des chefs comme on dirait dans les rangs de la Mafia, serait donc ce François Girard, dit « Francis le Blond », momentanément incarcéré à la prison des Baumettes. Le double, presque le jumeau de Scapula. Girard et Scapula forment la tête et les jambes de l'organisation. D'ailleurs le duo est renommé dans le Tout-Marseille crapuleux. Ils sont considérés comme des prestataires de service qui « travaillent à façon » pour les principaux caïds de la place[1].

Face aux accusations de Wiesgrill, égrenées une à une par les magistrats, Scapula tente de s'adapter. Et de fait, c'est celui qui se sortira le mieux de cette tragédie. D'abord, il cherche à gagner du temps. Ne jamais agir dans la précipitation : comme dans ses affaires, il a

1. Voir quatrième partie, chapitre 6.

besoin d'évaluer tous les paramètres. Scapula assure ne rien savoir. Mais son assurance s'émousse. Il répète en boucle : « Non, non, c'est trop chaud, c'est trop chaud ! Je ne veux pas parler ! »

Après le juge suisse André Piller, le substitut du procureur, Guérin, tente de le convaincre : « Je ne peux pas vous faire de promesses mais si vous donnez des informations capitales sur l'assassinat d'un juge, le tribunal aura forcément un regard favorable lorsque vous serez jugé à Marseille. »

Scapula tient bon : « C'est trop chaud, s'obstine-t-il. Et puis, se plaint-il encore, c'est trop dangereux. Si je parle, ils vont se venger sur ma famille. Il faudrait que je les voie, que je les prévienne. » Un vieux truc pour gagner du temps…

À la surprise générale, le juge Piller le prend au mot. Il lui demande si l'on peut joindre ses parents par téléphone à Marseille. Le juge Patrick Guérin, surpris par les méthodes judiciaires helvètes, n'en revient pas. Devant Scapula sidéré, Piller les appelle directement : « Bonjour, je suis au tribunal de Fribourg. J'ai devant moi votre fils, impliqué dans une sale affaire. Il vous demande. Pouvez-vous venir le voir en Suisse ? Je vous le passe. » S'engage alors un dialogue surréaliste : « Papa, il faut que tu viennes en avion à Genève avec maman. » « Mais le voyage coûte très cher », s'inquiète son père, dépassé par les événements. « Ça ne fait rien, le rassure le truand, je paierai les billets. » « Très bien, conclut le magistrat en reprenant l'appareil, une voiture vous attendra à l'aéroport de Genève. » Et le juge suisse, pas mécontent de ses talents de conciliateur, lève la séance.

En fin d'après-midi, les parents de Scapula débarquent dans le bureau du magistrat. Des gens simples, visiblement très impressionnés. Sa mère embrasse François mais ne sait pas trop quoi dire à ce fils qui appartient à un autre monde. Trop d'argent, trop de vie facile, trop de mensonges les séparent. François Scapula lui-même paraît embarrassé. Finalement les effusions s'arrêtent et, un quart d'heure plus tard, la séance est écourtée.

Après le départ des parents, les choses sérieuses recommencent. Alors que le trafiquant d'héroïne continue à nier, le juge Badie porte le fer. Il dispose d'une carte dans sa manche. Un atout majeur. Il sait, grâce aux tuyaux de l'Office des stups, qu'un mois après son arrestation, le 13 décembre 1985 exactement, Scapula a reçu la visite dans sa cellule de deux membres de la DEA, dont un certain Louis Pharoa, devenu depuis son « correspondant » régulier. Pour les Américains, le voyou français représente en effet une mine d'or. En 1985, son équipe a transformé 228 kilos de morphine base en 148 kilos d'héroïne dans un laboratoire de Phoenix, en Arizona. Scapula et Altieri « tournaient » pour le compte d'un très gros ponte de la Mafia américaine, Ernesto Benevento. Une cible de longue date pour les stups américains[1]. Scapula en savait long sur ce baron de la drogue et sur ses complices. Il a d'ailleurs étonné les hommes de la DEA par sa connaissance des réseaux de trafiquants dans le monde. Il se montrait intarissable sur la pègre américaine. « Une

1. Voir quatrième partie, chapitre 6.

véritable anthologie des stups », dira de lui, avec une pointe d'admiration, Altieri. Une recrue de choix pour les policiers américains qui lui ont fait miroiter, en prison, le statut tant apprécié de « repenti[1] », auquel cas il serait sans doute pris en charge aux États-Unis.

Seulement Scapula traîne derrière lui deux condamnations à quinze et à vingt-deux ans de prison en France pour trafic de drogue. « Il redoutait par-dessus tout un retour forcé au pays », se souvient le juge André Piller. Même si, en France, contrairement à la pratique américaine, les peines se confondent et ne s'additionnent pas, il sait qu'il risque d'écoper de vingt ans ferme. Vingt ans, c'est long, derrière des barreaux à ressasser ses prouesses d'avant...

Le magistrat français comprend la situation et le dilemme de Scapula. « Pour lui, les dernières révélations de Wiesgrill étaient une catastrophe, son obsession étant d'être remis aux autorités américaines », analyse François Badie. Alors celui-ci enfonce le clou pour obtenir des aveux : « Si vous ne parlez pas, je vais demander d'accélérer votre extradition. Après votre jugement en Suisse, vous serez traduit devant un tribunal à Marseille et vous accomplirez votre peine

1. Les « repentis » ou « collaborateurs de justice » acceptent de coopérer avec les autorités judiciaires en échange d'avantages, comme l'abandon des poursuites ou la réduction de leur peine. Aux États-Unis, les procureurs peuvent ainsi conclure des accords avec les accusés, intégrant des mesures de protection spécifiques gérées par l'US Marshals Service. Depuis 1970, plus de 7 000 témoins et plus de 9 000 de leurs proches auraient bénéficié de ce programme de protection. Le 17 mars 2014, la France a adopté un décret codifiant la délivrance du statut de « repenti » et les mesures de protection adéquates, pouvant aller jusqu'au changement d'identité.

en France. » Le voyou blêmit. Le juge Piller, qui a compris la manœuvre, en rajoute. « Si mon collègue français effectue une telle demande, il est évident qu'il sera prioritaire », assène-t-il à Scapula. Lourd silence. Le voyou réfléchit vite. Très vite. Il est coincé dans une terrible nasse. Il a le choix entre une certitude, vingt ans de prison en France, ou l'espoir d'un statut de repenti libre aux États-Unis. La centrale de Melun ou les plages de Miami ! Même une nouvelle vie dans un village perdu de l'Oregon ou au fond du Nebraska lui suffirait. Une belle vie toute propre avec, peut-être, en prime, un beau visage tout neuf. « De toute façon, pense-t-il, je suis grillé. J'ai déjà négocié avec les Américains, je n'ai plus rien à perdre. Autant lâcher sur Michel. » Entre le sort de ses amis – ses ex-amis ! – et son avenir doré, son cœur ne balance pas longtemps.

C'est ainsi qu'il se met à table et entre dans l'histoire du Milieu sous le surnom de « Scapula la balance ». Il est 20 h 30, ce 1er mai 1986.

« Je m'appelle François Scapula, fils d'Ange Scapula, né le 22 juillet 1945. Je suis prêt à dire tout ce que je sais », commence-t-il. Bien sûr, comme son chimiste Wiesgrill, le trafiquant assure ses arrières. Il ne s'octroie aucun rôle dans l'assassinat de Pierre Michel. Il n'a jamais servi, dit-il, d'intermédiaire dans la préparation du crime. Scapula préfère se couvrir en évoquant la figure du grand caïd du Milieu marseillais, « Tany » Zampa.

« Début 1981, je me savais recherché, j'étais en cavale et venais très rarement à Marseille. En août 1981, je suis rentré d'Espagne, j'organisais mon déménagement vers Nice et je préparais un voyage au Liban que je devais faire fin septembre. C'est à Aix-en-Provence, dans un club de tennis près de la boîte de nuit du Krypton, que j'ai rencontré Charles Altieri, qui m'a raconté une histoire que j'ai jugée sur le moment extravagante. » Ce dernier lui aurait révélé que l'ordre d'exécution du juge, un message manuscrit, avait été sorti de prison par les épouses de François Girard et d'Homère Filippi, arrêté dans l'affaire du laboratoire de Saint-Maximin.

« Vers le 20 septembre 1981, poursuit le voyou, je suis parti au Liban avec Wiesgrill [...] Je suis ensuite rentré à Nice. Je ne peux pas vous préciser la date exacte du jour de mon arrivée, je me trouvais dans ma baignoire lorsque j'appris par la radio la mort du juge. Une semaine plus tard, j'ai vu Charles Altieri, peut-être encore à Aix. Il a abordé lui-même le sujet et m'a appris que c'était lui qui conduisait la moto et que le passager était François Checchi. »

Le scénario se confirme... Mais il faut passer maintenant aux acteurs, les supposés tueurs. Et, en premier lieu, à Charles Altieri.

## Altieri résiste

L'heure tardive ne désarme pas le juge Piller. Il est déjà 23 h 20 et la pénombre a gagné son bureau. Seule une petite lampe sert de vigie. Après les aveux successifs et concordants de Wiesgrill et de Scapula, Altieri devient le personnage central. « Le point nodal du dossier », selon l'expression du juge Badie.

Lorsqu'il entre dans le bureau, Altieri, beau garçon aux cheveux bouclés, sec et nerveux, a un mouvement de recul en découvrant tant de monde. André Piller le fait asseoir et lui demande d'abord courtoisement s'il a fait un bon voyage depuis sa prison. Puis il lui assène brutalement : « Monsieur Altieri, j'ai la preuve que vous êtes l'assassin du juge Michel. » Le juge s'arrête là. Pas un mot de plus, pas un mouvement de cils. Rien qu'un silence accusateur.

Altieri marque le coup. Son corps frissonne. « Je me trouvais juste à côté de lui, se souvient le juge Guérin, j'ai vu son visage au profil d'aigle s'agiter nerveusement. Il ouvrait et il refermait la bouche comme un poisson hors de l'eau. Mais ce long silence lui a permis de reprendre ses esprits. » Le trafiquant se ressaisit en effet. Et s'écrie : « Putain, con, on me fait un chantier ! »

Il s'excite à la marseillaise. Il sent une mauvaise « limonade » dont le sens lui échappe. Alors il crie : « C'est sûr, on me fait un chantier, un coup de vice ! Rien, je ne dirai rien ! Je ne sais rien ! »

Quelques silences plus tard, l'inspecteur Flori commence à son tour à s'énerver : « Bon, écoute, Lolo, on ne va pas y passer toute la nuit. Nous, on va rentrer à Paris et toi un jour à Marseille, mais il s'est dit des choses ici. Elles vont forcément fuiter. Ça va jaser dans le Milieu. Tu connais tes amis, ça ne va pas leur plaire. Tes copains vont croire que tu as parlé le premier. Si tu sors, tu sais ce qu'ils font dans ce cas-là, c'est la cave. Tu sais ce que c'est, la cave ! »

Altieri connaît ! Il sait le sort réservé aux « balances ». On les descend dans un sous-sol bien insonorisé et on les travaille au corps pour savoir ce qu'ils ont lâché. Si les « donneuses » ont de la chance, on retrouve leur corps. Mais le chantage de Flori est à double tranchant. S'il confirme les dires de ses amis, le voyou ne risque-t-il pas encore plus gros ? Visiblement troublé, Altieri pèse le pour et le contre, mais reste buté. Il n'a rien à dire. Point !

Il se produit alors un événement qu'aucun scénariste n'oserait imaginer. L'un des policiers suisses, qui paraissait bouillir devant le mutisme de ce petit voyou marseillais, se lève d'un bond. Et cet homme, une montagne de presque deux mètres, lève les bras en l'air et crie : « Là-haut, là-haut, Il sait tout ! » Instinctivement Altieri se protège le visage. « Ne me frappez pas ! » hurle-t-il en levant les yeux au plafond. Mais le policier vise bien plus haut et se lance dans un sermon : « Le bon Dieu, là-haut, il sait tout. Il te regarde ! » Altieri est abasourdi. On ne lui avait jamais fait le coup du bon Dieu, ni dans un commissariat, ni dans un palais de justice. Un passage à tabac, oui, les foudres divines, jamais !

Mais même le Seigneur ne le fera pas changer d'avis. Il ne dira plus un mot. Du moins provisoirement…

Cependant, les juges en savent assez pour relancer l'enquête. Ils frappent fort et tous azimuts. Dans les jours qui suivent, et dans le plus grand secret, vingt-quatre personnes sont interpellées simultanément à Marseille et à Paris. Les enquêteurs cherchent à localiser François Checchi, le tueur désigné. Ils n'ont pas à chercher très loin. Il dort à la prison de Fresnes, dans le Val-de-Marne, à quelques kilomètres de Paris, emprisonné pour une affaire de drogue. Pour plus de discrétion, les policiers attendent les jours fériés du pont du 8 mai pour l'extraire de sa geôle, avec l'autorisation du juge parisien Philippe Jeannin.

Toujours pour des raisons de confidentialité, le tueur présumé est interrogé à l'OCRTIS. Dans les locaux, c'est la frénésie des grands jours. Une vraie ruche : l'ensemble des brigades est réquisitionné. Les geôles de garde à vue sont pleines. Les machines à écrire jouent la partition des auditions.

## Le tueur du juge pleure

Avant de passer Checchi sur le gril, les policiers reconstituent son parcours depuis l'assassinat du juge. Ils découvrent qu'il a quitté Marseille au début de 1983. Il s'est installé loin de ses bases, à Arras, dans le Pas-de-Calais. Comme si l'air de la cité phocéenne avait été soudain terriblement malsain pour lui... Sa maîtresse locale, Marie-Paule, rencontrée dans une boîte de nuit du Nord, le White Horse, fait cette troublante confession aux enquêteurs : « Lors de nos ébats, François ne s'est jamais ouvert de quoi que ce soit concernant ses activités. Par contre, il lui est arrivé une fois de me dire qu'un jour j'entendrais parler de lui et que je connaîtrais ainsi son nom de famille. De fait, ajoute-t-elle, je ne l'ai su qu'au bout de deux ans, quand il a été arrêté ! »

Elle ne devait pourtant pas le prendre pour un employé de la Sécurité sociale puisqu'il portait une arme et transportait de la poudre blanche...

François Checchi est extrait en douceur de sa geôle parisienne. Petit, les cheveux rares, le visage fermé orné d'une moustache de séducteur argentin, Checchi a une réputation de tueur. Il était considéré comme l'homme de main de Gilbert Hoareau, chargé de s'occuper des « mauvais payeurs et des ennemis ». C'est donc un coriace qui débarque ce 7 mai 1986 dans les locaux sombres de la rue du Faubourg-Saint-Honoré. Il se trouve face à une équipe de choc. Aux hommes de l'Office des stups, Jean-Marie Flori et René Serrano, qui ont trouvé le labo des Paccots et fait craquer Wiesgrill, se sont ajoutés deux spécialistes de la brigade criminelle de Marseille, Jean-Louis Pietri et le commissaire Jean-Michel Mimran. Ce dernier reste en contact téléphonique permanent avec son patron, Gérard Girel, le numéro deux de la PJ marseillaise, qui suit l'interrogatoire en direct depuis son bureau de Marseille. Les deux équipes, parisienne et marseillaise, pour une fois unies, se relaient au « tourniquet », surnom donné aux interrogatoires dans le langage de la Grande Maison, pour maintenir la pression. Ils savent qu'ils jouent une partie serrée. Ils ont quarante-huit heures, pas une minute de plus, pour recueillir des aveux.

D'entrée de jeu, les policiers ont une intuition. Ils détectent une sorte de faille dans le comportement de Checchi. Une faille dans laquelle ils vont s'engouffrer. Quand il entend parler le commissaire Mimran et l'inspecteur Pietri, Checchi remarque aussitôt leur accent : « Vous, vous venez de Marseille ! » s'exclame le voyou, passionné de ballon rond, qui jouait arrière dans son club et rêvait d'intégrer le grand Olympique de Marseille. « On avait l'impression, raconte le commissaire Mimran, qu'il était content de voir des personnes du "pays", comme un exilé qui rencontre un compatriote à l'étranger ! On a tout de suite engagé la conversation sur la ville, les résultats de l'OM, sur les quartiers d'Endoume, des Catalans ou de La Capelette où il évoluait. »

Les hommes de la PJ réalisent que cette nostalgie dissimule en fait un réel ressentiment contre ses amis. Checchi a été déclaré « tricard » et indésirable par les voyous qui l'ont contraint à quitter Marseille. Aussi étonnant que cela paraisse, leur suspect a le sentiment d'être victime d'une « injustice ». Tant d'ingratitude le remplit d'amertume et d'aigreur. Une aigreur qu'il a du mal à contenir.

Il n'est pas disposé pour autant à reconnaître le meurtre du juge. Il sait le prix d'un tel aveu et n'est pas prêt à le payer de trente ans de prison. Amer mais pas fou. Un long, très long dialogue s'engage. Après avoir évoqué Marseille, les policiers jouent sur la corde sensible, évoquant sa famille et son fils.

L'inspecteur Pietri feint même l'indifférence : « Écoute, Coco, de toute façon tu es ficelé. Tu avoues ou tu n'avoues pas, je m'en bats les c… J'en ai marre de tes simagrées. Je vais profiter de mon passage à Paris pour apporter un cadeau à mon fils. »

L'inspecteur claque la porte et revient peu après avec un timbre de collection, une Marianne de Gandon, acheté au marché spécialisé de l'avenue de Marigny. Et se lance dans une longue digression sur la philatélie. « Tu vois, explique-t-il à un Checchi totalement désorienté, celui-là a un défaut qui lui donne de la valeur… Et toi, tu n'as toujours pas changé d'avis ? Pourtant tu es cuit, tu le sais, tous tes amis t'ont balancé. Tous ! » « Quels amis ? » murmure Checchi en avalant difficilement sa salive. À peine s'il se souvient de leurs noms.

« Girard ?

– J'ai joué parfois au ballon avec lui et je sais seulement qu'il est tombé dans une histoire de drogue. Mais je n'en sais pas plus.

– Scapula ?

– J'ai dû l'apercevoir dans le quartier des Catalans.

– Wiesgrill ?

– Je ne le connais pas. Je ne sais même pas à quoi il ressemble.

– Lolo Altieri ?

– … »

Là, difficile de nier, leur amitié est de notoriété publique.

– Oui, on a joué ensemble au foot, à l'US Endoume. Son père était le président du club. Mais ces dernières années je ne voyais plus Lolo, ment Checchi.

De quoi parlaient-ils quand ils se rencontraient ? « Surtout de gonzesses… », dit Checci.

Et de moto. Peut-être même qu'il est monté parfois avec lui… Une avancée importante dans l'interrogatoire. « C'est bien, la mémoire te revient, le félicitent les enquêteurs. Pourtant tes amis, eux, ils se souviennent de toi. Ils te mettent même carrément en cause dans l'affaire du juge. Et pas qu'un peu ! »

Dans la foulée, ils lui lisent les déclarations terribles qui font de lui l'assassin du juge Michel. La mise en cause de Wiesgrill le met hors de lui : « C'est un fou, c'est tout ce que je peux vous dire. Je ne comprends pas à quoi il joue. Un vrai fou. »

En revanche, les propos de Scapula le sidèrent. Il faut les lui relire plusieurs fois. Il accuse le coup et peine à trouver une explication. Bafouille. Le truand perd pied, visiblement secoué par la « trahison » de Scapula, la précision de ses aveux. Les interrogateurs renforcent la pression, lui répétant que ses amis l'ont lâché, qu'ils l'ont abandonné, qu'il a été manipulé. Épuisé, Checchi paraît prêt à faire un pas mais, à la surprise des enquêteurs, il émet une condition. Il veut voir un ami, Guy Barakian, un proche avec lequel il a été arrêté.

Et il veut le voir tout de suite ! « Je veux lui expliquer pourquoi je parle, lui assurer que je ne balancerai personne. Je ne mettrai en cause que moi ! » Checchi souhaite se confier d'abord à un « témoin de moralité » auprès du Milieu ! Il veut que Barakian rapporte qu'il s'est conduit en « homme d'honneur », comme il dit, à la manière des mafieux italiens. Voyant l'horloge tourner, les policiers se mettent en quête de Barakian.

Le temps presse, la garde à vue se termine dans quelques heures… Le juge signe l'autorisation d'extraire le malfrat de la prison de la Santé. Dans la voiture qui traverse Paris toutes sirènes hurlantes, Jean-Louis Pietri briefe le voyou : « C'est la chance de ta vie. Si tu fais exactement ce qu'on te dit, on témoignera pour toi. Checchi veut te parler. Tu le vois mais tu ne lui dis pas un mot. Tu m'entends bien, pas une seule parole ! Sauf : "Tu as raison !" C'est tout. Et tu sors à mon premier regard… »

La confrontation se passe comme prévu. Checchi, au bord de la crise de nerfs, explique à son complice qu'il a été trahi par ses amis. Il répète qu'il ne balancera personne. Qu'il reconnaîtra seulement sa propre responsabilité. Après le départ de Barakian, la tension est à son comble.

L'inspecteur Flori joue alors sur une autre corde sensible : « François, tu aimes ta fille. Si tu n'as pas le courage de reconnaître ce que tu as fait, qu'est-ce qu'elle va penser de toi quand elle te verra à ton procès ? » Harcelé par les policiers, il craque enfin et tombe à genoux en hurlant : « C'est moi, c'est moi qui ai tué le géju ! » (le juge, en verlan). Il pleure de fatigue, de colère et d'énervement. Les policiers assurent n'avoir pas eu recours aux coups. Ils disent rester impressionnés par la scène. Tous s'en souviennent encore.

À minuit trente, le 9 mai 1986, l'homme qui a pressé la détente pour tuer le juge Michel vient de reconnaître son crime. Il faut aller vite ! Les policiers ne laissent pas à François Checchi le temps de souffler, ni de se reprendre. Ils veulent des aveux « complets et circonstanciés ». Un témoignage détaillé qu'ils pourront confronter avec les éléments matériels recueillis sur le lieu du crime. Alors le voyou qui paraît, selon ses interrogateurs, « délesté d'un fardeau qui lui pesait depuis des années », se lance.

## Le récit de l'exécution

Il détaille les derniers moments de la vie du juge. Les tueurs prennent en filature Pierre Michel dès qu'il quitte le palais de justice sur sa petite moto. Ils remontent derrière lui la rue Breteuil, puis le cours Pierre-Puget. Les assassins, un temps distancés, le rattrapent. « Il a pris ensuite le Prado, nous également, raconte Checchi. Il filait tout droit, prenant même de l'avance sur nous. [...] Au rond-point du Prado, il a continué vers Mazargues. À un moment, il a tourné sur sa droite. Un bus qui circulait boulevard Michelet est passé entre lui et nous, immédiatement après, avant même qu'il n'atteigne la contre-allée de Michelet sur sa moto, nous étions à sa hauteur. Charles m'a dit : "Vas-y !" L'homme roulait au pas, il regardait si quelque chose arrivait dans la contre-allée sur sa droite, nous, nous roulions sur sa gauche. J'avais déjà l'arme à la main, une balle dans le canon. J'ai armé le chien en arrivant sur lui. J'ai visé et tiré la première balle dans l'épaule alors que nous roulions encore. Sa moto s'est mise légèrement de travers, lui a basculé en tournant la tête vers nous. J'ai fait feu encore une fois. À ce moment, Charles avait arrêté la moto. Je me suis levé sur le cale-pied, j'ai tiré encore une fois sur le corps à terre, plus exactement sur le corps encore en mouvement car j'ai tiré trois coups de feu très rapidement. J'avais visé le dernier coup à la poitrine. Immédiatement après, à ma demande, Charles a démarré. »

Mais Checchi ne veut pas en rester là. Il a encore quelque chose à dire. Quelque chose d'essentiel pour lui. D'accord, il reconnaît avoir tiré. Mais pas sur le juge Michel ! Les policiers peinent à comprendre. C'est simple : « Je ne savais pas, explique-t-il, que la cible était le magistrat. Je pensais tirer sur quelqu'un d'autre ! » Une version qu'il ne cessera ensuite de répéter. Son ami Altieri, le pilote de la moto, l'aurait manipulé. Il lui avait parlé d'un certain « Jo le Libanais » qui aurait fait une « entourloupe à ses amis ». « Une histoire d'argent ou d'affaires. » Et c'est par la presse que François Checchi aurait appris qu'il avait tué le juge Michel.

*
**

La course contre la montre n'est pas terminée. Il faut embarquer à toute vitesse Checchi dans un avion pour Marseille afin qu'il réitère ses aveux devant le juge chargé de l'enquête sur le meurtre du magistrat. Le tueur présumé est attendu à sa descente d'avion comme une vedette par tout le staff de la PJ marseillaise qui veut contempler l'assassin si longtemps recherché. Il est transporté sous bonne escorte au palais et, devant le juge Badie, confirme en tout point ses aveux. La boucle est bouclée. Les policiers peuvent enfin aller dormir et l'assassin commence une très longue période à l'ombre.

En juin 2010, dans une interview au journal *La Provence*, Checchi se plaindra d'être détenu pour cette affaire depuis vingt-cinq ans. Il dénoncera une injustice : « J'ai côtoyé, expliquait-il, des gens qui avaient tué plusieurs personnes, et même des enfants, et eux, ils ont été remis en liberté avant moi. J'ai fait cinq demandes ! J'ai vraiment l'impression qu'il y a deux justices. Moi, j'ai du sang sur les mains mais pour une seule personne. » Ce n'était peut-être pas le meilleur argument pour convaincre la Justice.

*
**

Après ses aveux, les enquêteurs reviennent vers Charles Altieri, le pilote présumé de la moto, toujours muré dans son silence en Suisse. S'il n'en reste qu'un… Maintenant qu'à Paris son complice a reconnu les faits, qu'il a détaillé le meurtre et donné le nom du conducteur de l'engin, nier n'a plus de sens. Encore faut-il en convaincre le principal intéressé ! Le juge Piller reprend son bâton de négociateur. Il passe des heures, en prison, avec Altieri[1]. Il fait appel à sa conscience mais ajoute aussi quelques arguments pratiques qui ébranlent le tueur : « Si vous parlez, dit-il, les juges d'ici en tiendront compte. » De plus, avantage de taille qui n'échappe pas à Altieri, il pourra rester en Suisse. Il ne sera pas extradé vers la France pour le meurtre de Pierre Michel. Du moins pas tout de suite. Il pourra accomplir sa détention dans le canton, dans une prison au climat serein. Tout bien réfléchi, le truand estime qu'il a plus intérêt à rester à Fribourg qu'à se retrouver aux Baumettes, avec ses « amis » de Marseille… La suite, on le verra, lui donnera raison…

1. Voir chapitre suivant.

## Le conducteur de la moto raconte

Le 21 mai 1986, devant le juge Badie et les enquêteurs français de retour en Suisse, Charles Altieri confirme les aveux de Checchi et ajoute des nouveaux éléments qui précisent les confessions de ses complices.

« À la fin août 1981, François Girard m'a fait parvenir par une personne intermédiaire, dont je tairai le nom, le message suivant : "Francis veut que vous tuiez le juge Michel." J'en ai parlé à Scapula, qui m'a répondu : "Le juge Michel, je lui donnerais volontiers deux coups de fusil. Il est facile à faire, il habite au Le Corbusier."

» Début octobre, toujours par le même intermédiaire, j'ai reçu un nouveau message de Girard qui s'inquiétait "de ce qu'on foutait !" Ce qui voulait dire que la liquidation du juge devenait soudain pressante. J'en ai reparlé à Scapula et j'ai constaté qu'il essayait de se retirer, il me disait qu'il avait à faire ailleurs. Je lui ai demandé ce qu'il fallait faire. Il m'a demandé si je voyais quelqu'un d'autre avec moi sur la moto. Je ne voyais que Checchi qui est un ami d'enfance. Scapula m'a dit : "S'il est d'accord, on lui donnera quelque chose."

» Une semaine avant le 21 octobre 1981, je me suis rendu au palais de justice aux heures de midi, j'ai attendu dans les couloirs et j'ai vu sortir le juge Michel, portant un K-Way cintré noir et un casque à la main. Je l'ai suivi et j'ai remarqué qu'il prenait une moto Honda 125. Je l'ai pris en filature avec ma propre moto jusqu'à ce qu'il quitte le boulevard Michelet, en empruntant la contre-allée à la hauteur de

Le Corbusier. J'ai constaté qu'il était obligé de s'arrêter à cette bretelle avant de traverser la contre-allée. La filature s'est terminée à cet endroit parce que je m'étais rendu compte que c'était le bon endroit pour commettre le meurtre. [...] J'étais le nouveau dans cette équipe et j'ai compris, sans qu'il soit besoin qu'on me le dise, que si je ne participais pas à cette expédition, je serais écarté de l'équipe. [...]

» Le 20 octobre 1981, veille de notre acte, je me suis rendu avec Checchi dans ma voiture boulevard Michelet et je lui ai montré l'endroit où le juge devait s'arrêter pour traverser la contre-allée. [...] Ensuite, nous nous sommes postés à côté du kiosque à journaux qui se trouve cours Pierre-Puget, au niveau de la rue Breteuil. Après une attente d'environ une demi-heure, nous avons vu passer le juge à moto. Je peux vous préciser que lorsqu'il est passé devant nous, nous étions sur le point de remettre l'opération au lendemain. »

Les enquêteurs demandent alors une précision : « Tu dis que Scapula avait proposé de "donner quelque chose" à Checchi. Il a été payé après le meurtre ? »

Et Altieri livre le détail des sommes touchées par son complice : « Notre équipe lui a payé 50 000 francs quelques jours après le crime. Par la suite, il a touché de l'argent jusqu'en 1985. C'est notre équipe qui a entretenu François Checchi. Je peux préciser que c'est moi-même qui ai avancé les 50 000 francs qui m'ont été ensuite remboursés dans le cadre d'un décompte de l'équipe calculé par Scapula. À la suite de transformations d'héroïne effectuées par Scapula et moi-même aux États-Unis, nous avons encore remis à

François Checchi une contre-valeur de 30 000 dollars en francs français, toujours pour le service rendu [*sic*] le 21 octobre. »

C'est ainsi que le petit soldat Altieri, la cinquième roue du carrosse de l'équipe d'Endoume, s'est imposé comme le lieutenant des grands chefs, Girard et Scapula. Le petit « Lolo » a gagné ses galons en assassinant le juge. Une « promotion » qu'il va payer très cher.

*
**

Le juge Badie et les policiers font le bilan des dépositions. Ils tiennent sans aucun doute les exécutants du meurtre. Les récits de Checchi et d'Altieri, à quelques détails près, se recoupent parfaitement. De plus, les déclarations du tireur correspondent exactement aux constatations médico-légales : Pierre Michel a bien été exécuté de trois balles, tirées dans l'épaule, dans la tête et dans la poitrine. Le doute n'est pas permis. Mais de larges zones d'ombre demeurent sur les causes de la mort du juge. Pourquoi les commanditaires supposés ont-ils, du fond de leur prison, commandé à distance cet assassinat ? Pour quelles raisons impétueuses ont-ils pris cette décision qui, ils le savaient, allait mettre le feu au Milieu ? En un mot, pourquoi a-t-on tué Pierre Michel ?

Avant de répondre à ces questions brûlantes, le juge et les enquêteurs doivent rembobiner la pelote à l'envers et reconstituer la vie et la « carrière » de ces Marseillais pur jus. Une brochette de personnages hors du commun, hauts en couleur, représentatifs de la nouvelle génération de truands des années 1980, les années « fric ». Loin du folklore de leurs grands aînés, ils préfèrent aux costumes rayés, aux belles voitures américaines et à l'argent ostentatoire les courts de tennis, les séjours à Saint-Tropez et à Megève, les vols internationaux et les fonds planqués en Suisse qu'ils consignent soigneusement dans des banques. Mi-voyous, mi-aventuriers, ils parcourent la planète pour offrir leurs services. Ce qui ne les empêche pas de rester attachés à leur quartier natal : Endoume.

# – 5 –

## *Entretien avec le juge André Piller*

*Paris, 23 avril 2014*

Au téléphone, l'accueil était à la fois chaleureux et humble. L'affaire Michel ? « Bien sûr, je me souviens de ce dossier hors du commun, a relevé l'ancien magistrat André Piller, depuis sa retraite dans la région de Fribourg, en Suisse. Mais je veux que mon témoignage vous soit vraiment utile. Je ne veux pas être dépendant de mes seuls souvenirs. » Comme s'il craignait que sa mémoire ne nourrisse l'imagination, André Piller a alors demandé au tribunal cantonal de consulter le dossier des « Paccots », conservé pieusement aux archives. Et il s'est enfermé des heures avec les documents, confrontant les mots, les dates, les situations. Seul, en tête à tête avec le passé. Il a ensuite profité d'un voyage à Paris pour nous rencontrer et nous livrer son sentiment. Pour les Français, André Piller est un acteur oublié du dossier. Le « petit juge », puisqu'il se désigne ainsi, en fut pourtant une cheville ouvrière.

Piller, originaire de la Suisse « primitive », comme on dit dans le pays (comprendre de la Suisse « centrale »), fut élu pour la première fois à cette fonction en 1978, à l'âge de trente ans. « À l'époque, cette élection était très politisée. J'étais le premier à ne pas avoir d'étiquette. Mais dans notre canton, composé pour les deux tiers de Suisses romands et d'un tiers de Suisses allemands, on cherchait un parfait bilingue. » À l'entendre, il avait une qualité : c'était un magistrat de compromis.

« Lorsque l'affaire des Paccots a éclaté, en 1985, j'étais à la fois juge d'instruction et président du tribunal, chose qui apparaîtrait aujourd'hui tout à fait inconcevable, note-t-il d'emblée. J'instruisais et quelques jours plus tard, je présidais avec quatre assesseurs. Mais il m'est arrivé d'acquitter, en tant que président, des suspects que j'avais inculpés en tant que juge d'instruction, après avoir été convaincu par les arguments de leurs avocats.

» Comprenez bien que nous sommes des juges de province. Ici et là, on compte bien un meurtre ou encore une jolie escroquerie de quelques milliers de francs suisses de la part d'un employé de banque indélicat. Mais d'habitude, nous sommes confrontés à une autre clientèle : l'homme du pays volant la prostituée en ville par exemple. Là, le 11 novembre 1985, nous étions d'un coup au contact du Milieu marseillais, très organisé. On s'interrogeait pour savoir s'il s'agissait de la Mafia. Et puis 10 kilos d'héroïne, c'était une première en Suisse ! Pour un petit juge, bien sûr, c'était une grosse affaire. »

Une affaire qu'André Piller instruit à sa manière. « Nous n'avons pas joué la confrontation, mais nous avons plutôt cherché à tisser des liens de confiance, en profitant de notre système pénal. Eux, de leur côté, étaient des gens très intelligents, particulièrement Philippe Wiesgrill et François Scapula. Ils se sont dit : "Un juge de province ? Des inspecteurs de province ? Essayons d'en tirer avantage..." Le premier pour négocier une vie pas trop inconfortable derrière les barreaux, le second pour éviter une extradition vers la France. Seul, dans un premier temps, Altieri est resté campé sur ses positions... »

Pour débloquer la situation, il faudra un incroyable tête-à-tête avec le juge Piller qui n'est relaté dans aucun procès-verbal. Et pour cause. Cette conversation, quasi mystique, s'est déroulée sans témoin, une nuit du printemps 1986.

« En mai 1986, la procédure d'instruction n'est pas contradictoire, explique André Piller. Le juge d'instruction est libre d'entendre les détenus placés sous sa responsabilité là où il le souhaite, dans son bureau, à la prison, voire lors d'une reconstitution. Il m'est arrivé ainsi d'interroger en pleine rue un homme inculpé de meurtre pour lui faire revivre une situation du dossier et provoquer une rencontre inopinée avec un témoin. »

Le 11 mai au soir, André Piller prend donc une initiative qui se révélera décisive. Après avoir avalé un repas consistant (il sait que la nuit sera longue), le juge d'instruction prend sa voiture et descend jusqu'à la prison de Fribourg, un fortin dans la basse ville. Le magistrat y arrive peu avant minuit. Les surveillants le reconnaissent de loin, le saluent et lui demandent quelle urgence lui a fait dévaler la colline. « Bonsoir. J'aimerais une grande bouteille de coca et deux verres, s'il vous plaît, répond Piller. Vous m'amènerez aussi monsieur Altieri au parloir. »

Attablé aujourd'hui dans ce restaurant parisien, il explique sa démarche si personnelle, qui dépasse largement le cadre habituel de son travail de juge. « J'ai toujours senti dans ma carrière que les gens placés en face de moi par la force des circonstances vivaient sur un autre niveau. Je m'explique. L'auteur d'une infraction, à un moment donné, a fait un geste qui lui a fait quitter la sphère dans laquelle il évoluait. Ce n'est d'ailleurs pas propre au crime. Il s'agit d'un ressort psychologique de l'être humain. Le mécanisme est identique pour celui qui tue et pour celui qui trompe sa femme par exemple. Son moi véritable, construit à partir de son héritage génétique et de son éducation, se trouve en opposition avec le niveau artificiel dans lequel il a pénétré et dans lequel il est forcé de se maintenir, tant bien que mal. En fait, il se construit un scénario et il doit vivre avec. Il en est prisonnier, il en souffre. Comme s'il y avait deux personnes en lui. Une sorte de double qui s'installe. Pour qu'Altieri me parle, je dois donc l'inviter à faire un pas vers moi. »

Reste à mettre la méthode en pratique. À cette heure, le parloir, probablement un ancien corps de garde d'une caserne, est vide. Deux meurtrières laissent passer un rai de lumière venu des réverbères au-dehors.

Les gardiens laissent les deux hommes. À la demande du magistrat, ils ont accolé deux tables de bois, posé le soda au milieu et les verres de chaque côté. « Pendant deux heures, relate Piller, nous parlons de tout, de la vie, de son pays, du mien, de l'enquête, de sa détention. Et puis, gentiment, je passe à lui, à sa formation, à sa famille. Jamais sur un mode d'opposition. Altieri ne voit plus ni son épouse ni son enfant, et cette situation lui pèse. Je lui demande comment sa femme va s'organiser pendant sa détention. Quel héritage moral il compte laisser à son fils. Comment va-t-il vivre avec l'image d'un père trafiquant de drogue ? Là, il me dit que son existence est foutue. Il bute chaque fois sur les mêmes mots qui reviennent sans cesse dans sa bouche : "poids" et "conscience". "Poids sur la conscience." "Je m'écroule sous ce poids, dit-il. C'est énorme..." »

– Comment allez-vous vivre avec cela ? demande le juge.

– Je ne peux parler à personne. Je voudrais pouvoir me confier à quelqu'un qui soit en dehors de tout cela. Ne pas craindre qu'on aille rapporter mes propos. Tenez, si je me livre à vous, vous allez utiliser mes propos contre moi. Je voudrais simplement me libérer de ce poids.

– Vous m'en parleriez ? Alors on pourrait conclure un contrat. Convenons d'un moment où vous commenceriez à vous exprimer. Je vous donne ma parole de ne pas utiliser cela contre vous. Vous parleriez à André Piller. Pas au magistrat. À un moment donné, je vous dirais « stop ». Et je redeviendrais juge d'instruction.

– Vous feriez ça ?

– Oui. Il suffit de fixer le moment où vous déciderez de commencer.

(Altieri semble hésiter.)

– D'accord…

André Piller, symboliquement, éloigne son bloc-notes. Altieri, comme un noyé qui trouve appui sur la rive, enchaîne :

– J'ai conduit la moto. J'étais devant le tireur. J'ai réalisé par la suite ce que cela représentait. Je suis écrasé par ce que j'ai fait.

« Pendant une demi-heure, Altieri m'a raconté l'histoire, d'abord dans les grandes lignes puis jusqu'aux détails de son implication », se souvient Piller. Le magistrat reste marqué par la précision des propos, l'achat de la moto, les filatures du juge, le meurtre, des mots presque aussi tendus que les trois balles s'enfonçant dans la chair de son collègue français : la première à l'épaule, la deuxième en plein cœur, la troisième dans la tête.

Vers 3 h 30, la bouteille de coca est presque vide. Piller conclut :

– On en reste là. Considérez que vous avez dit cela à un anonyme. Maintenant, si vous voulez vraiment libérer votre conscience, ne plus traîner ce boulet, moi, à votre place, j'en parlerais à mon juge d'instruction…

« Nous avons rédigé un procès-verbal où il s'en tenait à sa position d'origine, sans faire mention de ce qui venait d'être dit », explique le magistrat retraité. Une déclaration sèche, expédiée en quelques lignes, que l'on trouve dans le dossier français. « Je prends note que, selon les déclarations faites par François Checchi aux autorités françaises, j'ai participé avec lui à l'assassinat du premier juge d'instruction Pierre Michel, le 21 octobre 1981, à Marseille, ceci en conduisant la moto sur laquelle François Checchi avait lui-même pris place pour tirer trois coups de feu sur le juge. Je n'ai rien à dire sur le sujet. »

« Je n'ai rien à dire sur le sujet »... Et pourtant, Altieri s'est tellement épanché. Sera-t-il prêt à assumer publiquement ?

« J'ai passé une nuit blanche, raconte Piller. Le lendemain, un lundi, il ne s'est rien passé. Mais j'étais confiant. J'avais la conviction personnelle, mais pas l'assurance, qu'il demanderait à me voir. Bien sûr c'était un risque, mais j'étais persuadé de l'avoir sorti de son scénario. »

Le mardi matin, on téléphone au « petit juge » de Fribourg. C'est le patron de la prison : « Monsieur Altieri voudrait vous voir. » Et sur procès-verbal, le suspect reprend mot pour mot la déclaration faite, deux jours plus tôt, dans le secret du parloir. Cette fois, il assume.

Le 21 mai, le juge marseillais François Badie et le substitut du procureur Jean-Yves Montfort n'ont plus qu'à lui faire répéter ses déclarations pour compléter le dossier français. « Choix et conscience sont une seule et même chose », disait Sartre.

## – 6 –

# La bande d'Endoume : là où tout a commencé

Le vrombissement fait vibrer les murs des maisons de ce petit village de la plaine de la Bekaa. Les pilotes de la chasse israélienne engagée dans l'opération « Paix en Galilée » passent et repassent en rase-mottes, cherchent à localiser l'origine d'un mystérieux appel que les grandes oreilles de Tsahal viennent de capter.

En cette année 1982, alors que la guerre du Liban fait rage, qui peut bien appeler la Côte d'Azur depuis cet endroit isolé, un trou rocailleux, parsemé de minuscules fermes ? Qui et pourquoi ? La localisation est pourtant précise : 33° de latitude nord, 36° de longitude est. Elle correspond au village de Taraya, un bled perdu dans les alentours de Baalbek, à 1 172 mètres d'altitude, une zone échappant à la mainmise israélienne. Les chasseurs ont beau tourner, ils ne distinguent rien de suspect. Comment pourraient-ils imaginer que cet appel provient en fait d'un trafiquant marseillais amoureux qui se languit de sa femme et qui a voulu lui redire sa flamme ? Celui-ci a commis l'erreur d'emprunter le téléphone de campagne… d'un officier syrien. Entre truands français et militaires du régime de Hafez el-Assad, passés à deux doigts d'un bombardement aérien, l'explication est orageuse. Pour tenter d'excuser leur imprudence, les hôtes marseillais doivent inventer une fable sur l'agonie d'une veille mère restée au pays de Pagnol justifiant un dernier au revoir téléphonique à l'heure de l'extrême-onction.

Planqué sous de grandes tentes, dans une chaleur de four, un groupe de Français s'affaire à transformer de la morphine base en héroïne. Le chaos qui les environne, les massacres des camps palestiniens de Sabra et de Chatila à Beyrouth ne les concernent pas : eux sont là pour faire du business, pas la guerre. Dans cette équipe on retrouve trois des hommes impliqués, à différents niveaux de responsabilité, dans la mort du juge Michel : Philippe Wiesgrill et François Scapula (les deux premiers à s'être épanchés devant les policiers), ainsi que Charles Altieri (le motard), bien obligé de reconnaître sa participation. L'homme que les policiers considèrent comme l'un de leurs chefs, François Girard, manque à l'appel. Il a une bonne raison pour être absent, il réside à la prison des Baumettes à Marseille depuis son incarcération, le 2 juillet 1981, par Pierre Michel.

L'équipe s'échine au travail, sous des masques de protection, suffoquant au-dessus des fioles et des bassines. Les trois compères s'estiment en sécurité dans leur laboratoire puisqu'ils jouissent de la bienveillance, voire de la complicité, de l'armée syrienne. La drogue est une arme de destruction massive comme une autre : l'argent de ce poison contribue à « l'effort de guerre ».

Qui sont ces hommes qui, par leur inconscience, ont failli provoquer un nouvel épisode de la guerre du Liban ? Ces truands aventuriers ont mené mille vies depuis le quartier marseillais d'Endoume, jusqu'aux baraquements syriens de la plaine de la Bekaa.

*
* *

Dans les années 1950 et 1960, Endoume est presque un village autonome, une principauté populeuse et gouailleuse où se côtoient les communautés : Provençaux de souche, Corses, Arméniens, Italiens, Maghrébins… Il s'étend au pied de la colline abrupte, roche monumentale, qui sert de piédestal à Notre-Dame-de-la-Garde. Les rues s'étirent jusqu'à la pointe occidentale du quartier, une sorte d'hameçon jeté dans la mer, entre le rocher des Pendus et l'anse de la Fausse-Monnaie.

Les deux chefs de la bande se sont rencontrés ici. L'un est blond comme les blés, avec un physique de GI américain. Une carrure impressionnante, un caractère autoritaire et un regard bleu acier. L'autre est brun comme la nuit, élancé, beau garçon, plus subtil. Plus raisonné aussi. Les deux ados n'ont que trois ans de différence, Scapula est l'aîné.

Ces deux-là comprennent vite leur intérêt à s'entendre. Ils vont se jouer le grand numéro des « deux frères », « amis pour la vie ». Jusqu'à l'affaire Michel. Jusqu'à ce que l'un trahisse l'autre…

François Girard et François Scapula vont s'attribuer des noms de guerre : « Francis le Blond » et « Francis le Brun ». Pourquoi Francis au lieu de François ? Pour s'amuser, brouiller les pistes, déjà.

Ils se sont rencontrés sur un terrain de foot. Pas n'importe lequel, le plus beau de France, disent modestement les habitants du coin. Il est en tout cas situé dans un endroit qui ferait pâlir d'envie les promoteurs immobiliers. De là-haut, la « Bonne Mère » veille sur les rouge et noir de l'US Endoume.

Mais ce stade a une autre caractéristique. À cette époque, le club n'a pas forcément bonne réputation. Une blague circule dans les gradins : « Sur le terrain, ironise-t-on, il y a onze joueurs et… cent ans de prison. » Et c'est un autre jeu et d'autres horizons que celui du foot qui attire Girard et Scapula : l'argent facile, les filles, l'aventure. Certains jeunes du coin ont déjà choisi leur camp. Ils tombent dans ce qu'on appelle alors « la délinquance juvénile ».

Il faut dire qu'à Endoume, dans les années 1960, la vie n'est pas rose. Et si le quartier ressemble à une carte postale typique sur « les beautés de Marseille », avec son vallon des Auffes, port de pêche miniature célèbre pour la bouillabaisse de Chez Fonfon, l'apparence est trompeuse. Ces rues enchevêtrées, bordées de maisons basses, abritent des gens modestes, ouvriers, petits employés, artisans. L'après-midi, en rentrant de l'école, le pain à l'huile d'olive assaisonné de sel et de poivre constitue le goûter le plus répandu. Les possibilités culturelles du quartier sont plutôt réduites. Il y a bien sûr les trois cinémas de la rue d'Endoume, la Canebière locale, toujours pleins à craquer. Mais la plus florissante et la plus rentable activité reste celle des cafés. Des « bars de mauvais garçons », comme disent les policiers dans leur commissariat sur l'autre rive du Vieux-Port, des « rades » où se préparent les coups et se partagent les butins. « Rien que dans la rue Georges-Saint-Martin, raconte avec nostalgie ce vieil habitant qui, lui aussi, a connu la case prison, on pouvait lever le coude dans une dizaine de cafés. Je me souviens encore de leurs noms : Chez Julien, Belou, le bar Coquet, le bar de la Gaîté, Delamo bar-tabac, celui de la Colline, de la Bohème, de la Dolce Vita, le Wagram, le bar Henri, celui de la Femme sans tête ! »

Livrés à eux-mêmes, les deux jeunes loups vont se faire les dents, parfois de façon peu glorieuse. Ainsi, alors que Claude François chante *Belles, belles, belles*, Scapula inaugure à dix-sept ans son premier séjour en prison, accusé de viol. Une histoire qui ressurgira, près de trente ans plus tard, dans l'enceinte d'un tribunal de New York !

En janvier 1987, après ses aveux dans l'affaire Michel, Scapula est interrogé dans le cadre d'un trafic de drogue commis aux États-Unis. Il a décidé de jouer le grand jeu de la justice, misant son va-tout sur l'obtention d'un statut de repenti. « Pour la première fois, j'ai décidé de changer de camp », dira-t-il au tribunal américain qui le passe sur le gril.

Le 21 janvier, au creux de l'après-midi, l'avocat d'un caïd de la pègre américaine mis en cause tente de décrédibiliser le Français en le confrontant à son passé. Il lui lit des extraits de son casier judiciaire qui révèlent une scabreuse affaire. Même le juré « numéro 5 », pris à plusieurs reprises en flagrant délit de somnolence dans cette salle surchauffée, sursaute à l'évocation de cette histoire survenue, loin de Manhattan, sur la plage des Catalans.

Scapula n'est pas du genre à se dégonfler devant un avocat. Il reconnaît volontiers ses quarante-deux jours de prison, à cause d'une embrouille entre lui, deux autres camarades et une fille. Elle les a dénoncés pour viol et ils nient. Mieux encore, devant des jurés abasourdis, il renverse l'accusation. En réalité, c'est bien la jeune femme qui aurait été condamnée et non les trois garçons, parce qu'ils étaient mineurs. En somme, elle les aurait débauchés…

L'avocat américain s'étrangle :

– Attendez, que je comprenne bien. Vous voulez dire que cette fille a profité de vous, pauvre malheureux ?

– Absolument pas ! J'étais consentant.

– Ainsi que les deux autres hommes qui étaient sur la plage en même temps, n'est-ce pas ?

– C'est exact.

– La seule personne qui n'était pas consentante, parmi toutes les parties présentes, était cette jeune femme ?

– Non, ce n'est pas ça du tout. La fille était consentante aussi. Mais lorsqu'elle est sortie des cabines, le surveillant de la plage lui a demandé d'où elle venait. Et elle a eu peur. Donc, elle a déclaré qu'il y avait trois types qui avaient essayé de la violer. L'enquête a prouvé que le viol était impossible car nous étions à cinq mètres des baigneurs et ils auraient entendu ses cris. Pour conclure, j'ai fait quarante-deux jours de prison parce que le juge était en vacances. À son retour de congés, il m'a d'ailleurs libéré…

Mais Scapula aura beaucoup plus de peine par la suite à justifier ses autres séjours en prison. Son histoire est édifiante…

En 1964, à dix-neuf ans, le jeune homme écope de six mois d'incarcération pour une tentative de vol de voiture. Deux ans plus tard, le revoilà dix mois derrière les barreaux, cette fois-ci en compagnie du « Blond ».

François Girard a en effet choisi de mettre ses pas dans ceux de son « grand frère » François Scapula. Le duo « Le Blond-Le Brun » écume les « petites villes françaises », pour voler le liquide laissé dans les appartements ou les maisons inoccupés.

Adolescent, Girard a décidé de prendre son destin en main, et de ne pas suivre l'aiguillage de son père, employé municipal chargé de la désinfection. L'école ne l'a jamais passionné. Près de la fenêtre de sa classe, à l'école de la rue Paul-Codaccioni, à Marseille, il ne peut s'empêcher de penser au monde qui s'ouvre au-delà de l'île d'Endoume, au bout du bout du quartier. Trop « paresseux et indiscipliné » au goût des instit' pour décrocher son BEPC, l'élève se forge sa propre éducation dans la rue. À la mort de sa mère, Josefa (il a alors quatorze ans), François Girard ne supporte plus l'idée de rester chez son père et enchaîne les petits boulots sans grande conviction : apprenti pâtissier, maçon et, l'espace d'un été, en 1965, plagiste au Prado. Dès lors, « il erre dans les rues au gré de sa fantaisie », note un psychologue qui a retracé son parcours dans la perspective du procès pour l'assassinat de Pierre Michel. Sans s'apitoyer sur son sort : Girard « explique que, s'il avait à se chercher des excuses d'être devenu marginal, il ne pourrait invoquer d'avoir souffert affectivement ».

Les inséparables passent à la vitesse supérieure et se lancent dans les cambriolages en série. Le duo se fait prendre avec une belle régularité, à peu près chaque année : à Pau, en mai 1966, puis à Paris, en juin 1967 et encore l'année suivante. Les peines tombent. 1970 : trois ans de prison pour « Francis le Blond », notamment pour « violence à officier ministériel ». Girard le sanguin s'est battu avec des policiers. Les deux voyous passent ensuite aux attaques à main armée contre des particuliers. Mais déjà germe l'idée d'aller exercer leurs talents à l'étranger. Ils se déplacent « dans toute l'Europe », multipliant des casses « impossibles à compter », de l'aveu de Scapula, tellement ils sont nombreux. Ils commettent plusieurs agressions, en Suisse cette fois, sans se faire prendre.

Changement de cap au début des années 1970. Les deux hommes font le point : ils estiment les braquages trop dangereux, les cambriolages trop risqués et pas assez rentables, les tunnels sous les banques trop salissants… Tant et si bien qu'ils décident d'investir le domaine à la mode, offrant le meilleur rapport bénéfices/risques : le trafic de drogue. Mais pas à la manière de leurs aînés, ces gangsters voyants qui ont pignon sur rue et qui installent leurs petits labos dans la campagne aux alentours. Ils prennent la décision d'externaliser leurs activités, de travailler à l'international. On dirait aujourd'hui qu'ils créent leur start-up :

une association innovante de « spécialistes » qui prend en charge le commerce de l'héroïne.

Un ancien responsable de la brigade des stups de Marseille se souvient : « La bande d'Endoume fournissait la technique, le personnel, la transformation et le réseau de revente, un circuit complet pour le trafic de drogue. » Leur programme est simple : acheter la matière première, la morphine base, dans les pays producteurs, notamment en Turquie, la transporter dans des laboratoires clandestins, si possible situés à l'étranger, et la transformer en héroïne. Ensuite la livrer aux services de distribution. Pour chaque opération, ils se mettent au service de clients différents.

« L'Unité », comme Scapula désigne le groupe, reprenant ainsi une terminologie quasi mafieuse, travaille à la commande pour le compte d'investisseurs français ou étrangers : gros bonnets de Marseille, trafiquants iraniens ou libanais, Cosa Nostra italienne, Mafia américaine. Avant chaque opération, ces entrepreneurs d'un genre nouveau organisent des « tours de table » pour recueillir les fonds et touchent les bénéfices après distribution. Comme l'indique l'avocat marseillais de François Girard et de Charles Altieri, Christian Méjean : « Cette bande formait une équipe très indépendante au sein du Milieu marseillais et n'avait de comptes à rendre à personne » ! Sauf des comptes financiers, bien entendu.

La particularité et l'efficacité de l'équipe se manifestent par son comportement aussi bien que par sa composition. « Francis le Blond » et « Francis le Brun » se définissent comme des « associés ». Pour réaliser leurs ambitions, ils ont besoin de spécialistes.

En premier lieu des chimistes capables de transformer la morphine en héroïne.

Ils vont d'abord s'adresser à un personnage au parcours surprenant. Un ami d'enfance qui a grandi comme eux à Endoume.

Originaire de l'Aveyron, le copain a fait ses études à la fac de Marseille. Il est devenu médecin… André Bousquet est un vrai docteur, qui plus est spécialisé dans la pédiatrie. Mais le bon docteur aime beaucoup trop le jeu. Il flambe et se laisse piéger par ses dettes et ses anciens amis. Un grand classique du Milieu. Il accepte ainsi de parfaire ses connaissances en chimie et de se mettre à la transformation d'héroïne. Il réussit si bien qu'il finit par y prendre goût. Le médecin défroqué prend surtout plaisir à l'argent qui coule à flots et aux Porsche qui vrombissent sur l'asphalte. Ses talents sont très appréciés des Italiens, comme on l'a vu dans l'épisode du laboratoire de Sicile. La première fois que les policiers marseillais sont allés l'interpeller, ils n'en sont pas revenus de trouver une plaque de médecin sur sa porte. « Comment, se demandent-ils, un pédiatre peut-il accepter de fabriquer de la drogue dont il sait, cliniquement, les ravages qu'elle provoque sur les jeunes, et les morts qu'elle engendre ? » Ils ne trouvent pas la réponse. Sinon dans ces hallucinantes courses-poursuites sur les autoroutes où Bousquet s'amuse à les distancer, jouant avec la mort comme dans une dérive suicidaire.

La demande excède rapidement les capacités d'un seul chimiste. Et Scapula n'apprécie pas beaucoup ce médecin trop indépendant, dont il se méfie. Alors le groupe, pour la première fois, recrute à l'extérieur. Il engage un natif de la Côte, Philippe Wiesgrill, autre personnage haut en couleur. Ses parents sont buralistes à La Ciotat, et lui s'occupe de la vente de bonbons en gros ! Wiesgrill n'a jamais été voyou, du moins ne se considère-t-il pas comme tel. C'est plutôt un original, cultivé, très urbain, grand lecteur et assez doué pour les rapports humains. Mais un proche de sa famille, un vieux truand bien connu des policiers, lui a appris la transformation de la morphine en héroïne dans un chalet de Barcelonnette, au cœur des Alpes-de-Haute-Provence. Ce vieux de la vieille de la French Connection lui a transmis la formule.

Wiesgrill se montre très habile et rejoint la bande d'Endoume pour la plus basse des raisons : l'argent. Lui non plus n'est pas étouffé par les scrupules moraux, il estime qu'il exerce un métier, voilà tout. Ce qui lui permet d'enchaîner, lui aussi, les chronos en Porsche 911 entre Marseille et Nice pour rencontrer Scapula, et jusqu'aux boîtes d'Aix-en-Provence pour faire danser Chantal, sa petite amie de l'époque. Malgré cela, il ne sera jamais vraiment comme les autres. L'équipe, pour marquer sa différence, le surnommera « L'hybride » ou « Zozo ».

D'ailleurs, il sera le premier à se livrer sur procès-verbal aux enquêteurs après l'interpellation des Paccots en Suisse. Sans jamais perdre son sens de l'humour. À un magistrat pressé de l'interroger dans sa cellule, il lance en sortant un thermos : « J'ai apporté le café. D'abord on boit. Ensuite on parle. » Au moment où l'homme de loi s'apprête à prendre congé, il déclare : « J'ai eu un grand malheur dans ma vie : connaître trop de monde. Déjà vous connaître c'est un malheur, monsieur le juge ! »

Enfin, il manquait au groupe un « arpète », un homme à tout faire, aidant à la transformation mais servant surtout de passeur. Cette fois, les « deux Francis » ne sortent pas de leur quartier pour leur entretien d'embauche. Ils enrôlent Charles Altieri, dit « Lolo », un copain de toujours, qui tient depuis la fin des années 1970 le bar le Terminus, rue Pasteur. Ce fils de docker, élevé à la dure, a raté ses études d'électricien. Père et fils se sont improvisés récupérateurs en métaux. Considéré comme un simple manœuvre, « Lolo », le benjamin de l'équipe, n'aura qu'une ambition, s'élever dans le groupe, faire ses preuves. Il s'enrichira, arborant chaîne et montre en or, collectionnant les voitures de luxe et laissant de généreux pourboires. Pour être enfin reconnu, il ira jusqu'à l'assassinat…

## – 7 –

# Phoenix, Arizona : quand le succès mène à l'échec

L'Unité est en place. Au début des années 1980, l'équipe née à Endoume met ses ambitions en pratique et développe ses relations internationales. Ce qui n'est pas sans risques. François Scapula a déjà expérimenté les dangers de jouer à saute-frontières, les bagages chargés de came. En mai 1976, il s'est fait arrêter à l'aéroport de Bangkok, en Thaïlande, avec 9 kilos de morphine base dans ses valises. « Le Brun » est parvenu à s'enfuir une première fois en prenant ses jambes à son cou. Puis il a échappé une seconde fois aux trois policiers thaïlandais venus l'arrêter dans un hôtel de la ville dirigé par Alain, l'un de ses amis. Il a réussi à les semer, les mettant au tapis à coups de poing. « Dans des circonstances extrêmes, on trouve la force », expliquera-t-il sobrement au tribunal de New York en janvier 1987.

À partir de ce moment-là, en cavale, il sera condamné en France par contumace à quinze ans de prison et 4,5 millions de francs d'amende.

Pendant ce temps, « Le Blond » développe tranquillement l'entreprise. Maintenant, il se rend en Sicile avec Altieri pour livrer 6 kilos d'héroïne. Il faut dire que Girard est séduit par les méthodes, disons « radicales », de la Mafia.

Scapula, lui, prend la voie du grand large et va exercer ses talents dans la plaine de la Bekaa. De 1980 à 1984, il se rend six ou sept fois au Liban. Avec Wiesgrill et Altieri, il produit d'abord 25 kilos d'héroïne dans un laboratoire installé près du village de Taraya. D'où le coup de fil passé en France depuis le téléphone de campagne d'un officier syrien en 1982.

Pour introduire la drogue en Europe, la bande recrute des employés de la Middle East Airlines, la compagnie aérienne libanaise. Ces passeurs, payés à prix d'or, cachent l'héroïne dans leurs bagages professionnels. La poudre est ainsi récupérée par Altieri, qui se transforme en commis voyageur. La marchandise est camouflée dans les portières des voitures. Pour la livrer, Altieri fait des sauts de puce de Zurich à Berlin, de Rome à Paris.

Dans un rapport rédigé après son arrestation en Suisse, la police helvétique fera le compte : « Altieri a réceptionné ainsi, à sept ou huit reprises, au maximum 3 kilos d'héroïne, soit en tout 20 kilos dont il a été responsable de la revente en France et en Italie. » Scapula lui, finalise les transactions et s'ouvre les portes du gigantesque marché nord-américain.

En 1982, on le retrouve ainsi au Canada pour discuter avec la Mafia italienne de l'entrée du produit aux États-Unis. Et plus l'affaire prend de l'envergure, plus les trafiquants font appel à de nouveaux

« sous-traitants ». Ce développement de l'entreprise va d'ailleurs être fatal à Girard. En juin 1981, il est mis en cause par des passeurs suisses, Arlette et Roger Maridor. Le couple avoue à la police française avoir effectué deux voyages pour le compte de la bande et détaille les circuits de passage de la drogue. À entendre Arlette et Roger, ils sont d'abord pris en charge à Paris. Puis, à Marseille, ils récupèrent une Renault 16, spécialement aménagée par Girard pour cacher de la drogue. Le couple fait ensuite un aller et retour à Istanbul pour rapporter de la morphine base. Cette petite excursion leur fait gagner 17 000 dollars. Ravis, les Maridor repartent pour un nouveau voyage en Turquie. Mais, surprise, cette fois c'est le docteur Bousquet qui les accueille. Il arrive justement du Pakistan où il a négocié l'achat de la morphine base. La marchandise n'étant pas encore arrivée, il demande aux Maridor de laisser leur voiture sur place et de rentrer en train. Et la police n'a plus qu'à récupérer le couple en France. Les deux Suisses craquent rapidement et balancent toute l'équipe. L'Unité est en péril, d'autant qu'un juge pugnace instruit l'affaire : Pierre Michel.

Voilà une occasion en or pour la brigade des stups de Marseille. Depuis quelque temps déjà, elle surveille cette bande qui se déplace avec une rapidité incroyable. Les policiers se précipitent donc pour mettre la main sur les deux Francis. Et, comme d'habitude, Scapula, toujours plus agile, prend la poudre d'escampette. En revanche, Girard est cueilli, sortant de sa résidence entre deux allers et retours pour Bordeaux, où son frère tient un cercle de jeu. Les enquêteurs fouillent la maison et admirent au passage sa garde-robe de playboy de luxe. « Girard ? C'était un beau mec, tendu, dont le profil marquait une évolution du Milieu, relève Antoine Sciblo, ancien chef de groupe des stups marseillais. Lui et son équipe avaient tiré les leçons des erreurs des anciens qui ne quittaient pas leurs bars préférés. Ils n'étaient plus attachés au même point de chute. D'ailleurs, physiquement, avec leurs costumes bien coupés, ils ne ressemblaient pas à des voyous à l'ancienne. Eux se sont internationalisés, sans se forcer beaucoup : ils avaient le goût de l'aventure. C'était la nouvelle vague du crime. Le jour où j'ai arrêté Girard, j'ai compris : quelque chose était en train de changer. »

François Girard crie son innocence, se déclare victime d'un coup monté, d'un complot. Une position qui lui servira de ligne de conduite jusqu'aujourd'hui. Le trafiquant est aussitôt mis en examen par le juge Michel pour trafic de drogue. C'est la première rencontre entre les deux hommes. Une audition qui se passe bien selon son avocat, Christian Méjean. Le voyou est à l'aise, convaincu que l'affaire ne tient pas. En effet, à ce moment-là les accusations contre lui ne reposent que sur les déclarations des Maridor, sans aucune preuve matérielle.

Mais les choses vont se gâter deux mois plus tard quand, le 6 août 1981, le juge Michel remet « Le Blond » en examen. Le magistrat est convaincu que Girard travaille avec son ami le docteur Bousquet et qu'il est partie prenante dans l'affaire du laboratoire de Palerme. « Le Blond » n'a pas du tout vu le coup venir. Maintenant, il mesure le danger. Il sait que si sa culpabilité est établie dans le dossier sicilien, il risque jusqu'à trente ans de prison. Dans le fourgon cellulaire qui le ramène aux Baumettes, François Girard laisse éclater sa rage : « Il est complètement fou, ce juge ! S'il continue à ce train-là, il va finir par se faire tuer ! » hurle-t-il. Des propos prononcés avec une telle violence qu'ils frappent l'un des gardiens de l'escorte. Celui-ci les rapportera en 1988, lors du procès aux assises.

Malheureusement, à l'époque, la police de Marseille ne pressent pas le danger. D'ailleurs, elle ne pense pas du tout que la bande des trafiquants de drogue puisse perpétrer ce genre de crime. Dans les jours qui suivent l'assassinat, le 21 octobre, les enquêteurs perçoivent bien une agitation anormale : ils constatent que le groupe, d'un seul coup, s'éparpille dans la nature. « Comme une volée de moineaux », raconte un ancien responsable de la brigade des stups qui se justifie : « Nous n'avions aucun élément pour les relier au meurtre de Michel. Rien ne laissait penser que c'était eux. Nous ne les considérions pas comme des tueurs. Nous avons pensé tout simplement que l'équipe se dispersait parce qu'elle savait que la mort du juge allait provoquer une onde de choc dans le Milieu. Cette bande ne ressemblait à aucune autre. »

Que s'est-il passé pendant les mois qui ont précédé le crime ? Wiesgrill et Scapula « tournaient » la morphine au Liban. Comme par hasard, ce dernier a soigneusement évité la France durant la période de préparation de l'assassinat. Il débarque à Nice la veille du meurtre du magistrat… dont il apprend la mort, expliquera-t-il plus tard, par la radio, en prenant son bain ! Cette nouvelle n'empêche pas Scapula, toujours recherché par la police française, d'aller passer quelques jours aux sports d'hiver à Megève, en janvier 1982.

D'ailleurs, ni l'arrestation du « chef », François Girard, alias « Francis le Blond », ni la mort du juge ne mettent fin aux ardeurs de la bande. Elle tente seulement de se diversifier, se lançant aussi dans le trafic de cannabis. Avec beaucoup moins de succès. L'Unité manque même de boire la tasse.

À partir de 1982, Wiesgrill et Altieri négocient en effet avec des vendeurs libanais l'achat de plusieurs tonnes de haschisch destinées au marché parisien en pleine expansion. Rien ne marche. Les ennuis succèdent aux ennuis. Soit les bateaux n'arrivent pas, soit la marchandise se révèle de trop mauvaise qualité pour être écoulée. À la fin de l'année 1983, les voilà même obligés de déverser quelque 400 kilos d'« herbe » dans la Seine…

Le groupe, repris en main par Scapula, se replie alors sur ses « fondamentaux », la transformation d'héro. La baraka revient. L'équipe réalise même le plus gros coup de sa carrière : elle va produire aux États-Unis 150 kilos d'héroïne brute, une quantité colossale, même à l'échelle du continent. Dans son audition en 1987 devant le tribunal de New York, « Le Brun » raconte longuement cette opération exceptionnelle, du pur roman policier dont il paraît très fier.

En 1983, un Parrain de la Mafia américaine, « Ernie » Benevento, recherche une équipe pour tourner une grosse quantité de morphine base aux États-Unis. Scapula et Altieri se mettent sur les rangs et raflent le marché. Ils négocient bien, à raison de 10 000 dollars par kilo transformé.

« Les affaires c'est comme ça. Ils mentent de leur côté en ce qui concerne le prix de vente et nous mentons de notre côté en ce qui concerne le prix d'achat, résumera Scapula aux policiers américains. C'est tout à fait normal. Tout le monde ment dans les affaires. »

En novembre 1983, la morphine base est convoyée depuis la Turquie, via les côtes françaises puis les Bahamas. Là, elle est transportée dans un « cabin cruiser », l'un de ces yachts puissants utilisés dans la région pour la pêche à l'espadon. Le bateau arrive à Freeport, à l'extrémité ouest de l'archipel, face à la Floride. Il arbore soudain le pavillon américain et, tirant droit dans ces eaux turquoise, entre dans le port de West Palm Beach, au nord de Miami. Avant que les agents des douanes n'effectuent les formalités, Scapula et Altieri s'éclipsent discrètement, s'offrant un homard à la capitainerie du port.

Puis la morphine base est transportée par avion dans un laboratoire clandestin installé dans un ranch, à Phoenix, Arizona, à l'autre extrémité du pays.

En juin 1984, Scapula et Altieri reviennent aux États-Unis pour la transformation. Ils débarquent cette fois au Mexique, en prenant soin d'arriver par deux vols différents. Une fois sur place, ils découvrent avec effarement le plan prévu pour leur faire passer la frontière. Ils sont censés voyager dans ces wagons à bestiaux utilisés par les migrants mexicains en partance pour l'eldorado nord-américain, par-delà le Rio

Grande. Beaucoup trop dangereux, jugent-ils. Ils se plaignent auprès de leur « voyagiste », Ernie Benevento. Caprice de rock star, Scapula obtient finalement une place dans un discret jet privé pour l'Arizona… La Mafia américaine traite ses hôtes marseillais comme des princes. Sans les chimistes français, la transformation ne pourrait pas avoir lieu. Finalement, Altieri et Scapula prennent leurs quartiers dans un spacieux pavillon isolé de la banlieue de Phoenix, un bâtiment couleur crème, un peu kitsch avec son style mauresque et ses fenêtres ovales. Il a l'avantage de se trouver tout près d'un aérodrome de campagne et de disposer d'un garage capable d'abriter deux ou trois voitures. Un matériel perfectionné les attend : pompes à vide, filtres géants, entonnoirs, placard de séchage, etc. Benevento a fait les choses en grand.

Après quelques aménagements – il faut percer un mur pour permettre l'évacuation des vapeurs, enlever la moquette, effectuer un raccordement dans les toilettes pour disposer d'une alimentation en eau conséquente –, les chimistes enfilent leur blouse. La pelouse ne s'en remet pas : les résidus de filtration, gorgés de morphine, finissent directement sur le gazon, déjà martyrisé par ce soleil de plomb…

Du 25 juin au 10 août 1984, l'Unité transforme ainsi près de 300 kilos de morphine base en 148 kilos d'héroïne pure. La part des Français s'élève à 1 480 000 dollars. Scapula sera payé en quatre fois. Sa maîtresse, Fatima, rencontrée en 1981 en Espagne, se rendra à plusieurs reprises dans un grand hôtel de New York afin de récupérer l'argent. Enfin, presque tout l'argent. Lors de l'un des voyages, une valise contenant

500 000 dollars disparaît du tapis à bagages. Lorsqu'elle revient dans le flux, elle est vide. Difficile de déposer plainte pour vol. L'équipe décide de n'en rien dire aux Américains, et de passer cette fortune en faux frais… Malgré cette perte sèche, dont une PME aurait du mal à se remettre, l'Unité reste bénéficiaire.

Les mafieux américains sont aux anges. Ils ont tort car cette opération a aussi permis à Scapula de découvrir toutes les arcanes de leurs trafics. Une mine de renseignements qu'il négociera plus tard avec la justice américaine contre le prix de sa liberté. En attendant, les Benevento sont prêts à monter une nouvelle opération depuis le Liban pour fournir le marché américain.

En homme d'affaires avisé, Scapula pense à faire fructifier l'argent de la transaction. « Quand j'ai investi, racontera-t-il aux Américains, j'ai acheté des actions. J'ai dû placer à peu près 350 000 dollars en titres, mais quand je les ai revendus, j'ai fait un bénéfice parce que la Bourse avait monté. Et entre-temps, le dollar avait chuté. Du fait que j'avais investi en yens et en marks – et que ces deux devises étaient en forte hausse –, j'ai fait un bénéfice beaucoup plus important en dollars. »

Pour les liquidités, il mise sur ses deux « copines », Fatima et Florence. Elles ne se connaissent pas (ce qui limite les risques d'entente derrière son dos) et disposent de comptes à leur nom dans des banques genevoises et luxembourgeoises.

– Où se trouve l'argent ? demandera le juge du tribunal de New York en janvier 1987.

– Je n'ai pas d'argent. J'ai tout dépensé.

– Il ne vous reste pas un centime ? insiste le magistrat, interloqué.

– Non.

– Pas de compte en banque nulle part ?

– Non.

– Pas de coffre, nulle part ?

– Non, pas en ce moment.

[…]

– En fait, il ne vous reste que les vêtements que vous portez ?

– Oui.

Et d'expliquer avoir été escroqué par un « comte italien » à qui il avait confié une partie du magot.

– Vous n'avez jamais payé d'impôts entre 1970 et 1986, monsieur Scapula ?

– Jamais. De toute ma vie ! répond « Le Brun », qu'une pareille question laisse pantois.

– Le mal que pouvaient subir les gens qui achetaient ou qui utilisaient les drogues que vous vendiez ne vous a jamais inquiété. Ou dérangé ?

– Non.

– Tout ce qui vous intéressait, c'était l'argent, n'est-ce pas ?

– Exactement.

*
**

Pour l'heure, cependant, le succès de Phoenix monte à la tête de l'équipe. Un policier français qui a suivi l'affaire commente : « Ils étaient pris dans un engrenage de folie, ils ne pouvaient plus s'arrêter et échafaudaient des plans de plus en plus insensés. » Plus aucune frontière ne peut les arrêter. La bande caresse maintenant l'idée d'un projet grandiose, en Inde, avec des laboratoires locaux. Son grand œuvre. Ses membres envisagent même d'acheter un avion de ligne pour transporter eux-mêmes la marchandise. En attendant le jackpot avec la création de leur Heroin Airways, ils ne négligent pas les « petits coups » rentables. Ce qui les perdra.

Car, en jouant à l'extérieur, du Liban aux États-Unis en passant par l'Inde, l'équipe d'Endoume en a trop fait. Elle est en fin de partie. Elle ne se doute pas qu'elle a désormais une armée aux trousses. Les agents de la DEA américaine, alertés du séjour à Phoenix (Arizona), mettent au point l'une de leurs plus performantes opérations d'infiltration. Quant aux policiers de l'Office des stups parisien et aux enquêteurs marseillais, ils ne les lâchent plus. Le piège des Paccots, en Suisse, se referme sur eux. Wiesgrill, Scapula et Altieri sont cueillis en même temps, en novembre 1985. Et leurs aveux, consignés à partir d'avril 1986, vont permettre de dévoiler en grande partie les mystères de l'assassinat du magistrat et d'identifier enfin ses tueurs.

En grande partie seulement car, malgré la condamnation des assassins et des commanditaires, la mort du juge comporte encore de vastes zones d'ombre. Tentons de les éclaircir.

## Cinquième partie

# Derrière le rideau

## – 1 –

# Tueurs, balances et commanditaires

Le dossier de la mort du juge Michel est définitivement classé. Il repose, sous une fine pellicule de poussière, dans les archives de la cour d'appel d'Aix-en-Provence. Ce bloc de cartons d'un bon mètre de large sur un mètre cinquante de haut comprend, selon le langage judiciaire, près de 30 000 « cotes », soit des milliers de pages, constatations dramatiques, simples vérifications ou aveux décisifs. Une strate de l'archéologie criminelle française.

Depuis le mois de janvier 1994, date du dernier jugement d'une personne impliquée dans ce drame, le rideau est tombé. La justice, comme on dit, est passée. Les deux tueurs du juge et les deux commanditaires ont été lourdement condamnés, l'un d'eux par contumace car il était en fuite au moment de son procès[1]. Ce meurtre qui a frappé la justice au cœur – Pierre Michel est le second magistrat à être assassiné en France par le Milieu depuis la Libération – serait donc

1. Voir cinquième partie, chapitre 4.

résolu, juridiquement élucidé, contrairement à celui du juge Renaud, à Lyon.

Pourtant, malgré d'incontestables succès dus à l'acharnement des enquêteurs – aidés par d'heureux concours de circonstances –, cette affaire suscite encore bien des interrogations. Le glorieux tableau final présente quelques craquelures : des pistes restent inexploitées, un témoin capital manque à l'appel, un commanditaire présumé a disparu corps et biens et un caïd marseillais s'est suicidé sans avoir livré ses secrets.

La plupart des personnes qui ont connu cette tragédie (nous en avons rencontré une cinquantaine), magistrats, policiers, avocats, parents du juge, journalistes, et même membres du Milieu, se posent encore bien des questions. À la lecture des documents de ce volumineux dossier, à la lumière de tous ces témoignages – dont certains inédits –, que reste-t-il finalement de « l'affaire Michel » ? Connaît-on les vrais commanditaires de son assassinat ?

## Altieri et Checchi : les tueurs démasqués

L'arrestation de Charles Altieri et de François Checchi, le pilote de la moto et le tireur à l'arrière, constitue le point d'orgue de l'enquête, sa plus grande réussite. Leur condamnation a sauvé la justice du déshonneur. Comment imaginer que le meurtre d'un juge puisse demeurer impuni et que ses auteurs puissent continuer à vivre en toute quiétude ?

Il s'en est fallu de peu mais cinq ans après le drame, les aveux des deux assassins correspondent aux témoignages et aux constatations de l'Identité judiciaire réalisées sur la scène de crime. Leur culpabilité ne fait aucun doute. Plus encore, les investigations ont permis de mieux comprendre leurs motivations.

Altieri, dernière recrue de la bande d'Endoume, a tué pour s'intégrer au groupe dont il vénérait les deux chefs, François Scapula et François Girard, alias « Francis le Brun » et « Francis le Blond ». Selon le psychologue qui a examiné en prison le conducteur de la moto, « Lolo » Altieri aurait « exécuté ce crime dans une sorte d'obéissance absolue, sans réfléchir aux conséquences ». Ce n'est qu'après l'assassinat et les réactions des médias qu'Altieri se serait rendu compte de la gravité de son acte.

Ce voyou sous influence a entraîné dans cette sombre folie un ami d'enfance, François Checchi. Un copain de toujours, fidèle jusqu'à l'aveuglement, qui servait de porte-flingue à un caïd local… Celui-ci a accepté pour « rendre service », tuant « par amitié » et ne réalisant pas non plus, semble-t-il, la portée de son acte. La seule défense de Checchi, circonstance atténuante selon lui, consiste à clamer qu'il ignorait le nom et la fonction de sa cible. Sa morale reste conforme aux codes du Milieu. Il ne veut pas passer pour une « balance ».

Les deux tueurs n'avaient aucune raison personnelle d'en vouloir à Pierre Michel. Altieri et Checchi ont exécuté froidement un contrat. Lors de son procès, François Checchi assume ses responsabilités. Après une suspension de séance, il se lève et déclare : « J'ai lu la presse et j'ai vu la télé qui me présentent comme un monstre sans cœur. Or j'ai en face de moi la famille

Michel. Je suis navré. Je tiens à dire que c'est moi qui ai tiré sur le juge. Je ne savais pas que c'était lui [...] J'ai été manipulé. » Checchi sera finalement condamné à la réclusion criminelle à perpétuité par la cour d'assises d'Aix-en-Provence, le 30 juin 1988. Il a effectué en tout vingt-huit ans de prison dans le cadre de cette affaire. Il bénéficie en effet d'un régime de semi-liberté depuis le 8 septembre 2014. Il avait auparavant déposé plusieurs demandes de libération, sans succès.

Le parcours judiciaire de Charles Altieri se révèle plus sinueux. Après ses aveux en Suisse, il n'a jamais demandé à être extradé en France. « Lolo » avait déjà une idée en tête. Le 27 octobre 1987, en Suisse, il est condamné à vingt ans de prison pour trafic de drogue. Vingt-deux jours plus tard, le 18 novembre 1987, il s'évade du pénitencier de Bochuz, dans la plaine de l'Orbe, dans l'ouest de la Suisse. La « belle », comme au cinéma. « Il travaillait à la sacristie, raconte le juge André Piller. À ce titre, il bénéficiait d'une certaine liberté de circulation à l'intérieur de l'établissement. » En plein après-midi, vers 17 h 30, Altieri scie les barreaux de sa cellule avec cinq de ses codétenus. Une évasion cosmopolite puisqu'il prend la clé des champs en compagnie d'un Palestinien, d'un Albanais, d'un Yougoslave et de deux Italiens : à eux six, ils cumulent quarante-huit années de prison ! Mais Altieri ne profite pas longtemps de sa liberté retrouvée. Le 1er février 1993, il se fait bêtement pincer à l'aéroport de Larnaka, à Chypre, muni d'un faux passeport belge. Il arrivait de Dubaï et avait sans doute à nouveau exercé ses talents de chimiste dans la région... C'est l'inspecteur Jean-Marie Flori, de l'Office des stups, qui va le reconnaître sur place car les

Chypriotes hésitent sur sa véritable identité. En voyant débarquer le policier qui l'avait arrêté aux Paccots, en Suisse, Altieri comprend que la partie est finie.

Le 7 janvier 1994, lorsque s'ouvre l'audience, le chroniqueur judiciaire du *Monde* résume l'esprit du moment : « "Les faits que nous avons à connaître sont bien anciens", soupire le président Bernard Fayolle alors que son regard semble se fixer un instant sur le casque de motocycliste blanc posé devant les jurés sur la table des pièces à conviction. »

Altieri paraît, pull violine, cravate noire, chemise blanche. Son avocat, M^e^ Gilbert Collard, dénonce des sévices proches de la torture qu'aurait subis son client en garde à vue. Il exige, en invoquant la Convention européenne des droits de l'homme, qu'Altieri soit confronté à son principal accusateur, François Scapula, toujours détenu en Suisse. La cour lui donne raison et délivre un mandat d'amener, une demande aussitôt transmise aux autorités judiciaires suisses. Une procédure sans suite. Comme lors du premier procès, Scapula refuse d'aller témoigner et les autorités helvètes, bienveillantes à son égard, respectent sa volonté. Voilà comment on escamote un témoin essentiel, clé de voûte des accusations.

À y regarder de près, ce refus arrange cependant beaucoup de monde, surtout du côté français. Personne ne sait au juste ce que cet électron libre est capable de raconter. « Le Brun » connaît trop bien les coulisses de l'affaire et pourrait faire des révélations dangereuses sur ce qui n'est pas couché en procédure…

Altieri, le pilote de la moto, est condamné à la même peine que son complice Checchi, le tireur : la réclusion criminelle à perpétuité. Joint par l'intermédiaire d'un de ses proches alors qu'il était encore en prison, il n'a pas souhaité répondre à nos questions. De toute façon, il contestait avoir participé à l'assassinat du juge Michel… Le 16 septembre 2014, la Justice a accepté sa demande de liberté conditionnelle.

### François Girard : le commanditaire se rebiffe

Avec François Girard, dit « Le Blond », la justice dépasse le niveau des exécutants pour s'intéresser au(x) commanditaire(s). François Girard est considéré comme le grand ordonnateur du meurtre. Une accusation pas si facile à établir. Au moment du crime, il se trouvait aux Baumettes. La culpabilité du « Blond » ne repose sur aucun élément matériel, aucune preuve irréfutable, mais sur les témoignages recueillis aux Paccots, en Suisse. Pour le condamner, la justice estime qu'il disposait d'un mobile puissant.

Le juge Michel l'avait mis en cause dans l'affaire du labo de Palerme, alors qu'il était déjà détenu pour un autre trafic de drogue. Les deux dossiers cumulés risquaient de coûter très cher à Girard aux assises. Le malfaiteur aurait eu le sentiment d'être l'objet d'une « injustice », d'être « persécuté personnellement » par le magistrat. En outre, il l'avait violemment pris à partie, bien qu'il s'en défende : « Il ne m'a entendu que sur la personnalité, pas sur le fond. L'instruction était courtoise, aimable, il n'y a eu aucun incident », proteste-t-il contre toute évidence au cours de son procès.

Ce sanguin, coléreux et impulsif, n'aurait pas supporté le ton cassant et ironique de Pierre Michel. Du fond de sa prison, il aurait donc ordonné à son équipe cet assassinat.

Comment les a-t-il prévenus ? C'est là où le bât blesse : les messages seraient passés par l'intermédiaire de son épouse et d'une autre femme de détenu après des rencontres au parloir. Sauf que ces mots compromettants n'ont jamais été retrouvés. Faute de preuves, les deux femmes ont été acquittées aux assises en 1988. Le mystère demeure donc : comment l'ordre de tuer a-t-il été transmis ?

Au procès du « Blond », le grand pénaliste Henri Leclerc, partie civile pour la famille du magistrat assassiné, se souvient des difficultés à le confondre : « L'accusation ne reposait que sur des aveux et les charges contre Girard n'étaient pas absolument déterminantes, reconnaît-il. De plus, Altieri s'était déjà évadé de Suisse et Scapula avait refusé de venir. Ces deux absents ont beaucoup manqué à l'audience. »

En fait, la déposition de Philippe Wiesgrill, prononcée avec un fort accent provençal mais d'une précision accablante, a emporté l'adhésion des jurés. Le témoin, arrivé entre six gendarmes, a intégré la bande en 1980. À la barre, il commence par décrire le rôle de chacun. « Girard était le capo, le chef, explique-t-il. Scapula c'était son alter ego mais sans prendre les décisions : il voyageait [...]. Charles Altieri était le manœuvre et moi le chimiste. » Toujours selon cette version, François Girard, alias « Le Blond », « a été embarqué dans une autre affaire par le juge qui voulait l'assaisonner ». Des phrases sans appel prononcées devant un Girard impassible, qui fusille Wiesgrill du regard...

Jusqu'au bout « Le Blond » aura crié son innocence, répétant qu'il n'avait aucune raison de tuer le juge, brocardant au passage l'avocat général : « Si le rasoir législatif [la guillotine] était encore là, monsieur le procureur ne se serait pas privé de le demander pour moi, car il faut bien un bouc émissaire dans cette affaire. »

Dans une ambiance lourde, en présence de la famille du juge Michel mais aussi de dizaines de ses collègues venus honorer sa mémoire, François Girard sera condamné à la réclusion criminelle à perpétuité. À l'annonce du verdict, il lâchera, ironiquement : « Braves gens, dormez bien, justice est rendue ! » « À l'époque, il n'existait pas de cour d'assises d'appel, fait valoir son avocat bordelais Pierre Blazy. Cette décision reste pour moi une meurtrissure. J'estime avoir plaidé ce que je devais plaider : l'acquittement. J'ai la certitude de l'innocence de François Girard. »

Les recours du condamné ont échoué : la Cour de cassation a rejeté son pourvoi le 29 novembre 1989.

Mais l'histoire du « Blond » ne s'arrête pas là. Ce sportif de haut niveau (il figura parmi les premiers joueurs français de squash) entretient sa forme en prison. À la centrale de Clairvaux, le détenu s'astreint ainsi à des footings de 20 kilomètres, soit un nombre impressionnant de tours de cour de promenade. « Il se soumet à l'entraînement d'un athlète [...] dans un but connu de lui seul », note l'enquêteur de personnalité après une rencontre en cellule avant son procès.

En 2005, cette force de la nature obtient une libération anticipée. Il la doit tout d'abord à sa bonne conduite. Tous les directeurs d'établissement vantent ses qualités de « médiateur » auprès des détenus. Il s'est mis, par ailleurs, à apprendre l'italien et l'anglais, à étudier le solfège et le piano, envisageant même une reconversion à l'extérieur comme accordeur. Mais surtout il est atteint, selon les médecins, d'une sévère maladie cardiaque qui nécessite plusieurs séjours à l'hôpital des prisons de Fresnes.

Le diagnostic de deux cardiologues, daté du 23 mars 2001, est sans appel. Les praticiens évoquent les antécédents cardiaques de François Girard (un infarctus du myocarde survenu huit ans plus tôt, ainsi que plusieurs opérations destinées à poser des stents, ces petits supports métalliques qui empêchent les artères de se boucher). Après la dégradation de l'état de santé de leur patient, notamment « une majoration très significative des douleurs thoraciques » à partir de juin 2000, ils détectent une « maladie coronarienne très sévère, aggravée par le stress quotidien ». « Pronostic réservé, affirment les spécialistes. Toute activité à charge physique et émotionnelle est désormais contre-indiquée de façon totale et définitive. » À en croire les médecins, le détenu est condamné s'il reste entre quatre murs.

Les conseils de François Girard, M^es^ Pierre Blazy, Jean-Yves Liénard et Christian Méjean, déposent donc plusieurs demandes de grâce médicale, toutes refusées à Marseille. Une nouvelle qui provoque la colère de la famille de Pierre Michel, d'autant que les proches du magistrat apprennent l'information par la presse. « Le minimum serait d'informer les intéressés et de leur permettre de s'exprimer à ce moment-là comme à toutes les étapes de la procédure, et pas seulement quand on est la fille du juge Michel », dénonce Béatrice Michel dans une interview à *Libération*, le 17 juillet 2001.

Les avocats ne désarment pas et obtiennent, en 2005, devant la cour d'appel de Versailles cette fois, la libération conditionnelle de leur client. En contrepartie, Girard est interdit de séjour dans les Bouches-du-Rhône et dans une trentaine d'autres départements français. Il doit se faire oublier. Et pourtant, quatre ans plus tard, la PJ photographie le moribond… en train d'effectuer un jogging vigoureux en survêtement Lacoste le long de la Corniche de Marseille, accompagné d'une nouvelle conquête ! Les policiers l'ont repéré car il est apparu dans des écoutes téléphoniques liées à un transport de cocaïne entre le cap Vert et les Antilles. Lui qui est soi-disant retiré des affaires, lui qui, selon les médecins, peut à peine faire un pas devant l'autre sans risquer l'arrêt cardiaque, lui qui reste interdit de séjour à Marseille… Pour la justice, cela fait beaucoup. La nouvelle condamnation du trafiquant de drogue fait tomber sa liberté conditionnelle et réactive sa condamnation à perpétuité dans l'affaire Michel.

François Girard garde donc pour lui ses secrets. L'un des plus étranges concerne ses liens avec son ami d'enfance, « son frère », François Scapula, l'homme qu' « il idolâtrait », selon l'enquêteur de personnalité. « Le Blond » ne répondra jamais au « Brun », qui l'a pourtant dénoncé. L'équation est simple : si ce n'est pas Girard qui a fait tuer le juge, c'est forcément « son frère », Scapula !

Seulement le trafiquant de drogue apparaît prisonnier de son système de défense. Comme François Girard affirme tout ignorer de la mort du magistrat, y compris des préparatifs de l'action, il peut difficilement mettre en cause son ami. Ce serait avouer qu'il connaît, à tout le moins, les coulisses de l'affaire. Beau dilemme cornélien pour un film noir.

« Girard n'arrivait pas à croire à la trahison de son ami, souligne Me Christian Méjean. Mais, pour moi qui connais bien le dossier, Scapula a joué un rôle déterminant dans l'assassinat du juge. Il en a profité pour se débarrasser de son associé et prendre la tête de l'équipe. »

Nous avons recueilli un témoignage inédit d'un familier de la bande, qui souhaite rester anonyme. Ce proche des deux voyous livre à trente-trois ans de distance une étonnante information. Il affirme avoir assisté quelques années avant le crime à une conversation des plus surprenantes entre « Le Blond » et « Le Brun ». Les deux chefs estimaient que leur bande n'était pas assez reconnue dans le Milieu, qu'elle n'avait pas la place qu'elle méritait… Tous deux étaient d'accord sur un point : ils dépassaient par leur intelligence Zampa, « Le Mat » et « Le Belge » réunis, les trois « seigneurs » qui régnaient à cette époque sur la ville. C'est alors qu'ils auraient envisagé de frapper un grand coup, de créer un événement pour secouer le Milieu, voire le faire exploser. « Pourquoi ne pas assassiner un juge ? » se dirent-ils. Les « gros bonnets » de Marseille seraient forcément soupçonnés, leurs empires démantelés. La justice ayant fait place nette, les « gens d'Endoume » pourraient tirer les marrons du feu et prétendre récupérer l'héritage. À entendre notre témoin, les deux compères auraient même cité des noms, celui de Pierre Michel bien sûr, le magistrat le plus connu à Marseille, mais aussi celui d'un avocat général à la cour d'appel d'Aix-en-Provence chargé des affaires de stupéfiants, Robert Magnier, réputé pour la férocité de ses réquisitoires. Ce dernier n'en a jamais rien su.

L'arrestation de Girard et son incarcération par le juge Michel, justement, auraient reporté à plus tard ce délirant projet. Mais notre témoin se demande encore aujourd'hui si Scapula n'a pas repris l'idée à son compte et profité de l'occasion pour faire d'une pierre deux coups : se débarrasser d'un juge dangereux et d'un associé encombrant…

Mégalomanie, fanfaronnade, fantasme, réalité ? Dans le chaudron surchauffé du Milieu marseillais de l'époque, toutes les hypothèses sont possibles.

## François Scapula : le marionnettiste

C'est le personnage le plus insaisissable, au propre comme au figuré, de cette histoire. Dans le scénario du crime, à l'inverse de l'Arlésienne, François Scapula est partout, mais, de lui, on ne parle jamais. Il rencontre le tueur avant le crime, disparaît pendant sa préparation, réapparaît au moment de l'assassinat, puis reprend le large quand le terrain devient trop chaud. Après son arrestation, il « balance » tout le monde avec force détails, minimise son rôle, négocie sa libération avec les Américains, et s'envole pour un monde meilleur. « Un drôle de paroissien », comme diraient les policiers suisses. D'autant que jamais, lors des deux procès, en 1988 et en 1994, ses accusations ne pourront être débattues en sa présence.

Reprenons le fil. En août 1981, Scapula rencontre Altieri, qui lui fait part de la demande de Girard de tuer le juge. Que fait Scapula ? Rien ! Il n'y croit pas, dira-t-il plus tard. On pourrait d'ailleurs écrire l'histoire à l'envers et se demander si ce n'est pas Scapula qui pousse Altieri à commettre le meurtre… Il a un mobile identique à celui de son ami Girard : le juge Michel voulait l'impliquer dans l'affaire de laboratoire de Palerme.

En septembre 1981, « Le Brun » repart prudemment dans la plaine libanaise, laissant les exécutants préparer leur action. Il revient – par hasard ? – quelques jours avant le meurtre et « tombe des nues » en apprenant la nouvelle. Ensuite, très à l'aise, il passe l'automne à Nice et profite des joies de l'hiver à Megève. Scapula ne quitte la France qu'au début de l'année 1982, après une rencontre intrigante.

À cette époque, en effet, « Le Brun » rend visite à Paris à son avocat, Jean-Louis Pelletier, pénaliste réputé, qui l'a défendu dans d'autres affaires. Selon son propre récit, en le voyant apparaître, l'avocat s'écrie, surpris : « Qu'est-ce que tu fais là ? Les policiers te recherchent comme des fous ! » Scapula, paisible, répond qu'il n'est guère surpris : voilà plus de dix ans que les flics sont à ses basques. « Mais, ajoute Me Pelletier, cette fois ils te recherchent pour le meurtre du juge Michel ! » L'avocat lui dit qu'on raconte qu'un policier de haut rang le soupçonne d'avoir participé à cet assassinat. Vrai ou faux, Scapula blêmit et part aussitôt se mettre à l'abri en Italie, ce qui ne l'empêche pas de continuer à suivre les affaires de près. De très près.

Depuis sa planque, il règle même un sombre différend entre les tueurs et la bande responsable du vol de la moto du crime. Une histoire comme on les imagine dans *Les Soprano*. Pour dédommager les fournisseurs de la Honda Bol d'or embringués dans une histoire qui les dépasse, Scapula, en bon gestionnaire, règle la question. Il débourse immédiatement 20 000 francs, fait ensuite verser tous les mois 5 000 francs à l'intention de Gilbert Ciaramaglia. « Ces sommes, avouera-t-il plus tard, étaient incluses dans les frais remboursés, dans les partages des bénéfices de nos diverses opérations de stupéfiants. » Pour quelqu'un d'étranger au crime, voilà un homme bien soucieux d'arrondir les angles et de trouver des arrangements…

À partir de cette époque, le prudent Scapula évitera de remettre les pieds en France. Mais il prend les rênes de l'équipe qu'il fait « tourner » dans le monde entier. Après son arrestation en Suisse, en novembre 1985, « Le Brun » négocie dès les premières semaines de détention sa collaboration avec les Américains. Ceux-ci disposent d'un atout majeur. Ils détiennent aux États-Unis sa compagne, Fatima, repérée en train de transporter de l'argent et de la drogue. Dans un entretien exclusif accordé à *VSD*, Scapula racontera les coulisses de la négociation. L'adjoint du procureur général de l'État de New York lui a expliqué : « Si vous coopérez avec nous, vous ne serez pas inculpé. Vous serez un témoin de l'accusation. Votre amie ne sera pas poursuivie (...) Nous vous procurerons une nouvelle identité, une autre apparence physique, si vous le désirez, un emploi. »

Le trafiquant a donc droit à sa « tournée américaine » aux États-Unis, avec la bénédiction des autorités helvètes. Il dépose à deux reprises devant un tribunal de New York où il démontre l'étendue de son savoir sur la pègre américaine... En revanche, il refuse catégoriquement de venir témoigner au procès de ses anciens camarades à Aix-en-Provence, en juin 1988 et en janvier 1994, car il craint par-dessus tout d'être jugé en France pour l'affaire Michel[1].

De retour en Suisse, François Scapula effectue paisiblement sa détention, évitant de faire parler de lui. Pour les Suisses, il devient l'équivalent du Masque de fer. Tout au long de sa vie, Scapula s'est creusé les méninges pour se trouver de nouvelles identités. Cette fois, l'administration, qui le change régulièrement de prison, lui en fournit une, l'inscrivant sur ses registres sous le nom de... « Casanova ». Un clin d'œil à son aura auprès des femmes.

1. Scapula accepte juste de participer, le 10 mai 1990 à Bonneville (Haute-Savoie, près de la frontière suisse), à une confrontation avec le caïd marseillais Francis Vanverberghe, dit « Francis le Belge ». À l'occasion de cette rencontre, organisée par le juge Debacq, il confirme l'existence d'une livraison de drogue de 20 kilos à Ibiza, en Espagne, contestée par « Le Belge ». Ce dernier sera finalement relaxé.

Compte tenu des services rendus, les Suisses font tout pour rendre sa détention agréable. Sa maîtresse Fatima, désormais mise hors de cause par les Américains, lui rend même visite pendant plusieurs années, avant de couper les ponts. « Elle descendait dans l'un des meilleurs hôtels de Berne, le Schweizerhof, se souvient le juge André Piller. Elle lui apportait de bons petits plats pour améliorer l'ordinaire carcéral. »

Scapula est au centre d'un jeu politico-judiciaire entre trois pays : la Suisse qui l'héberge, la France qui le réclame, et les États-Unis qui lui proposent une nouvelle vie. Dans le cadre de ces subtiles négociations, Berne fait un geste à destination de Paris. La Fédération accepte de transférer le prisonnier en France. Mais ce « prêt » de détenu, prévu par la loi, ne vaut que pour un seul dossier, un énorme trafic de haschisch. Scapula est discrètement emprisonné à la Santé – sous une fausse identité – pendant un an et demi. L'audience est expédiée au plus vite. Juste le temps de le condamner, le 10 octobre 1991, à dix-huit ans de prison. Il reprend ensuite, sans se retourner, le chemin de sa cellule suisse. C'était la condition du « prêt » : qu'il soit condamné ou non, les Suisses avaient exigé de le récupérer.

Aux deux tiers de sa détention helvétique, alors qu'il a le droit de bénéficier d'une liberté conditionnelle, Scapula décide… de rester en prison et de purger sa peine jusqu'au bout. Une bien rare décision ! Il craint en effet que la France n'ait pas abandonné toutes les poursuites contre lui.

Au début de l'année 2000, la Suisse tâte officieusement le terrain. Le juge Piller entre discrètement en relation avec un responsable du ministère de la Justice à Paris pour savoir si la France a toujours l'intention de juger Scapula ou s'il peut espérer une levée de son mandat d'arrêt. La Direction des affaires criminelles et des grâces (DACG) ne serait pas opposée aux demandes helvètes mais elle se heurte au veto des procureurs généraux de Paris et d'Aix-en-Provence. Ceux-ci estiment que Scapula doit absolument être jugé en France. La chancellerie transmet l'information à Berne… Message reçu.

« Le Brun », visiblement averti, comprend ce qui l'attend et met à exécution un plan mûrement réfléchi. En novembre 2000, à l'occasion d'une permission de sortie, il franchit la porte du pénitencier de Lenzburg, dans le canton d'Argovie, dans le nord de la Suisse, où il est resté près de cinq ans. Et oublie de rentrer. De toute évidence, il est exfiltré par des agents de la DEA américaine, qui le rapatrient aux États-Unis où on lui offre, en échange de sa collaboration, une vie toute neuve, vierge de tracas judiciaires. Plus personne n'entendra parler de Scapula « la balance ». Un vrai miraculé judiciaire.

### Philippe Wiesgrill : la grenade dégoupillée

« L'hybride » a tenu bon. Il a dit la vérité mais, contrairement à ce qui se passe dans la chanson, il n'a pas été exécuté. Philippe Wiesgrill a bravé cette prétendue loi du Milieu qui punit les « donneurs ». Ce personnage à part a livré les noms des membres de sa bande impliqués dans l'assassinat du juge. Le chimiste du groupe n'a pas manqué de courage. Il a assumé jusqu'au bout ses déclarations. Cité au procès d'Aix-en-Provence, ce témoin clé a maintenu ses accusations. Et résumé ainsi le dilemme qui fut le sien après son arrestation en Suisse avec ses complices : « Dès le mois de février 1986, les policiers américains tournaient autour de Fribourg. J'ai alors su que Scapula avait passé un marché avec les Américains. Les policiers français me pressaient de parler. Plutôt que d'être pris seul dans une nasse infernale, j'ai préféré dire ce que je savais [...] Je n'ai passé aucun marché. On ne m'a d'ailleurs rien proposé[1]. »

En réalité, Philippe Wiesgrill avait posé deux conditions à cette déposition à haut risque : être extradé en France après sa condamnation en Suisse pour trafic de drogue, et bénéficier de conditions carcérales particulières.

L'inspecteur Serge Anthony, qui l'a récupéré à la frontière pour le mener sous bonne escorte au tribunal d'Aix, garde le souvenir d'un homme aimable et prolixe. « Wiesgrill n'avait ni le physique ni la tête d'un voyou. Il n'avait pas peur de témoigner mais son désir était d'être incarcéré dans une prison agricole », confirme le policier. Il existe en effet en France des établissements où les détenus vivent en semi-liberté et s'occupent des travaux des champs. Ces établissements discrets sont en général réservés aux délinquants

1. *Le Provençal* du 24 juin 1988.

sexuels afin de les protéger des brimades des autres détenus. Le plus connu est celui de Casabianda, sur la côte orientale de la Corse.

L'ancien chimiste du groupe n'a pas obtenu une mise à l'ombre, ou en l'occurrence au soleil, sur l'île de Beauté, mais ses vœux ont tout de même été exaucés. Il a été placé dans un établissement du même genre, beaucoup moins connu, la petite prison de Mauzac. Niché au cœur de la campagne de Dordogne, dans le sud-ouest de la France, cet établissement particulier est entouré de quatre hectares de champs et de jardins. Ses détenus vivent dans une vingtaine de pavillons et ils possèdent la clé de leur cellule. Pour la plupart, ils préparent un diplôme d'horticulture dans la ferme-école installée dans la prison, mais ils peuvent aussi entreprendre d'autres études. « Une résidence secondaire avec des barreaux », se félicitait un pensionnaire dans l'un des rares articles consacrés au centre de Mauzac.

Pour les autres détenus, Wiesgrill s'appelle « Jean Bernard », un nom suffisamment banal pour ne pas attirer l'attention. Tout aussi discrètement, il obtient une liberté conditionnelle au milieu des années 1990.

Finalement, ce néophyte égaré dans le monde des « professionnels » s'est éteint dans sa ville natale de La Ciotat, le 25 septembre 2007, à cinquante-sept ans, après s'être marié. Les journaux ne lui ont pas consacré une ligne, trop occupés à couvrir une intense actualité internationale, comme le discours violemment antiaméricain prononcé à la tribune des Nations unies par le président iranien Ahmadinejad. Un autre sujet du moment aurait intéressé Wiesgrill : la création en

France d'un poste de « contrôleur des prisons ». La mort du juge Michel paraît bien lointaine. Pourtant, sans ce personnage atypique, l'assassinat du magistrat n'aurait sans doute jamais été élucidé et les enquêteurs se perdraient encore en conjectures.

# – 2 –

# La piste italienne : une impasse

Parallèlement à la piste du Milieu marseillais, la justice a exploré jusqu'à la fin de l'instruction l'hypothèse d'un contrat venu de l'étranger. Dès le surlendemain de l'assassinat, *La Provence* s'interrogeait d'ailleurs à la une : « La main de la Mafia ? » « L'assassinat du juge Michel a été commandité depuis sa prison de Palerme par le "Parrain" sicilien de la drogue », assurait le quotidien, citant des policiers italiens.

Juste avant d'être assassiné, le magistrat était en effet allé défier l'organisation mafieuse jusque sur ses terres, à Palerme, entre l'été 1980 et l'automne 1981. Ce devait être son grand œuvre, la preuve des liens unissant les « hommes d'honneur » siciliens aux « charlots » marseillais, comme le juge appelait les membres du Milieu local. Trois semaines à peine avant son décès brutal, il avait même reçu dans son bureau deux de ses homologues siciliens pour mieux coordonner les suites des enquêtes[1].

1. Voir troisième partie, chapitre 2.

Avant de clore le dossier et de le renvoyer devant une cour d'assises, le juge François Badie relance cette piste. En 1987, un témoin inespéré s'invite en effet, par surprise, dans l'agenda judiciaire français. Malgré son patronyme à consonance espagnole, Antonino Calderone est originaire de Catane, la métropole orientale qui s'étend au pied de l'Etna, en Sicile. Il appartient à l'une des plus grandes familles mafieuses de la région et a décidé de collaborer avec la justice.

À cette époque, sa présence sur la Côte d'Azur relève d'un secret d'État. Elle est en effet rendue possible par un pacte secret entre deux pays, l'Italie et la France, mais aussi par une alliance entre deux juges, Giovanni Falcone, à Palerme, et Michel Debacq, à Marseille. Sur procès-verbal, le repenti italien commence par reconnaître que l'annonce de la mort de Pierre Michel, en octobre 1981, ne l'a pas surpris outre mesure : « Je n'ai pas été très étonné par la mort du juge Michel car, à Catane, l'assassinat de juges est relativement courant. »

Le Sicilien décrit une scène étonnante, survenue dans la cour des Baumettes à la toute fin du mois de juin 1986 : sa rencontre avec François Checchi, soupçonné d'être l'assassin du magistrat. Le détenu révise avant une audition clé, comme le ferait un lycéen avant l'oral du bac !

« Nous nous sommes trouvés ensemble dans la cour de promenade numéro 5. Checchi lisait un livre sur le juge Michel. Il m'a dit : “Le juge doit m'interroger, je lis le livre pour me rafraîchir la mémoire”… »

Calderone se souvient aussi que son compagnon de promenade l'a entrepris sur la dernière enquête de

Pierre Michel en terre italienne : « Il m'a demandé si je connaissais Gerlando Alberti, qui était cité dans le livre. Je lui ai répondu que non. Mais, en réalité, je le connais, c'est un gros mafioso très connu, vice-représentant de la famille de Pippo Calo, le caissier de la Mafia d'un quartier de Palerme. [...] Checchi m'a parlé également d'un chimiste, un médecin pédiatre nommé Bousquet qui trafiquait dans la drogue avec Alberti et Scapula. Il m'a aussi parlé d'un autre de ses amis intimes avec lequel il était très lié – dont j'ai oublié le nom –, qui faisait partie du clan Zampa et qui a été assassiné avec son fils. »

Quand un tueur rencontre un autre tueur... Au cours de leurs discussions, alors qu'ils sont seuls dans la cour (ils sont à l'isolement), Checchi affranchit Calderone des règlements de comptes marseillais. « [Checchi] m'a également parlé des affaires de Marseille et de celles de Zampa, en me disant qu'il y avait une "guerre" et que tous les hommes de Zampa étaient assassinés, poursuit, sur procès-verbal, le repenti italien. Checchi m'a fait comprendre qu'il n'était pas du côté de Zampa. Il m'a également raconté qu'à Paris il avait avoué qu'il avait tué le juge Michel. »

Au gré des rotations pénitentiaires, Antonino Calderone se retrouve avec un autre compagnon dans la cour des Baumettes. « Ensuite, dit-il au juge Badie, j'ai été en promenade avec Jeannot Mari jusqu'au 31 décembre 1986. Mari m'a dit que Checchi aurait tiré sur le juge sans connaître sa qualité. Je lui ai répondu que, de toute façon, il s'agissait d'un homme et non d'un poulet. »

Calderone bénéficie même de confidences sur un projet d'évasion qui tournera court. Heureusement pour le tueur. « Si cela réussissait, [Mari] se séparerait de Checchi car ce dernier serait assassiné dès sa sortie par le Milieu marseillais parce qu'il avait avoué le meurtre du juge Michel. Mari m'a également parlé d'un certain Girard, en me disant que c'était l'un de ceux qui en voulaient le plus à Checchi. »

Calderone n'apportera guère plus d'informations à la justice française. Il confirme peu ou prou ce qu'elle sait déjà. Dans le dossier de l'assassinat du juge Michel, il restera donc un simple témoin. Il ne confirme pas la thèse d'une exécution commanditée par la Mafia. Mais en Italie c'est autre chose. Ses déclarations recueillies à Marseille alimenteront l'accusation lors des « maxi-procès » mafieux de Palerme, organisés au milieu des années 1980.

*
* *

Pour les Italiens, Calderone reste en effet l'un des cinq plus importants collaborateurs de justice retournés par les services de l'État. Pour mesurer l'ampleur de ses révélations, il faut comprendre d'où il vient. En Sicile, son nom résonne dramatiquement. En l'entendant, les plus superstitieux se signent, par crainte d'abord de son frère Giuseppe, à la voix d'outre-tombe. Sur ses terres, on surnommait ce chef mafieux « Cannarozzu d'argentu » (gosier d'argent) depuis qu'une prothèse avait été implantée dans sa gorge après l'ablation d'une tumeur. Il a pu se prévaloir du titre de Parrain jusqu'à son assassinat au volant de son Autobianchi A112 en septembre 1978, point d'orgue des règlements de comptes mafieux.

Comme son frère Giuseppe, Antonino Calderone fait lui aussi partie de Cosa Nostra. Il veut donc au plus vite mettre une frontière entre les tueurs et sa famille, tout en restant proche de l'Italie. En février 1983, à cinquante-trois ans, le voilà avec son épouse, Margherita, et leurs trois enfants exilé à Nice, où le couple ouvre un petit pressing. Quelques chèques douteux plus tard, Antonino Calderone se retrouve en prison : il est arrêté le 9 mai 1986. Dès lors, il sait que sa vie en cellule, aux Baumettes, à Marseille, deviendra plus dangereuse encore que dans son appartement de la rue Etnea, à Catane. En détention, entre quatre méchants murs, un homme seul, fût-il aussi massif et craint, n'a aucune chance d'échapper aux tueurs de Cosa Nostra.

Après son arrestation en France, Calderone prend donc une décision lourde de conséquences : négocier son témoignage et mettre les siens à l'abri. Au terme d'une longue discussion au parloir avec son mari, Margherita cherche à contacter à sa demande, à Marseille, le juge Debacq, l'ancien auditeur de justice de Pierre Michel qui a mis ses pas dans les traces du magistrat assassiné. Après une première tentative ratée – elle a été éconduite par les gardes du tribunal –, elle rencontre enfin le magistrat français. Debacq compose aussitôt le numéro du pôle antimafia à Palerme. « *Pronto ?* » Au bout du fil, la voix bourrue d'un juge d'instruction emblématique : Giovanni Falcone.

Apprenant que Calderone est prêt à parler, Falcone débarque à Marseille quarante-huit heures plus tard. Pour plus de discrétion, les deux magistrats mettent en place un protocole hors normes pour chacune des auditions. Il est convenu que les rendez-vous se dérouleront, non au palais de justice ultra-sécurisé de Palerme, mais plus discrètement, en terrain « neutre », en France. Deux juges seront garants de la sécurité de Calderone : Giovanni Falcone à Palerme et Michel Debacq à Marseille.

« *Io sono un uomo d'onore.* » « Je suis un homme d'honneur. » C'est ainsi qu'Antonino Calderone commence sa confession sur le banditisme marseillais et sur la Mafia sicilienne dans les locaux de la PJ, près de la Major, la cathédrale qui veille sur les embarquements à destination de la Corse et du Maghreb. À 3 heures du matin, le 18 avril 1987, il n'y a guère que les murs pour entendre son filet de voix sépulcrale, usée par la cigarette et marquée par l'intensité du moment.

La scène est restée gravée dans la mémoire d'une jeune interprète d'italien, qui a noirci lors de cette confession des pages et des pages de notes. « Ce qui est arrivé ce jour-là, et les jours suivants, observe la traductrice Danielle Mela, est difficile à comprendre si on ne se replace pas dans le schéma de pensée de ces hommes, très croyants, persuadés d'agir pour le bien d'un système féodal et codifié. Calderone a tergiversé une journée entière. Et demandé à passer un coup de fil au premier grand repenti italien réfugié aux États-Unis, Tommaso Buscetta. » Puis il s'est décidé.

Le mafieux Calderone, très attaché à son épouse et à ses trois enfants, se met alors à table. Intarissable. Le nouveau collaborateur de justice décrit un monde archaïque, où les Parrains remplacent l'État défaillant, où lors d'un sommet entre boss dans un grand hôtel, un chien est invité au banquet, mangeant dans un plat d'argent. Son témoignage permet de dessiner la cartographie de la Mafia et ses fiefs avec la précision d'une carte d'état-major, d'identifier les hommes d'honneur affublés chacun d'un surnom : « La Petite Chaussure », « L'Ingénieur », « Petit Oiseau » ou encore « Le Tracteur ».

Margherita, l'épouse d'Antonino Calderone, est, elle, hébergée sous un faux nom dans un hôtel situé dans le haut de la Canebière. Jamais le repenti ne doit passer par le palais de justice, pour éviter les regards indiscrets. Le plus souvent, il est « débriefé » dans les locaux de la brigade des stups, rue d'Oran. À force de passer des semaines ensemble, privés de la lumière du jour, plongés dans les ténèbres des heures sombres, les liens se resserrent. Un dimanche, Falcone arrive à Marseille débarrassé de sa barbe broussailleuse, pilosité qui participait à sa notoriété grandissante. « Vous voyez : je suis ici incognito », plaisante-t-il devant l'interprète Danielle Mela.

La tradition sicilienne raffole de petits présents rappelant les liens entre amis ou membres de la famille. Le jour de la Saint-Jean, le 24 juin, Margherita offre à « Giovanni » [Jean] Falcone, cet amateur de havanes, un cadeau fort à propos : un joli coupe-cigares. Après l'interrogatoire, et au moment de l'au revoir, Calderone retient un instant son interlocuteur :

– Dottore, soyez attentif. Faites attention, car la Mafia n'oublie jamais.

– Je sais. Je sais. Ne vous inquiétez pas, Dottore Calderone, répond celui qui mourra, cinq ans plus tard, le 23 mai 1992, dans l'explosion de sa voiture, au côté de son épouse et de ses gardes du corps, sur l'autoroute reliant Palerme à l'aéroport Punta Raisi.

Le 14 août, nouvel entretien rue d'Oran.

– Mais vous, monsieur Calderone, qu'avez-vous fait ? Je veux dire, quelle est votre implication à titre personnel ?

« Il s'est littéralement décomposé », assure Danielle Mela. Le lendemain, 15 août et donc jour de la fête de la Vierge, un magistrat ne suffit plus à Calderone. Il lui faut un prêtre en urgence pour pouvoir répondre. Un magistrat téléphone à l'archevêque. Et sur son conseil, un policier va lui en quérir un, de permanence, à Notre-Dame-de-la-Garde, lequel bientôt, en sens inverse, dévale la colline, laisse le Vieux-Port dans son dos et remonte jusqu'à la rue d'Oran. Il est un peu étonné de se retrouver là et tient d'abord à s'assurer de la primauté du secret de la confession sur celui de l'instruction.

Calderone s'isole avec l'homme d'Église. Puis, moins d'une heure plus tard, serrant la petite croix qu'il porte en pendentif, il consent à raconter… ses sept assassinats. Et cette malédiction de la « *lupara bianca* », la « mort blanche » qui, en Sicile, ajoute le malheur au malheur. Les victimes, plongées dans l'acide ou démembrées et jetées dans un cours d'eau, disparaissent corps et âme, si bien que leurs proches ne peuvent jamais les veiller, encore moins les inhumer dans une terre amie.

Antonino Calderone et son groupe ont notamment sur la conscience l'exécution, à mains nues, de quatre adolescents à peine sortis de l'enfance. Benedetto, Giovanni, Riccardo et Lorenzo, simples voleurs de rue du quartier San Cristoforo de Catane, avaient commis le crime de s'attaquer à la mère du boss Nitto Santapaola en lui arrachant son sac à main en pleine rue. Ont-ils souffert ? Ils sont morts par strangulation tous les quatre. Leur famille et la police les ont cherchés pendant tant d'années, espérant une fugue, alors que leurs os pourrissaient au fond d'un puits sicilien…

*
* *

Le quotidien italien *La Repubblica* a fait le compte : Calderone a parlé sept heures par jour pendant une durée cumulée de trois cents jours. Mises bout à bout, ses déclarations occupent quelque 875 pages de procès-verbaux ! Ensuite, le repenti s'est employé à se faire oublier.

En janvier 2013, un journal de Sicile, *La Repubblica Palermo*, annonçait son décès à soixante-dix-sept ans. De mort naturelle, ce qui est assez rare pour être souligné. Antonino Calderone résidait au Canada, sous une fausse identité. Jusqu'au bout, la justice italienne avait tenu les promesses de Falcone. Elle lui avait permis de refaire sa vie avec Margherita et les enfants. Et d'échapper à la vendetta meurtrière des Santapaola grâce à la protection de la « Bonne Mère » marseillaise.

# – 3 –

# Zampa : un Parrain au parfum

L'ascendance napolitaine de Gaëtan Zampa, souvent présenté comme l'œil de la Mafia en France, a largement nourri la thèse d'une piste italienne dans l'assassinat du juge Michel.

Le meurtre a été en tout cas le point de départ de son déclin. L'émotion soulevée par la disparition de ce magistrat en butte au grand banditisme a provoqué une vague d'indignation. Celle-ci a débouché sur une « opération mains propres », à l'italienne justement, visant lc Parrain. La justice a ciblé l'empire écono mique de Zampa, le touchant au portefeuille avec une redoutable efficacité. Le caïd déchu est mort en cellule sans avoir jamais été entendu dans l'affaire Michel.

Cette fin spectaculaire n'a pas étouffé la polémique : Tany Zampa est-il, de près ou de loin, impliqué dans la mort du magistrat ? L'énigme demeure et divise toujours les acteurs judiciaires du dossier.

« Le Grand » a eu l'occasion de répondre directement aux accusations par des lettres adressées à la justice et de manière plus confidentielle à deux policiers que nous avons rencontrés. L'un d'eux est l'incontournable Lucien Aimé-Blanc, patron de la brigade des stupéfiants à Marseille lors de l'arrivée en poste de Pierre Michel.

Au moment de la mort du magistrat, le commissaire est loin de l'Évêché : il travaille depuis quatre ans déjà à Paris, à l'Office central pour la répression du banditisme (OCRB). Il n'est donc pas chargé officiellement d'élucider l'assassinat mais reste à l'écoute du moindre tuyau venu du Milieu. Esprit vif, gouailleur, il est incontestablement l'un des meilleurs connaisseurs du gangstérisme de cette époque. Celui qui a permis de remonter la piste de « l'ennemi public numéro un », Jacques Mesrine, en 1979, représente le prototype du grand flic à l'ancienne, souvent « border line » avec la loi. Une critique qu'il balaie d'une phrase : « Quand on me disait : "Autres temps, autres mœurs", je répondais : "Je suis d'un autre temps, laissez-moi mes autres mœurs !" » Le 17 décembre 1986, François Badie, le juge chargé d'élucider l'affaire Michel, l'a amené à détailler ses investigations parallèles sur l'assassinat de Pierre Michel.

« En décembre 1981, témoigne Aimé-Blanc sur procès-verbal, j'ai appris par l'un de mes inspecteurs que Gérard Vigier, intime de Gaëtan Zampa, voulait me rencontrer. À l'époque, Vigier n'était pas recherché. Je le connaissais pour l'avoir arrêté à Paris début 1977 dans l'affaire du casse de Nice. J'ai donc rencontré à deux ou trois reprises Gérard Vigier dans un club privé situé à proximité du ministère de l'Intérieur à Paris, le Cambacérès. Vigier était embêté par l'assassinat du juge Michel et m'a fait part de l'inquiétude de Zampa à ce sujet, me disant : “On va porter le chapeau dans cette affaire et cela va faire le jeu du Mat.” Le Mat était le surnom de Jacky Imbert, figure bien connue du Milieu marseillais et rival notoire de Zampa à cette époque. Vigier m’avait même précisé : “On sait qui c’est mais c’est pas nous”, à propos de l’assassinat du juge Michel. »

Aimé-Blanc nous dévoile les coulisses de la rencontre organisée secrètement avec le Parrain. Un caïd pas encore officiellement recherché mais sur ses gardes depuis que la presse avait évoqué son nom dans l’affaire Michel. Cette rencontre fut presque aussi difficile à organiser que celle du camp du Drap d’Or entre François Ier et Henri VIII d’Angleterre car Tany se montrait très méfiant…

– Quelles sont mes garanties de ne pas être suivi ?

– Passe me prendre chez moi. Tu pourras t’assurer que je suis seul, répond Aimé-Blanc.

Zampa klaxonne en bas de l’immeuble à l’heure dite. L’entretien se déroule finalement dans un discret restaurant de la porte de la Villette, dans le XIXe arrondissement, loin du centre de Paris, autour d’un plateau de fruits de mer, arrosé d’un vin blanc sec. Le commissaire résume la teneur de la discussion : « Zampa voulait me dire qu’il n’était pour rien dans le meurtre du juge. Malheureusement, il ne m’a pas livré le nom des tueurs. Il était surtout venu aux nouvelles pour tenter de savoir ce que moi je savais de cette histoire. »

Zampa est-il vraiment resté muet ? N’a-t-il pas mis le commissaire Aimé-Blanc sur la piste de la bande d’Endoume ?

En tout cas, la chronologie est troublante. La rencontre Zampa/Aimé-Blanc se déroule en décembre 1981. Un mois plus tard, au début de l'année 1982, le commissaire fait ressortir la fiche du trafiquant de drogue François Scapula des tiroirs de l'OCRB, ainsi que celle de l'un de ses amis, Mazza. « J'ai même entendu dire que François Girard était le commanditaire [de l'assassinat du juge Michel] », reconnaît l'ancien policier devant le juge Badie. Ainsi, quatre ans avant les interpellations en Suisse qui donneront la clé de l'énigme, Lucien-Aimé Blanc touchait presque le tiercé dans l'ordre !

Il minimise aujourd'hui l'importance de ce tuyau : « À cette époque, je cherchais quelle équipe aurait pu monter un coup pareil et j'ai fait ressortir une dizaine de dossiers dont celui de Scapula et de Girard, actifs dans le trafic de drogue à Marseille. C'était une hypothèse parmi d'autres, qu'aucun élément concret n'a pu malheureusement valider. » Il le disait déjà lors de son audition de décembre 1986 : « En ce qui me concerne, je n'ai jamais eu de piste sérieuse sur cet assassinat, sinon j'aurais établi un rapport de renseignements officiel que j'aurais transmis à ma hiérarchie. »

Au fond, il ne reste qu'une certitude aujourd'hui : Zampa a su avant les enquêteurs d'où venait le coup. Il a eu l'occasion de le répéter à un autre policier. Quand l'étau se resserre sur son empire financier, en octobre 1983, Zampa, sous le coup d'un mandat d'arrêt, se met en cavale, puis est arrêté près d'Istres un mois plus tard. Une fois les formalités expédiées et le mandat d'arrêt notifié, « Le Grand » accepte de discuter « hors PV », comme on dit dans le métier, en tête à tête avec l'un des inspecteurs présents, Jean-Louis Pietri. « Il était bloqué, bégayait, commençait à buter sur les mots, nous précise ce dernier. Zampa m'a assuré qu'il n'était pour rien dans l'assassinat. Il a seulement reconnu qu'il avait été avisé de sa préparation. Et qu'il avait décidé de ne pas s'en mêler. »

Le projet d'assassinat du juge a donc transpiré au-delà de la bande d'Endoume et remonté tous les échelons du banditisme marseillais jusqu'au Parrain sans qu'aucun membre du Milieu ne cherche à stopper le terrible compte à rebours.

*
**

Pour autant, en haut de la pyramide policière, peu croient à l'implication directe de Zampa dans la mort du juge. Ceux qui estiment l'affaire résolue ne veulent pas entendre parler de la culpabilité du caïd. Une telle hypothèse ne serait que littérature. Les mêmes soulignent qu'il n'existe aucun élément précis reliant Zampa à l'assassinat : ni écoutes, ni témoignages, ni aveux, seulement des allusions. Pierre Michel n'a jamais enquêté directement sur cette sommité du Milieu, et ne l'a jamais, bien sûr, convoquée à son bureau. Une rumeur dit que le magistrat a pu, un jour, par curiosité, aller l'apercevoir dans son bar. Ce qui ne constitue pas évidemment un élément flagrant de culpabilité…

Cet avis n'est pas partagé, à l'époque, par un responsable de la PJ de Marseille qui a rédigé à la fin de l'enquête l'épais rapport de synthèse (130 pages). Le commissaire Jean-Michel Mimran écrit tout de go : « Le crime a été commandité depuis sa cellule par

François Girard […] certainement avec l'accord, du moins tacite, de Gaëtan Zampa, mis en danger par le juge Michel dans l'affaire du laboratoire de Saint-Maximin. » Une fausse note dans le chœur de la police officielle ?

Aujourd'hui, le commissaire Mimran est beaucoup moins affirmatif. Il nous explique qu'il ne voulait pas désavouer ses collègues ayant défendu cette thèse au début de l'enquête. Mais sa conviction personnelle demeure que le caïd n'est pas mêlé au meurtre. Affaire de diplomatie et de susceptibilité policières…

Beaucoup d'enquêteurs de terrain, mais aussi de magistrats, restent, eux, intimement persuadés que Zampa est impliqué dans le projet d'assassinat. Plusieurs acteurs du drame ont en effet côtoyé « Le Grand ». L'un des utilisateurs de la Honda Bol d'or, Gilbert Ciaramaglia, était, on l'a vu, un grand admirateur du caïd, lequel lui avait offert une moto et un blouson. Le tireur, François Checchi, connaissait aussi le chef du Milieu et il exécutait les basses besognes d'un de ses associés. La bande d'Endoume elle-même, Girard et Scapula en premier lieu, travaillait ponctuellement pour Tany Zampa qui avait été associé à plusieurs livraisons de drogue. Les deux équipes étaient mêmes, disait-on, en froid car Zampa aurait exigé l'exclusivité de leurs services.

La plupart des policiers ont la conviction que le juge avait la volonté de prendre dans ses filets le « gros bonnet » sans pour autant le crier sur les toits. L'inspecteur Antoine Sciblo, par exemple, l'un des éléments les plus actifs de la brigade des stups de Marseille, en est certain : « Pierre Michel s'était mis en tête d'accrocher Zampa à son tableau de chasse et il commençait à en avoir les moyens. »

À l'été 1981, en effet, quelques mois avant son décès, le juge avait peut-être au bout de sa laisse la personne susceptible de le mener au caïd. Un personnage qui s'est tenu dans l'ombre et qui a fini par disparaître dans la nuit : Homère Filippi.

## – 4 –

# Homère,
# le fantôme aux cheveux blancs

Homère Filippi est l'homme dont on parle le moins dans ce dossier. Il en est pourtant probablement la pièce maîtresse. Sans lui, le puzzle n'est pas complet. Son nom n'est apparu à la lumière qu'à l'occasion de son procès, auquel il n'assistait pas mais qu'il suivait sans doute, à bonne distance. Homère Filippi a été condamné en 1988 par la cour d'assises d'Aix-en-Provence à la réclusion criminelle à perpétuité pour le meurtre du juge. Une condamnation par contumace car sa place dans le box est demeurée vide. Ce vieux voyou, d'une autre génération que ceux de la bande d'Endoume, plus proche d'un « Parrain » que d'un jeune loup, était un intime de Tany Zampa.

Incarcéré par le juge Michel alors que les preuves de sa participation à un trafic de drogue étaient minces, « Mimi », comme on le surnommait, s'était retrouvé aux Baumettes en 1981 au côté de François Girard. Selon la justice, les deux hommes auraient commandité d'un commun accord la mort du magistrat. Mais pourquoi Homère Filippi aurait-il voulu cette mort ? Et qui est vraiment cet homme omniprésent et absent, dont les relations dépassent le cercle du Milieu ?

*
* *

« Vous le gardez, monsieur le juge ? interrogent les policiers. Ça ne tient pas beaucoup, contre lui… » « Amenez-le-moi, je ferai tenir ! » réplique Pierre Michel avec ce mélange d'ironie et de provocation bien à sa manière.

En ce début du mois de juillet 1981, on s'en souvient, le magistrat réussit un coup d'éclat. Plusieurs trafiquants sont arrêtés en flagrant délit à la suite de la découverte d'un laboratoire à Saint-Maximin[1]. Dans la foulée, les enquêteurs lancent un vaste coup de chalut pour interpeller leurs complices. Ils « trient » les suspects arrêtés et s'interrogent sur le cas particulier d'Homère Filippi. Pas grand-chose à retenir contre lui : deux photos de surveillance, prises en 1979 puis en 1981. Sur ces clichés au téléobjectif, on voit ce truand connu échanger un petit paquet avec Mitzigar Nazarian, sur le parking du supermarché Casino qui longe la plage du Prado.

S'il n'existe que peu de doutes sur la culpabilité de L'Arménien, la responsabilité de Filippi, sur des charges aussi minces, paraît fragile. Pourtant, Pierre Michel n'en démord pas : « Mettez-le dans le lot », répète-t-il. Les policiers n'insistent pas. Ils ont appris à respecter les « intuitions » du juge. C'est le sixième labo d'héroïne

1. Voir troisième partie, chapitre 4.

qu'il démantèle, un tableau de chasse exceptionnel. Les hommes des stups se sont donc fait une raison : « Avant Michel, comme le dit joliment un magistrat local, c'était la police marseillaise qui faisait le "casting" des opérations, en s'appuyant principalement sur les écoutes effectuées hors de tout cadre judiciaire. Le juge d'instruction se contentait de "mettre en musique" le dossier. Avec Michel, tout a changé. Le vrai chef d'orchestre des opérations, c'était lui. »

En sept années de spécialisation extrême, le magistrat a acquis une profonde connaissance du Milieu marseillais, surtout en matière de drogue. Alors s'il veut « garder » Filippi, c'est qu'il a ses raisons que la raison ignore… D'ailleurs, le juge ne le met pas seulement en examen : il l'expédie aux Baumettes le 11 juillet 1981. Ensuite, il refuse de le mettre en liberté au bout de trois mois, comme c'est l'usage lorsque les charges sont légères.

Que recherche Pierre Michel ? Pourquoi accorder tant d'importance à cet homme qui paraît secondaire aux policiers ?

Pour comprendre, il faut mettre ses pas dans ceux du juge et se pencher sur le passé de cet étonnant personnage. Filippi, c'est un nom à Marseille. Celui de son père, Philippe, qui a connu à une époque une renommée nationale et même mondiale. Philippe Filippi a été l'entraîneur des plus grands champions de boxe français : Charles Humez, champion d'Europe des poids moyens en 1954, ou Alphonse Halimi, champion du monde des poids coq en 1957. Contrairement à la légende, le Marseillais n'a jamais directement participé à l'entraînement du grand Marcel Cerdan mais il a pris en main son fils, prénommé lui aussi Marcel, quand ce dernier a voulu épouser, avec moins de succès, la carrière de son père.

Ce n'est évidemment pas la trajectoire pugilistique du père d'Homère qui intéresse le juge, mais elle a donné à son fils une sorte d'aura qui l'a précédé dans le Milieu. Car le petit Filippi, comme on dit dans les romans, allait mal tourner. Et cette histoire-là passionne notre juge…

Voici ce qu'écrit l'enquêteur chargé de retracer son parcours de vie en prévision des assises : « Le jeune garçon reçut une bonne éducation religieuse. Il est parmi les meilleurs élèves de sa classe. » Pourtant, en 1945, à quatorze ans, peu après la séparation de ses parents, il choisit d'abandonner ses études, commencées au collège Saint-Joseph. Homère « n'ayant pas trouvé sa voie sur terre […] prend la mer », philosophe l'enquêteur de personnalité. Effectivement, pendant près de dix ans, la mer sera son seul horizon et son refuge. Y compris lors de son service militaire, évidemment dans la marine, d'abord à Toulon, puis en 1953 à Marseille, en tant que secrétaire du commandant du port du Frioul, l'archipel planté comme une vigie à l'entrée de la cité phocéenne.

Avant de monter à bord de l'un d'eux, l'apprenti marin a regardé s'éloigner les bateaux depuis le quai où il était chargé de les repeindre. Puis, à force d'insistance auprès des équipages, il embarque pour deux mois sur un petit bateau de pêche, *Les Trois Frères*. Filippi fait une halte à Marseille pour se marier (il aura un fils), mais cette union ne dure pas. Après la Méditerranée, la mer de Chine. Il trouve sa place sur les paquebots des Messageries maritimes de Marseille, sur les lignes d'Extrême-Orient. Il quitte son dernier navire, *Le Sagittaire*, le 8 mai 1954, le lendemain de la chute du camp retranché de Diên Biên Phu, en Indochine. La page asiatique se tourne. Lorsqu'il remet pied à terre, c'est pour reprendre la gestion du bar marseillais de sa mère, Rose, El Monico, situé en retrait du Vieux-Port, rue Beauvau. Le rade accueille les marins en goguette. Au milieu des années 1950, le quartier de l'Opéra demeure toujours un haut lieu de la prostitution.

Mais l'initiation d'Homère dans le Milieu a lieu à Paname, où il renoue avec son père, Philippe. En mai 1958, au moment où Alger s'embrase, sonnant le glas de la IVe République, on retrouve pour la première fois son nom à la page des faits divers. Une patrouille de police avise une voiture suspecte, rue du Ruisseau, près des boulevards des Maréchaux, à Paris. À l'intérieur, quatre hommes, dont Homère, armés comme des porte-avions. En apercevant les policiers, ils jettent dans le caniveau leur arsenal : deux 7,65, un colt, un 8 mm, une carabine 22 long rifle et des cartouches dont l'extrémité a été sciée pour causer plus de dégâts. « Nous nous rendions dans les bois pour nous livrer à des exercices de tir », explique l'ancien marin, sans convaincre. Comme il n'y a d'autres bois dans les environs que le square de Clignancourt, les suspects sont inculpés de port d'armes prohibées. Qu'allaient-ils faire d'un tel arsenal ? Impossible à dire mais, à vingt-sept ans, Homère Filippi a déjà un pied dans la criminalité organisée. Sinon les deux.

L'année suivante, il rencontre Jeanine, énergique « danseuse de cabaret » de vingt et un ans qui fut, tour à tour, vendeuse et nounou. Une fille originaire de Toulouse, orpheline très tôt, faisant commerce de ses charmes à Paris, à Bordeaux, et jusqu'à Bruxelles. Leur concubinage (le couple a un fils né en 1962), puis leur mariage, en 1971, vont survivre aux vicissitudes judiciaires.

De 1961 à 1964, Homère Filippi semble pourtant se ranger, il gère une station Shell dans la banlieue sud de Paris, avenue de Paris, à Villejuif. Puis, après avoir vendu des crèmes glacées sur les Champs-Élysées, le Marseillais se lance dans la limonade. De 1964 à 1969, il tient le Royal Châteaudun, une brasserie située à l'angle des rues de Châteaudun et du Faubourg-Montmartre. Une adresse jouxtant l'immeuble du Parti communiste où il a sans doute servi Jacques Duclos et Maurice Thorez. Homère y renoue avec ses amis et son passé, le reste de la clientèle paraissant assez « ciblé ». Jeanine Filippi racontera aux policiers qu'en 1968 elle a connu François Girard et François Scapula, qui fréquentaient leur établissement. « Tous les Marseillais s'y retrouvaient », se souvient-elle avec une pointe d'émotion. Beaucoup y venaient pour « affaires », pour le « turbin », comme on dit à Pigalle, pas très loin de là.

Grâce à ses contacts dans le Sud, Homère se lance à son tour dans l'activité la plus lucrative du moment, le trafic d'héroïne à destination des États-Unis. Il est rattrapé par la justice en 1970 : la collaboration entre les services français et américains bat alors son plein. L'inspecteur Chaminadas, détaché à New York, monte avec les polices des deux pays une belle opération. Une équipe de passeurs qui opérait depuis Nice est démantelée. Les porteurs de drogue viennent de Paris, de Marseille ou de Saint-Jean-de-Luz et sont recrutés dans tous les milieux : chauffeur de taxi, comptable, assureur, prof de judo. On y trouve même un scaphandrier ! Leurs méthodes sont encore artisanales. Le 29 avril 1970, un faux couple se présente à la douane new-yorkaise. Dans leur valise à double fond : 10 kilos d'héroïne. L'homme et la femme se mettent à table. Le couperet judiciaire tombe lourdement sur Homère : cinq ans de prison.

Du coup, comme il faut quand même faire bouillir la marmite et permettre à son « homme » de bien cantiner en prison, Jeanine mène ce qu'elle appelle pudiquement « une vie galante ». Elle officie dans une boîte de nuit de Paris, le Savoy, où elle retrouve l'épouse de François Girard, « Nanouk », qui y travaille pour les mêmes raisons. Les deux femmes sympathisent et décident de se mettre à leur compte. Elles louent leurs services par téléphone comme call-girls. Une activité très lucrative qui permet de se constituer une belle pelote.

Avec l'argent mis de côté, Jeanine peut s'offrir en 1976 un bar, le Parking, à Marseille. Une affaire achetée pour 100 000 francs, située rue Lulli, à l'Opéra, le Pigalle marseillais. Elle détient également des parts dans le Capricorne, un snack-dancing exploité depuis 1970 par sa mère. Les affaires restent en famille.

À sa sortie de prison, Homère retrouve donc une situation dans le Milieu marseillais. Il va s'y faire une bonne place, en se rapprochant du sommet, c'est-à-dire de Tany Zampa et de l'un de ses plus proches lieutenants, Gérard Vigier. À plusieurs reprises, on trouve la trace de « Mimi » dans le sillage de la bande de Tany. En 1976, par exemple, Gérard Vigier est soupçonné d'avoir participé au fameux casse de la Société générale de Nice : 371 coffres vidés par de courageux malfaiteurs qui ont creusé un tunnel sous la banque. Les policiers, toujours soupçonneux, voient la main du clan Zampa dans ce coup audacieux. Ils vont jusqu'à arrêter Vigier, qui sera relaxé par le tribunal, faute de preuves. Les enquêteurs estiment que Filippi a participé à la fête avec ses amis. Il est interrogé par la PJ de Nice, mais est mis, lui aussi, hors de cause. Lors de sa première comparution dans l'affaire du laboratoire de Saint-Maximin, Pierre Michel lui aurait lancé : « Le casse de la Société générale à Nice, ça ne vous rappelle rien, monsieur Filippi ? » « Rien du tout, monsieur le juge », aurait répondu le truand, glacial.

Il existe d'autres preuves des liens unissant Filippi, Tany et Gérard Vigier. Peu après l'arrestation d'Homère, les spécialistes de l'Office des stups « branchent » une boîte de nuit située à Ozoir-la-Ferrière (Seine-et-Marne), finement baptisée L'Arozoir. Les « zonzons », comme les policiers appellent les écoutes, révèlent que ses patrons et certains clients s'inquiètent du sort du « vieux Mimi ». Or la boîte appartient à l'insatiable Gérard Vigier, qui a investi une partie de l'argent du clan dans cet établissement fréquenté par le gratin du Milieu parisien et par les voyous marseillais en goguette.

La ligne de vie d'Homère Filippi réserve bien d'autres surprises qui ont dû étonner le juge Michel. L'ancien marin a le cœur à gauche. Du moins, proche de la gauche socialiste marseillaise que Gaston Defferre tient d'une main d'acier. « Gaston » sait se montrer magnanime avec les gens qui l'ont aidé. Après guerre, les truands engagés à ses côtés dans la Résistance ont été bien traités. Ce n'est pas non plus un secret : les équipes du Parti socialiste local, souvent musclées, s'appuyaient sur des hommes du Milieu lors des campagnes électorales. Homère Filippi était bien introduit dans ces cercles politiques. Il rendait des services, fournissait du personnel et, à l'occasion, aidait ses amis. Incontestablement, il jouissait de « protections » dans certains cercles politiques, mais aussi, comme nous l'avons vu, au sein de la police.

Cette dimension politico-policière n'est jamais apparue dans le dossier. Elle explique pourtant, sans doute, la position actuelle de la veuve du juge Michel et de ses deux filles, dont la parole est rare. Celles-ci demeurent en effet persuadées que toute la lumière n'a pas été faite sur le crime.

« Pour les petites filles que nous étions, le 21 octobre 1981 notre père est parti et n'est jamais revenu, résume Béatrice Michel pour *Libération*, en juillet 2001. Pour tout le monde c'est le juge Michel qui a été assassiné. Sa mort publique nous a échappé. Ensuite, il y a eu le second procès auquel ma sœur et moi avons assisté, le regard d'Altieri que je cherchais et qui me fuyait, la conviction qu'on ne saura jamais la vérité, que ceux qui ont été jugés ne sont pas les seuls impliqués. » Jacqueline Michel, lors d'une cérémonie, a même sèchement reproché à l'un des responsables de la police de n'être pas allé au bout de l'enquête.

Alors que vaut l'hypothèse de la piste politique ? Elle mérite en tout cas d'être examinée sereinement. Après l'arrestation d'Homère Filippi, en juin 1981, des proches de la mairie se sont inquiétés, eux aussi, de son sort. Ils ont même cherché à savoir ce que contenait le dossier et ce qu'on lui reprochait exactement. Ils ont ainsi mandaté des voyous pour « aller aux nouvelles ». Certains membres du PS local, informés, se sont alors indignés de ces surprenantes démarches. Une responsable locale du Parti est allée jusqu'à alerter un ami du juge Michel notoirement de gauche pour dénoncer ces comportements. Celui-ci nous révèle aujourd'hui avoir informé Pierre Michel de ces interventions politiques. Il a fait part au juge de ces grenouillages en eaux troubles. Ce qui peut justement expliquer la détermination du magistrat à maintenir Filippi en prison. Pour forcer les amis d'Homère à se démasquer.

Pierre Michel n'aura pas le temps d'interroger le truand sur ses relations : il est assassiné le 21 octobre 1981, le lendemain de la visite des épouses Girard et Filippi à leurs maris aux Baumettes. Mais, à l'époque, personne ne soupçonne les deux femmes, ni d'ailleurs leurs maris, d'être mêlées à l'assassinat.

Après la mort du juge, un véritable cataclysme, il faut bien que ses dossiers suivent leur cours. Ils sont donc redistribués à d'autres magistrats. Bernadette Augé hérite du cas Filippi. Cette juge intraitable, amie de Pierre Michel, instruit, entre autres, l'affaire Lucet, du nom de ce responsable local de la Caisse d'assurance maladie de Marseille retrouvé assassiné de deux balles dans la tête. Elle ne peut pas être taxée de laxisme. Elle réexamine les charges avec un œil neuf. Et remet en liberté Homère Filippi, le 19 février 1982, dans l'affaire du laboratoire de Saint-Maximin. Faute de preuves, celui-ci obtient un non-lieu en avril 1984. Entre-temps, la femme de Filippi a rencontré à son tour des ennuis. Et des ennuis tout à fait particuliers… Un an avant le non-lieu d'Homère, plusieurs plaintes ont en effet été déposées contre des établissements proches de l'Opéra de Marseille, le quartier chaud, à quelques encablures du Vieux-Port et de la célèbre Canebière, là où le Tout-Marseille vient s'encanailler. Des renseignements inquiétants parviennent à la justice : des mineures, âgées parfois de treize ans et demi, s'y prostitueraient. Le « cabaret » de Jeanine Filippi, le Capricorne, est notamment mis en cause. Le juge Alain Mombel est saisi. Très rapidement, le magistrat se rend compte que la brigade mondaine de la PJ traîne les pieds. Ses investigations gênent-elles en haut lieu ? Le magistrat, aujourd'hui premier président à la cour d'appel de Limoges, évoque la situation sans détour : « Je sentais certains blocages. Des proches de la mairie figuraient parmi les gens visés. Je craignais les fuites au niveau de la police. De plus, Gaston Defferre était alors ministre de l'Intérieur, ce qui compliquait encore la situation. »

Du coup, le magistrat saisit la gendarmerie, qui est rattachée, elle, au ministère de la Défense. Une décision rare pour une enquête de proxénétisme en plein cœur de la ville… De quoi rallumer la vieille querelle des deux corps « ennemis », police et gendarmerie. Pourtant, cette fois, les hommes de la Mondaine paraissent plutôt soulagés. Le fils d'une secrétaire de Gaston Defferre, patron d'une de ces boîtes de nuit, vient d'être assassiné et la situation est déjà assez délicate pour eux ! Les gendarmes, trop contents, s'activent, lancent des perquisitions chez les Filippi. Ils interpellent Jeanine mais ratent Homère, qui s'est volatilisé. Opportunément, déjà… Peu après, l'officier de gendarmerie responsable de l'enquête rencontre le juge. Il vient lui montrer un document particulier.

Ce jour-là, le juge Mombel se trouve en compagnie de Patrick Guérin, le magistrat chargé de l'enquête sur la mort de Pierre Michel. À l'époque, les deux affaires sont totalement distinctes, mais Guérin suit de près les soubresauts du Milieu marseillais. Le gendarme détaille ses découvertes et leur présente une carte d'accès à l'Assemblée nationale au nom de Jeanine Filippi, saisie à son domicile et signée par Pierre Joxe, cacique du PS ! Elle permet tout simplement à une tenancière de bordel de pénétrer dans la « Chambre des députés ». Comment l'a-t-elle obtenue ? Par qui ? Et pour quel service rendu ? Mystère. De toute évidence, Pierre Joxe ignore tout de cette « invitée ». Responsable du groupe socialiste à l'Assemblée, il doit délivrer des dizaines de ces autorisations par semaine.

À vrai dire, Alain Mombel n'est qu'à moitié surpris par cette faveur. Selon Patrick Guérin, après l'interpellation de Jeanine Filippi, le magistrat a reçu deux coups de fil, l'un du cabinet du préfet délégué pour la police de Marseille lui demandant de « faire preuve de bienveillance à l'égard de madame Filippi » ; l'autre, plus direct, d'un responsable de la police, précisant qu'elle est « une indicatrice digne de foi ». Le magistrat n'en tient pas compte, mais que faire de ce document qui sent le soufre ? Alain Mombel raconte la suite : « J'en ai parlé avec le procureur de la République de l'époque, Pierre Truche, et, ensemble, nous avons décidé de ne pas verser cette pièce au dossier. On aurait pu en tirer des conclusions qui n'avaient rien à voir avec l'affaire. En revanche, nous avons beaucoup cherché Homère Filippi. Sa famille, son fils, ses amis, ses relations ont été filés ou mis sur écoute. En vain. »

Le juge Mombel n'est pas le seul à avoir été sollicité pour « aider » les Filippi. Louis Bartolomei, un autre magistrat ami de Pierre Michel, qui a assisté à son autopsie, se souvient de l'intervention d'un responsable de la police pour lui demander de classer un PV reçu par le truand. « Bien sûr que c'était un indic », confirme aujourd'hui ce magistrat à la retraite à Marseille.

Ce statut particulier explique sans doute cette appréciation, disons compréhensive, laissée dans son dossier judiciaire par un inspecteur divisionnaire de la section des stups : « Homère Filippi a vécu pendant longtemps à Marseille, à l'époque où cette cité était le lieu traditionnel d'une élite de truands et trafiquants de haut standing, qui puisait dans la masse des gens disponibles, dont fait partie Homère, des hommes de main à tout faire. Ces individus endossaient tous les risques pendant que les gros bonnets encaissaient les bénéfices. C'est ainsi qu'il faut situer Homère Filippi dans ce Milieu où se confondent la moralité et les fréquentations. » Homère victime de l'exploitation du Milieu ? Si ce n'est pas une lettre d'excuses, cela y ressemble fort.

Ces révélations sur le second commanditaire du meurtre de Pierre Michel « colorent » le dossier, comme disent les juges d'instruction. Mais il faut les manier précautionneusement. Rien n'établit l'existence d'un ordre politique pour tuer le juge. Il faut prendre garde aux théories complotistes si répandues, hier comme aujourd'hui. Quand bien même Homère aurait été un « indic », rien ne prouve que la police ait eu vent de son rôle dans le meurtre. Après tout, les informateurs ne disent pas tout à leurs « traitants ». Et, s'il est coupable, on l'imagine mal avertir au préalable la PJ...

Mais alors, la question demeure, têtue, inévitable : quel rôle exact tient Homère Filippi dans la mort du juge ? Quel était son intérêt à la disparition de Pierre Michel ? La justice n'a jamais pu l'interroger à ce sujet puisqu'il s'est évaporé en 1986.

Si les informations sur sa cavale font défaut, les rumeurs, elles, ne manquent pas. L'homme serait décédé d'un cancer de l'estomac (il était soigné pour des problèmes intestinaux). Il aurait été supprimé par des complices et inhumé en terre inconnue. Il serait passé en Espagne ou en Italie, parti pour l'Amérique du Sud ou se serait installé au Vietnam, dans l'ex-Indochine française qu'il connaissait bien...

Par où commencer pour tenter de retrouver sa trace ? Dans le dossier judiciaire consulté à la cour d'appel d'Aix-en-Provence, Homère Filippi apparaît comme « sans profession connue, sans adresse connue ». Pourtant, un procès-verbal a attiré notre attention. Déniché parmi les milliers de pages d'enquête, il indique qu'il a été vu pour la dernière fois chez l'un de ses proches, Joseph S., dit « Jo ». Maigre indice. C'est pourtant par ce biais que nous avons retrouvé un membre de la famille qui l'a accueilli juste avant sa cavale.

Il s'agit d'un jeune chef d'entreprise à l'allure sportive, fils de cet ami intime d'Homère. Celui-ci évoque ses souvenirs lors d'un déjeuner à la brasserie des Deux Garçons, sur le cours Mirabeau, à Aix-en-Provence. Il a visiblement pris ses distances avec les activités de son père, lié lui aussi au Milieu, mais il en parle avec beaucoup d'émotion. « Enfant, je considérais Homère Filippi comme un vieil oncle. Toujours bien mis, avec des chaussures sur mesure. On l'appelait "l'homme aux cheveux blancs". Il avait été éduqué à la dure par un père très exigeant, scolarisé dans une école privée et se devait d'être toujours le premier de sa classe. S'il arrivait deuxième, il recevait une correction. Son père trempait même une corde dans l'eau pour la rendre plus dure et mieux lui faire retenir la leçon. Homère, que tout le monde appelait Mimi, m'a fait comprendre l'importance des études pour réussir sa vie. »

Quels étaient ses liens avec la politique ? « C'était un homme profondément de gauche, poursuit le chef d'entreprise. Pas un opportuniste. Je l'ai toujours vu donner aux gens dans le besoin, à commencer par les mendiants dans la rue. Et, en mai 1981, à l'annonce de l'élection de François Mitterrand, on a sablé le champagne dans son appartement du Prado ! » Les Filippi s'étaient quand même embourgeoisés puisqu'ils habitaient le Grand Pavois, une tour moderne de trente étages, au 320, avenue du Prado. Une adresse de prestige. Non loin de celle où l'équipe d'Endoume avait ses habitudes.

« Je ne saurais dire à quelle date je l'ai vu pour la dernière fois à la maison. J'étais encore enfant, explique cet homme d'une quarantaine d'années. Je sais seulement qu'avant de partir, Mimi a laissé une lettre à l'un des miens. Mais ce dernier a décidé de la détruire. Du coup, je n'ai jamais su exactement ce qu'elle contenait. Je sais seulement qu'il protestait de son innocence dans l'affaire du juge Michel. On dit aussi qu'il a donné une somme très importante à sa famille avant de disparaître. Enfin, je me souviens de cicatrices sur le haut de son crâne qui pourraient correspondre aux prémices d'une opération de chirurgie esthétique… »

*
* *

Homère Filippi demeure l'un des plus anciens fugitifs français. Il reste officiellement introuvable depuis le 26 juin 1986, date à laquelle un mandat d'arrêt a été émis contre lui, après sa mise en cause par François Scapula. Sa notice ne figure pas parmi les 78 avis de recherche accessibles au public depuis le site Internet du ministère de l'Intérieur.

Son dossier rejoint une pile déjà bien fournie de fiches, de photos et de notes de synthèse. Mais, le 24 décembre 2003 – mauvais cadeau de Noël pour les malfaiteurs –, la police judiciaire française se dote d'un nouvel arsenal, destiné à retrouver les criminels en cavale : « l'office des fugitifs », devenu aujourd'hui la Brigade nationale de recherche des fugitifs. Depuis leur refuge de la direction centrale, à Nanterre (Hauts-de-Seine), les spécialistes de cet office sont chargés de tirer les fils des enquêtes oubliées pour retrouver les fuyards, à l'image de ce que réalisent les « US Marshals » aux États-Unis. Parmi les centaines d'affaires en souffrance, ils doivent faire un choix. Les dossiers sensibles sont prioritaires, de même que les plus anciens pour des raisons de prescription. Tout naturellement, l'affaire de l'assassinat du juge Pierre Michel à Marseille est jugée primordiale.

Pourtant, une fois encore, la recherche de la police judiciaire et de son nouvel office des fugitifs tournera court concernant l'insaisissable Homère Filippi, faute de piste convaincante. « Jamais nous n'avons eu de touche exploitable », confirme un enquêteur de l'époque. Du coup, la PJ est passée à d'autres dossiers plus récents. Avec succès : le service enchaîne depuis les arrestations, preuve qu'il comble un vide dans l'arsenal répressif français.

S'il a échappé aux règlements de comptes ou à la maladie, Homère a atteint aujourd'hui un âge respectable : plus de quatre-vingt-trois ans. Vérification faite à la mairie de Marseille, sa famille n'a pas déclaré son décès. Aux yeux de l'état civil, « Homère Jean Baptiste

Filippi », né le 20 janvier 1931 à Marseille, est bien vivant : son extrait d'acte de naissance en fait foi.

Bien encombrant pour la justice, ce fantôme hante toujours le dossier Pierre Michel. Si ce spectre réapparaissait, il devrait être jugé puisqu'il a été condamné par contumace. Homère Filippi incarne à lui seul les zones d'ombre de l'enquête.

# Épilogue

En octobre 2011, trente ans jour pour jour après l'assassinat, ils sont quelques-uns, juges, avocats, policiers, journalistes, amis et famille à se retrouver devant le tribunal de Marseille pour une cérémonie à la mémoire du juge Michel.

Après le discours, ses proches se cherchent du regard et se retrouvent dans la foule. Pour eux, devenus pour la plupart des notables, Pierre Michel n'a pas vieilli. Il reste celui qu'il était lorsqu'il a été fauché à trente-huit ans. Son souvenir hante les lieux autour du palais de justice où l'on croit revoir sa silhouette élancée et sa parka noire : les petits restaurants où ils déjeunaient sur le pouce en rejouant les auditions, le cours Pierre-Puget qui abrite toujours plus d'avocats et ses rues pentues qui conduisent inévitablement vers le Vieux-Port, cœur de cette ville qui le fascinait et le révulsait à la fois. « Vingt ans sans toi, Pierre, c'est long, c'est drôlement long, résumait déjà le magistrat Gilbert Thiel en 2001, dans une tribune au *Figaro*. Vingt ans de peines. Indicibles. Incoercibles. Incompressibles. » Vingt ans, c'est long. Que dire de trente ?

*
**

La disparition brutale de Pierre Michel en 1981, une dizaine de jours seulement après l'abolition de la peine de mort en France, un châtiment qu'il exécrait, sonne aussi le glas d'une époque. « Le vieux monde se meurt, le nouveau tarde à apparaître… »

Son époque était marquée par la place quasi officielle des caïds dans la cité. Ils faisaient partie du paysage, au même titre que l'OM, le Frioul ou Notre-Dame-de-la-Garde. Avec Zampa notamment, ils avaient pignon sur rue et la morale n'interdisait pas de les fréquenter. D'ailleurs, le but ultime des Parrains de ce temps-là n'était-il pas d'être reconnus, de gagner leur galons de bourgeois pour s'intégrer à la société ? Ils payaient, quand ils le pouvaient, des écoles huppées à leurs enfants et leur donnaient la meilleure éducation possible. Au fond, ces gangsters « à l'ancienne » n'étaient pas des rebelles. Ils rêvaient, consécration suprême, d'embrasser une carrière politique. Rêve que certains, d'ailleurs, ont réalisé…

Ce mélange des genres, particulièrement prisé à Marseille, rendait Pierre Michel redoutable, voire dangereux. Car ce magistrat venu d'ailleurs ne respectait pas les codes et les non-dits de l'ordre établi. Le rebelle, c'était lui et non eux.

À plusieurs reprises, lors des affaires du Pouf ou des grâces médicales, Michel avait montré qu'il rechignait à céder devant l'autorité du pouvoir. Il ne voulait pas s'incliner devant les oukases politiques. C'est à ce prix qu'il avait percé une partie des mystères de

Marseille. Jusqu'où serait-il remonté si le tueur lui avait permis de continuer sa mission ? Car en démasquant les chefs du Milieu, le magistrat aurait, tôt ou tard, mis en cause des connivences troublantes, comme le montre l'affaire Filippi.

Le système criminel qui l'a tué ne lui a pas survécu longtemps. La grande délinquance s'est radicalement transformée. Non qu'elle soit moins violente. En 1978, par exemple, 24 truands sont tombés sous les balles des tueurs sur la Côte d'Azur, dont 10 lors de la fameuse tuerie du bar du Téléphone, dans le quartier du Canet, à Marseille. Pierre Michel a d'ailleurs été saisi de ce drame qui a fait date dans l'histoire du banditisme. Cinq ans après la disparition du juge, en 1986, au plus fort des affrontements entre les deux ténors du Milieu, « Le Belge » et « Le Mat », 45 personnes en lien avec cette guérilla sanglante ont été fauchées dans les Bouches-du-Rhône ! En 1997, période d'exceptionnelle accalmie, faute sans doute de combattants, les pompes funèbres n'ont transporté que trois corps. Mais les règlements de comptes ont repris récemment, pour d'autres motifs et avec d'autres « soldats ». En 2013, 17 personnes ont été abattues dans les Bouches-du-Rhône, dont 15 dans la cité phocéenne. La violence fait partie du paysage.

Ce qui a changé, c'est l'âge des victimes, ainsi que leur origine sociale. Jeunes, de plus en plus jeunes, issus de l'immigration maghrébine, sub-saharienne ou comorienne, alors que les fusillés des années 1970 étaient souvent des bandits chevronnés, des durs à cuire au passé bien chargé. Ces truands à l'ancienne provenaient, le plus souvent, de milieux populaires marseillais avec des racines corses, pieds-noires ou italiennes. Ils s'étendaient sur toute la Côte d'Azur, qu'ils souhaitaient dominer, en clans hiérarchisés et contrôlés… Aujourd'hui, les meurtres en série trouvent leur origine dans les cités populaires du nord de Marseille, même s'ils éclatent parfois en plein centre-ville. Des jeunes surarmés passent immédiatement à l'assassinat, d'un coup d'un seul, le but de la bataille étant le contrôle à tout prix du territoire.

Un lien pourtant unit les deux époques. Un produit plutôt. Toujours aussi rentable même s'il a changé de nature. La drogue demeure le produit phare du Milieu, celui dont le rapport bénéfices/risques reste le plus intéressant. Bien sûr, l'époque de l'héroïne pure, raffinée par les doigts de fée des chimistes marseillais, est révolue. Dans ce domaine comme dans d'autres, c'est la fin du *made in France*. Les Français ne fabriquent plus pour livrer aux Américains, comme au temps de la French Connection. Nous n'exportons plus notre savoir-faire en Sicile, comme Pierre Michel l'avait découvert.

Le commerce en gros du cannabis, avec le trafic additionnel de la cocaïne empruntant souvent des réseaux de revente identiques, a remplacé celui de la « blanche ». Les circuits d'approvisionnement, eux, ont changé, le Maroc supplantant le Moyen-Orient. Mais les bénéfices restent tout aussi colossaux et les guerres de pouvoir aussi sauvages. Le trafic de « hasch » engendre non seulement des meurtres sanglants, mais aussi une puissante économie parallèle. Dans une situation économique dégradée, avec un taux de chômage frôlant les 20 %, il grignote bon nombre de banlieues, affaiblissant le pouvoir et le crédit de l'État, pas seulement à Marseille. Un défi immense pour les juges actuels, qui aurait sûrement plu à Pierre Michel.

*
**

Depuis la mort du juge Michel, la justice a cherché à s'adapter à la lutte contre cette nouvelle forme de criminalité organisée. Les magistrats en poste à Marseille, en ouvrant les fenêtres de leurs bureaux qui donnent justement sur le « square Pierre-Michel », savent ce qu'ils lui doivent. Aujourd'hui, les juges d'instruction traitent régulièrement les dossiers difficiles en commun et non plus de manière isolée. Ces magistrats, souvent soumis à de fortes pressions, échappent ainsi à cette solitude qui fut le lot de Pierre Michel et a favorisé son meurtre. Les voyous, qui le détestaient, n'avaient qu'un seul interlocuteur et pour certains qu'un seul ennemi. Lors de ces fameux face-à-face orageux, ils s'estimaient l'objet d'attaques personnelles de la part du magistrat qui, de par sa fonction, décidait seul d'une incarcération. Ils ont pensé qu'en le supprimant lui, ils allaient effacer d'un coup de pistolet la cause de leurs ennuis. Celui qui viendrait après serait forcément plus conciliant.

En arrivant dans ses fonctions à Marseille, Pierre Michel avait hérité d'un durcissement de la législation en matière de lutte contre le trafic de drogue. Depuis son assassinat, l'arsenal s'est encore renforcé en matière de criminalité organisée. La loi de mars 2004 a ainsi créé des groupes de juges spécialisés. Dans huit grandes villes françaises – dont Marseille évidemment – les JIRS (juridictions interrégionales spécialisées) traquent la très grande délinquance. En un sens, Pierre Michel, juge ultra-spécialisé, fut un précurseur.

Comme l'écrivait Gilbert Thiel, paraphrasant un poème de Paul Fort : « Le petit juge dans le mauvais temps, qu'il avait donc du courage… »

# Repères bibliographiques


AUMÉRAS Paul-Louis, *Parcours de Proc*, Dualpha, Paris, 2012.

CHAMINADAS Claude, *Un flic à Manhattan*, Publibook, Paris, 2013.

CORNEVIN Christophe, *Les Indics. Plongée au cœur de cette France de l'ombre qui informe l'État*, Flammarion, 2011.

D'ARRIGO José et GROBERT Roger, *Zampa,* La Manufacture de livres, Paris, 2010.

DEBACQ Michel, *I Francesie l'Italia*, sous la direction de Carlo Bertelli et Sergio Romano, Édition Scheiwiller, Milan, 1994.

DEROGY Jacques et PONTAUT Jean-Marie, *Enquête sur les mystères de Marseille*, Robert Laffont, Paris, 1984.

FALCONE Giovanni et PADOVANI Marcelle, *Cosa Nostra. Le juge et les « hommes d'honneur »*, Éditions N° 1, Paris, 1991.

FOLLOROU Jacques et NOUZILLE Vincent, *Les Parrains corses*, Fayard, Paris, 2004.

LAVILLE Alain, *Le Juge Michel. Enquête sur un assassinat : pourquoi est mort celui qui allait révéler les secrets de Marseille*, Presses de la Cité, Paris, 1982.

MISSEN François, *Marseille Connection. Comment la cité phocéenne est devenue la ville de tous les trafics*, L'Archipel, Paris, 2013.

PERRAULT Gilles, *Le Pull-over rouge*, Fayard, Paris, 1978.

PIETRI Jean-Louis, *Marseille, opus Mafia*, La Manufacture de livres, Paris, 2012.

# Remerciements

Nos remerciements s'adressent tout d'abord aux acteurs et aux témoins de ce drame qui ont accepté de nous rencontrer.

Nous avons été frappés par la précision de leurs souvenirs, signe que la personnalité de Pierre Michel autant que les circonstances de sa disparition les ont profondément marqués.

Le frère de Pierre Michel, Bernard, et son épouse Astrid, malgré le chagrin, nous ont accueillis chez eux. Ce fut une rencontre d'une grande chaleur.

Nous avons confronté ces souvenirs au dossier conservé aux archives de la cour d'appel d'Aix-en-Provence où, malgré l'intensité du travail, nous avons été reçus dans les meilleures conditions possibles.

Merci également à Vanja Luksic, correspondante de *L'Express* à Rome, pour son appui sans faille.

À Delphine Saubaber, de *L'Express*, pour sa connaissance de la Mafia, qu'elle a partagée avec nous.

Aux journalistes de l'indispensable service documentation de *L'Express*.

À nos confrères marseillais, notamment à Pauline Cherki, qui nous a fait bénéficier de sa connaissance du Milieu et du monde judiciaire, et aux archivistes de *La Provence.*

À Sonia Alfano, député européen et présidente de l'Association nationale des proches des victimes de la Mafia, ainsi qu'à Flavien Deltort, son assistant.

À Pierre Rancé, porte-parole du ministère de la Justice.

Merci enfin à Huguette Maure, des Éditions Michel Lafon, d'avoir poli notre manuscrit avec vigueur, bienveillance et affection.

# TABLE DES MATIÈRES

## PREMIÈRE PARTIE
## MARSEILLE, VILLE OUVERTE



## DEUXIÈME PARTIE
## LA CROISADE CONTRE LE CRIME

TROISIÈME PARTIE

## VICTOIRES ET RÉSISTANCES



QUATRIÈME PARTIE

## L'ENQUÊTE



CINQUIÈME PARTIE

## DERRIÈRE LE RIDEAU

Direction littéraire
Huguette Maure
*Assistée de*
Amandine Le Goff

*Composition PCA*
*44400 – Rézé*